JN255996

公認心理師

エッセンシャルズ

第2版

子安増生・丹野義彦 編

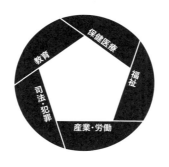

有斐閣

　本書の初版は，大学等において公認心理師養成教育が開始される直前の2018年2月末，新学期に向けての教科書がほとんどない中で刊行したところ，幸いにも好評を得ることができた。新たに公認心理師を目指す大学の新入生を第一の読者に想定したが，公認心理師関連授業の担当の先生方や，5年間の移行期間に公認心理師試験を受けようとする現任者の方々からも支持していただいた。

　本書刊行後の動向として，2018年3月9日に公認心理師試験出題基準（平成30年版）とブループリントが公表され，6月29日に「働き方改革を推進するための関係法律の整備に関する法律」が成立し，9月9日には第1回公認心理師試験が実施された（北海道地区のみ北海道胆振東部地震の影響で12月16日に繰り延べされた）。以上のような短期間ではあるが大きな変化に対応するために，このたび，本書の第2版を刊行することにした次第である。

　第2版の編集にあたって，公認心理師の学びの全体像を理解するためのコンパクトな本という位置づけは変更しない方針としたが，ブループリントや働き方改革法の説明など必要な増補を行い，9ページ増となっている。

　あらためて本書の読者対象と目的をまとめると，将来公認心理師を目指す大学生には公認心理師の学びの全体像を知った上で志望を固めることを，公認心理師関連の授業を担当する先生方には「公認心理師の職責」と「関連行政論」の教科書として利用されることを，公認心理師試験の受験を目指す現任者などの方々には知識の確認のために活用されることを，新たに資格を得た公認心理師の方々には引き続き座右の書として参考にしていただくことを目指すものであり，それぞれのお役に立てることができればまことに幸いである。

　　2018年12月

　　　　　　　　　　　　　　　　　　　　　　　　　編　　者

　公認心理師法は，2015年9月に国会で成立し，2年間の準備期間を経て，2017年9月に施行され，各大学の養成プログラムは2018年4月からスタートする。国民の心の健康の保持増進に寄与することを目的とするこの法律がその目的を力強く果たすために必要なものは，一に教育，二にも教育である。

　この制度により新たに大学に入学して公認心理師を目指す者は，心理学教育に関わる学部等で所定の25科目を修得し，大学院修士課程に進んでさらに所定の10科目を修得するか，あるいは指定された機関で2年以上（標準的には3年）実務経験を積むことが求められ，その上で国家試験に合格しなければならない。行く手には，長い年月と高いハードルが待ちうけており，中途半端な気持ちでは成就しないであろう。

　しかし，千里の道も一歩から，まずは学部教育をきちんと受けることから始まる。本書は，公認心理師の学部教育の内容とはどのようなものかを総攬すると同時に，全くの新規科目である「公認心理師の職責」と「関係行政論」の2科目についてはテキストとして使えるように編集した。タイトルの「エッセンシャルズ」とは，根本的に必要な事柄をすべて盛り込んでいるという意味である。もちろん，25科目の中にはすでに立派な教科書が出版されている科目も多く，併用することによって学習の実がさらに上がることはいうまでもない。

　編者らは，この数年間，公認心理師法の成立と推進に密接に関わってきた。子安は心理学関連53学会の連合体である一般社団法人日本心理学諸学会連合の理事長ならびに国家試験の指定試験・登録機関となった一般財団法人日本心理研修センターの理事として，また2016年9月〜2017年5月に開催された公認心理師カリキュラム等検討会の構成員として，他方，丹野は臨床心理学者及び臨床心理士としての経験を生かしつつ，日本学術会議の会員として心理学・教育学委員会の「健康・医療と心理学分科会」に参加し，公認心理師カリキュラム等検討会のワーキングチームのメンバーとして，それぞれ公認心理師養成カリキュラムの編成に深く関与してきた。

　本書は，現在進行中の『有斐閣 現代心理学辞典』の企画のスピンオフという性格も有している。本書の編者は，この辞典の3人の監修者のうちの2人であり，辞典が刊行されたあかつきには，本書と辞典のクロスオーバーが成立す

ることも見越して，より立体的な学習が可能になるように，本書の構成と執筆者の選定を考えた。各章の執筆者は，それぞれの専門分野で高い見識をもつ先生方である。とりわけ法律の専門家の中川利彦先生に第Ⅲ部の執筆だけでなく，全体の法律事項に関して丁寧に監修していただき，本書の価値を大いに高めていただいた。

　ところで，読者の皆さんは本書の表紙をどのようにご覧になっただろうか。本書の編集の過程でデザイナーさんから示された5つの案の中から，明るく夢のある絵を見てこれだと感じて選んだものであるが，後からそのデザイナーさんの知人のひがしのようこ（東野洋子）さんの原画であることを知らされた。ひがしのさんは，1953年に神戸市に生まれ，神戸大学教育学部を卒業し，大阪市内の保健所などで発達心理相談を担当しながら芸術活動をしてきた方で，惜しくも2017年8月に亡くなられたとのことである。ひがしのさんのご冥福を祈りつつ，本書に関連の深いお仕事をされた方がぴったりの絵を遺してくださったことに，心より感謝を申し上げたい。

　本書と『有斐閣 現代心理学辞典』という2つの大きな企画のマネジメントを同時に行うという大役を担っている有斐閣書籍編集第2部の中村さやかさんと渡辺晃さんには，企画から刊行に至るまで，終始大変お世話になった。ここにお名前を記して，厚く御礼を申し上げる次第である。

　　2018年1月

子安　増生

丹野　義彦

　本書は，2018 年 4 月からスタートした公認心理師養成の学部教育を受け，公認心理師の国家資格取得を目指そうとする学生の皆さんにとって必要な事項（エッセンシャルズ）をコンパクトに収めて，大学初年次から国家試験合格までのあらゆるステージで座右において使える便利な書として企画されたものである。同時に，当該科目を担当する大学教員の先生方にも，授業に役立つさまざまな情報を提供することを目指して編集を行った。

　第Ⅰ部では，公認心理師の学部 25 科目のそれぞれにおいて，どのような知識と技能を身につけるべきかについて，見開き 2 ページで簡潔にまとめている。25 科目はすべて必修科目であり，全体を通覧すれば，公認心理師がいかに幅広い視野と見識を求められているかが理解できるであろう。第Ⅰ部の最後には，大学院での 10 科目の見取り図も示しておいた。

　第Ⅱ部は，新規科目「公認心理師の職責」のテキストとして利用できる形に授業内容を展開した。多くの授業では，半期 15 回の授業の第 1 回は「イントロダクション」，第 15 回は「まとめと到達度テスト」のような形式をとるものとして，その間の 13 回分の授業内容を用意した。大学ごとに事情はあるだろうが，この科目は入学当初の初年次教育科目として開講され，その学びを通じて公認心理師の職務と責任，社会的役割と意義が学習者に正しく理解され，国家資格取得の動機づけがいっそう明確になることが期待される。

　第Ⅲ部は，同じく新規科目の「関係行政論」について，上記と同様の理由で 13 回分の授業のテキストとして利用できる形式で授業内容を展開した。わが国が法治国家である以上，心理職に携わる者もさまざまな法律の内容と行政の仕組みを知らずに働くことはできない。ただし，法体系も行政制度も大変幅広い内容であるので，第Ⅲ部の執筆者はテーマごとに関連する法律や行政に明るい専門家が担当した。

　第Ⅳ部は，これから公認心理師制度を実践面で支える機関ならびに研究面で支える心理学の関連学会を紹介している。学会に所属することは，常に新しい学術情報を得るだけでなく，専門性の高い人材の宝庫に容易にアクセスできる利便性の高い方法でもある。学生会員を認める学会や，非会員でも大会の当日参加を認める学会もあるので，調べて参加してみると知見が深まる。

執筆者紹介

編　者●【執筆分担】

子安　増生（こやす ますお）　【Ⅰ部A①・②・④・⑤・⑥，B⑦・⑧・⑨・⑩・⑪・⑫／Ⅱ部1・2・3・4・13／Ⅳ部／コラム1】
甲南大学文学部特任教授，京都大学名誉教授，臨床発達心理士

丹野　義彦（たんの よしひこ）　【Ⅰ部A③，B⑬・⑭・⑮・㉓，C㉔・㉕，D／Ⅱ部5・6／コラム2・3】
東京大学大学院総合文化研究科教授，臨床心理士

法律監修者●【執筆分担】

中川　利彦（なかがわ としひこ）　【Ⅲ部1・2，7（共著）】
弁護士（パークアベニュー法律事務所），和歌山県子どもを虐待から守る審議会会長，和歌山県精神保健福祉審議会会長，和歌山地方裁判所・家庭裁判所調停委員

執筆者●【執筆分担】

石垣　琢磨（いしがき たくま）　【Ⅰ部B⑯・㉑・㉒／Ⅱ部8】
東京大学大学院総合文化研究科・駒場学生相談所教授，精神保健指定医，精神科専門医，臨床心理士

石隈　利紀（いしくま としのり）　【Ⅰ部B⑱／Ⅱ部7・10／Ⅲ部8・9】
東京成徳大学大学院心理学研究科教授，筑波大学特命教授・名誉教授，学校心理士スーパーバイザー，特別支援教育士スーパーバイザー，ガイダンスカウンセラー

金井　篤子（かない あつこ）　【Ⅰ部B⑳／Ⅱ部12／Ⅲ部12・13】
名古屋大学大学院教育発達科学研究科教授，臨床心理士

菊池　安希子（きくち あきこ）　【Ⅲ部4】
国立精神・神経医療研究センター精神保健研究所地域・司法精神医療研究部室長，臨床心理士，精神保健福祉士

藤岡　淳子（ふじおか じゅんこ）　【Ⅰ部B⑲／Ⅱ部11／Ⅲ部10・11】
大阪大学大学院人間科学研究科教授，臨床心理士

細野　正人（ほその まさひと）　【Ⅰ部B⑰／Ⅱ部9／Ⅲ部6，7（共著）】
東京大学総合文化研究科・駒場学生相談所特任助教，精神保健福祉士

松野　俊夫（まつの としお）　【Ⅲ部5】
日本大学医学部一般教育学系心理学分野非常勤講師，日本大学医学部附属板橋病院心療内科医療心理士（日本心身医学会認定），臨床心理士

宮脇　稔（みやわき みのる）　【Ⅲ部3】
大阪人間科学大学人間科学部医療心理学科教授，精神保健福祉士

第 Ⅰ 部　公認心理師の学び

A　心理学基礎科目

B　心理学発展科目　基礎心理学

第Ⅱ部　公認心理師の職責

第III部　関係行政論

第Ⅳ部　心理学関連団体

第I部　公認心理師の学び

A　心理学基礎科目		①公認心理師の職責 ②心理学概論 ③臨床心理学概論 ④心理学研究法 ⑤心理学統計法 ⑥心理学実験
B　心理学発展科目	基礎心理学	⑦知覚・認知心理学 ⑧学習・言語心理学 ⑨感情・人格心理学 ⑩神経・生理心理学 ⑪社会・集団・家族心理学 ⑫発達心理学 ⑬障害者・障害児心理学 ⑭心理的アセスメント ⑮心理学的支援法
	実践心理学	⑯健康・医療心理学 ⑰福祉心理学 ⑱教育・学校心理学 ⑲司法・犯罪心理学 ⑳産業・組織心理学
	心理学関連科目	㉑人体の構造と機能及び疾病 ㉒精神疾患とその治療 ㉓関係行政論
C　実習演習科目		㉔心理演習 ㉕心理実習
D　大学院で学ぶこと		

A 心理学基礎科目
①公認心理師の職責

◀子安 増生

公認心理師法は2015年9月に成立し公布され，2017年の9月に施行された心理職初の国家資格である。国民の心の健康の保持増進に貢献する重要な職務を担う人材を求める資格であり，大学で25科目，大学院で10科目を学ぶか，後者の代わりに2年間以上の所定の実務経験を経た後，ようやく国家試験の受験資格が得られるという厳しい条件となっており，生半可な気持ちでは続かない。初年次または早い段階でこの科目を受けて，公認心理師の職務と責任の内容をよく理解し，改めて資格取得への意志を確認することが望まれる。

1. 公認心理師の役割

公認心理師法2条では，「公認心理師の名称を用いて，保健医療，福祉，教育その他の分野において，心理学に関する専門的知識及び技術をもって，次に掲げる行為を行うことを業とする者」とされる。この「次に掲げる行為」とは，①心理に関する支援を要する者の心理状態を観察し，その結果を分析すること，②心理に関する支援を要する者に対し，その心理に関する相談に応じ，助言，指導その他の援助を行うこと，③心理に関する支援を要する者の関係者に対し，その相談に応じ，助言，指導その他の援助を行うこと，④心の健康に関する知識の普及を図るための教育及び情報の提供を行うこと，の4点である。

2. 公認心理師の法的義務及び倫理

公認心理師の法的義務については，公認心理師法第4章「義務等」において，信用失墜行為の禁止（40条），秘密保持義務（41条），連携等（42条），資質向上の責務（43条）の4カ条が示されている。このうち，違反した場合に罰則規定があるのは秘密保持義務だけである。すなわち，46条において，「第41条の規定に違反した者は，1年以下の懲役又は30万円以下の罰金に処する」と定められている。もちろん，罰則がないからといって義務を守らなくてよいはずはなく，高い倫理性が求められている。

3. 心理に関する支援を要する者等の安全の確保

公認心理師法には「安全」の文字は含まれていないが，「心理に関する支援を要する者」には，心理的に不安定な人もあるので，自傷や自殺のような問題に直面するケースも出てくる。その予防のためには，十分な知識が必要である。

4. 情報の適切な取扱い

公認心理師が取り扱う重要な情報は，「心理に関する支援を要する者」およびその関係者の個人情報である。また，職場が管理するさまざまな部外秘の情報もある。そのような情報を含め，見聞したことを SNS（ソーシャル・ネットワーキング・サービス）などインターネット上で広めることは論外であるが，近親者や友人に話すことも自制すべきである。

5. 保健医療，福祉，教育その他の分野における公認心理師の具体的な業務

公認心理師法では「保健医療，福祉，教育その他の分野」とまとめられているが，具体的には①保健医療，②福祉，③教育，④司法・犯罪，⑤産業・組織の 5 分野が公認心理師の実際の活躍の場となる。公認心理師は，少なくとも自らが所属する分野の具体的な業務内容に精通することが求められる。

6. 自己課題発見・解決能力

公認心理師法の 43 条「公認心理師は，国民の心の健康を取り巻く環境の変化による業務の内容の変化に適応するため，第 2 条各号に掲げる行為に関する知識及び技能の向上に努めなければならない」とある。この「第 2 条各号」とは，具体的には前ページの「1．公認心理師の役割」で挙げた①〜④の行為のことであり，公認心理師の関係団体や関係学会などでの活動を通じて知識と技能を深め，自ら課題を発見し解決する能力を高めていくことが求められる。

7. 生涯学習への準備

上記の 43 条は，「国民の心の健康を取り巻く環境の変化」という長期の課題に対応できる能力を求めている。これは，まさに生涯にわたる課題であり，リカレント教育を含むキャリアアップの機会も念頭に置く必要がある。

8. 多職種連携及び地域連携

公認心理師法の 42 条 1 項は「公認心理師は，その業務を行うに当たっては，その担当する者に対し，保健医療，福祉，教育等が密接な連携の下で総合的かつ適切に提供されるよう，これらを提供する者その他の関係者等との連携を保たなければならない」と規定している。医療の分野では「チーム医療」，教育の分野では「チーム学校」という協力体制がとられ，多職種連携が重要視されるようになっている。なお，同条 2 項では「主治の医師があるときは，その指示を受けなければならない」と規定されている。

ブックガイド 一般財団法人日本心理研修センター編（2016）．公認心理師（臨床心理学臨時増刊号）．金剛出版．

A 心理学基礎科目
②心理学概論

◀子安 増生

　公認心理師養成カリキュラムは，心理学の重要な分野についてその知識と技能を広く学ぶように設計されている。心理学概論は，そのような心理学の全体像を最初に学ぶのに適した科目であるので，初年次に履修することが望ましい。心理学の歴史，心の進化（他の動物との比較に基づく深い人間理解）などは，公認心理師科目には含まれない事項なので，心理学概論で学ぶことが望まれる。

1. 心理学の成り立ち

　心理学の歴史　心の諸問題についての考察は，ギリシア哲学（ソクラテス，プラトン，アリストテレス）から始まり，キリスト教神学（アウグスティヌス，アクィナス），イギリス経験論哲学（ホッブズ，ロック，バークリー，ヒューム），大陸合理論哲学（デカルト，スピノザ，ライプニッツ，カント）に至るまでの長い歴史がある。しかし，心の実証的研究はドイツのウェーバー，フェヒナー，ヘルムホルツ，オランダのドンデルスらの医学・生理学者が感覚強度や反応時間の研究を行ったことに端を発する。ヘルムホルツの助手を務めたヴントが1879年にライプツィヒ大学に心理学実験室を開設し，現代心理学の創始者となった。意識を研究対象とするヴントとアメリカのジェームズの後は，行動を研究対象とする動物の学習研究（パヴロフ，ワトソン，ソーンダイク，スキナー），無意識を研究対象とする臨床研究（ジャネ，フロイト，ユング），知覚・認知処理の全体性を強調するゲシュタルト学派（ウェルトハイマー，コフカ，ケーラー，レヴィン）を経て，1950年代後半に認知心理学が台頭した。

　心の進化　19世紀に活躍したイギリスの生物学者ダーウィンは，進化論を唱えただけでなく，『人及び動物の表情について』（1872年）で動物と人間の表情について多角的に論じ，自身の長男ウィリアムの幼児期の観察記録を『マインド』誌に発表（1877年）している。1973年にノーベル生理学・医学賞を同時受賞したオーストリアのローレンツとフォン・フリッシュとオランダのティンベルヘンらの比較行動学研究は，心理学にも大きな示唆を与えた。アカゲザルの代理母親実験を行ったアメリカのハーロウの研究は，イギリスの医師ボウルビィの愛着研究に影響を与えた。近年では，チンパンジーなどを観察する霊長類研究者が「心の理論」（プレマック）や「マキャヴェリ的知能」（バーン）の概念を提唱している。

2. 人の心の基本的な仕組み及び働き

心理学概論で何を教えるかについて最も参考になる文献は，1953年の初版から2014年の第16版まで60年余にわたって改訂され使用され続けている心理学の代表的教科書『ヒルガードの心理学』（*Atkinson & Hilgard's Introduction to Psychology*）であろう。その章立てを以下に引用する。

1. 心理学の特徴（The nature of psychology）
2. 心理学の生物学的基礎（Biological foundations of psychology）
3. 心理発達（Psychological development）
4. 感覚過程（Sensory processes）
5. 知 覚（Perception）
6. 意 識（Consciousness）
7. 学習と条件づけ（Learning and conditioning）
8. 記 憶（Memory）
9. 言語と思考（Language and thought）
10. 動機づけ（Motivation）
11. 感 情（Emotion）
12. 知 能（Intelligence）
13. 人 格（Personality）
14. ストレス，健康，コーピング（Stress, health, and coping）
15. 心理障害（Psychological disorders）
16. 心の健康問題の治療（Treatment of mental health problems）
17. 社会的影響（Social influence）
18. 社会的認知（Social cognition）

補遺　測定と統計的方法（Appendix：Statistical methods）

この章題には（「社会的認知」以外には）「認知」の語も「臨床」の語も見られないが，両方の観点が広くバランスよく配置されている。原書816ページ，訳書1140ページの浩瀚な本書の全容を授業で取り上げることは不可能であり，適切な取捨選択が必要となる。

ブックガイド　ノーレン‐ホークセマ，S.ほか編，内田一成監訳（2015）．ヒルガードの心理学（第16版）．金剛出版.／子安増生編（2016）．心理学．勁草書房.／京都大学心理学連合編（2011）．心理学概論．ナカニシヤ出版.／大山正（2010）．心理学史──現代心理学の生い立ち．サイエンス社.

A 心理学基礎科目
③臨床心理学概論

◀丹野 義彦

公認心理師カリキュラムでは，大学で基礎心理学と実践心理学の知識を学ぶ。基礎心理学の成果を応用して，実践の世界に役立てるのが実践心理学である。実践心理学入門となるのが「臨床心理学概論」である。

1. 臨床心理学の成り立ち

実践心理学の科目は5つある。⑯健康・医療心理学は，主として医療機関（病院）での実践を支える。⑰福祉心理学は福祉施設での，⑱教育・学校心理学は教育機関での，⑲司法・犯罪心理学は司法機関での，⑳産業・組織心理学は官庁・企業での実践を支える学問である。

臨床心理学の「臨床」という言葉はもともと病院のベッドサイドをあらわしており，狭義では医療心理学と同じである。これまでの臨床心理士資格では，実践分野の心理学を総称して「臨床心理学」と呼んできたが，公認心理師カリキュラムでは，病院だけでなく幅広い職場で活躍することを明示する意味から，「実践心理学」という用語を用いることになった。

実践心理学は，5分野に共通する知識と，それぞれの分野に個別の知識とがある。共通する知識については，⑬障害者・障害児心理学，⑭心理的アセスメント，⑮心理学的支援法，㉓関係行政論などで学ぶ。ここでは，現代の実践心理学の基本的考え方（科学者－実践家モデル，生物・心理・社会モデル，チームアプローチ）などをきちんと理解したい。その上で，5分野の個別の知識（法律，制度，倫理，アセスメント法，支援法）を学ぶことが大切である。

実践心理学の歴史については，臨床心理学の始まり（1896年のウィットマーの心理学クリニック開設），心理的アセスメントの歴史，4大アプローチ（精神分析学・行動理論・認知理論・人間性心理学）の流れを押さえておきたい。

2. 臨床心理学の代表的な理論

心理的アセスメントの理論　心理的アセスメントは，面接法，観察法，心理検査法といった方法があるが，重要なのは心理検査法である。心理検査法を対象機能別に見ると，知能検査・発達検査，パーソナリティ検査，症状評価検査，神経心理学的検査・認知機能検査などがある。**知能検査・発達検査**には，ビネー式やウェクスラー式をはじめ多くのものがある。対象年齢（乳児・幼児・児童・成人など），項目の作成方法，項目の構造，知能の表現法などが異なる。パーソ

ナリティ検査は，大きく質問紙法と投映法に分かれる。**質問紙法**は，質問文に被検査者自身が回答し，その答えからパーソナリティを分析するものであり，性格特性論（性格因子論）に基づいて統計学的に作られている。**投映法**は，あいまいな図形や文章を提示して回答を求め，そこからパーソナリティを測定・診断する方法である。**症状評価検査**は不安症状や抑うつ症状のアセスメントを行うもので，面接基準や症状評価質問紙などの方法がある。**神経心理学的検査・認知機能検査**は認知・思考・記憶・言語・行為・注意などの高次脳機能を定量的・客観的に評価し，高次脳機能障害の有無や程度を調べる検査である。

異常心理学と心理学的支援の理論　異常な心理現象の発生や維持の心理学的メカニズムを考える分野を異常心理学という。その発生メカニズムを解消することが心理学的支援法である。したがって，異常心理学と心理学的支援はセットになって理論化されている。以下，代表的な理論のセットを挙げる。

精神分析学では，自我が無意識の欲望と外界の制約を調整するのに失敗し，不合理な防衛機制が働くことにより心理的問題があらわれると考える。これを解消するために，不合理な抑圧や自我防衛機制を意識化（洞察）しようとするのがフロイトの精神分析療法である。精神分析療法の影響を受けて，心の中の欲求のダイナミックスを重視する諸流派があらわれ，それらは総称して**力動的心理療法**と呼ばれる。また，**行動理論**では，不適応的な行動は学習原理に基づいて誤って学習され，維持されていると考える。学習原理とは，パヴロフの古典的条件づけ，スキナーのオペラント条件づけ，バンデューラの観察学習などをさす。そこで，学習原理に基づいて適応的な行動習慣を再学習するのが行動療法や応用行動分析である。**認知理論**では，認知の歪み（自動思考，推論の誤り，スキーマ）によって，うつ病や不安障害が発生し維持されると考える。こうした認知の歪みの是正を目指すのがベックらの提唱した認知療法である。認知療法と行動療法は**認知行動療法**として統合された。**人間性心理学**の代表である**来談者中心療法**によると，カウンセラーの仕事は，来談者を共感的に理解し，来談者に対し無条件の肯定的な配慮を提供することである（ロジャーズ）。カウンセラーとの人間関係を通して，来談者は自分の体験をありのままに受容し，建設的な人格的変容が訪れる。支援技法の選択に当たっては，**治療効果のエビデンス**を知ることが重要である。

ブックガイド　丹野義彦・坂本真士（2001）．自分のこころからよむ臨床心理学入門．東京大学出版会．／丹野義彦ほか（2015）．臨床心理学．有斐閣．

A 心理学基礎科目
④心理学研究法

◀子安 増生

　学問分野を分けるものは，研究テーマだけでなく，研究法（research method）によるところが大きい。古来，心の問題は，哲学者や宗教学者たちが思弁的に考えてきたテーマであるが，19世紀の後半に，心を科学的に研究しようとする機運が西欧と北米で生まれた。ドイツのヴィルヘルム・ヴント（1832–1920）が1879年にライプツィヒ大学に創設した世界初の心理学実験室がその代表的できごとであるとされる。それ以来，「心」という目に見えない，移ろいやすいものをどのようにして科学的に研究するかが心理学の最大の課題となってきた。また，心理学は人間を対象として，人間に直接接して研究を行うだけに，研究の倫理（ethics）はきわめて重要な問題である。

1. 心理学における実証的研究法（量的研究及び質的研究）

　心理学の基本的な研究法は，観察法，実験法，質問紙法，心理検査法，面接法，事例研究法の6種である。

　観 察 法　対象者の行動や発言を記録し分析する。対象者に観察者の存在が知られることを前提に行うものを参加観察，存在を知られないように行うものを非参加観察という。

　実 験 法　研究者が刺激材料などの要因（独立変数）を厳密に操作した上で行う観察により得られた結果（従属変数）を主に統計的手法により分析する。

　質 問 紙 法　文あるいは文章を質問形式で提示し，言語または記号で回答を求め，対象者の意見・態度・知識・感情・行動様式などを調べる。

　心理検査法　個人の能力や性格などを測定することを目的とし，問題と実施・採点法，基準集団の統計値が既知の標準化された（standardized）ものをいう。

　面 接 法　人と人とが特定の目的をもって直接の顔合せを行い，主として会話を通して必要な情報を得たり提供したりする。調査的面接と臨床的面接がある。構造化面接，半構造化面接，非構造化面接が区別される。

　事例研究法　1人あるいは少数の事例（case）について，観察・実験・調査・検査・面接などの方法を駆使し，対象者の個性的・包括的理解を目指す。

　量的研究と質的研究　量的研究（quantitative research）は数量的にデータ化し統計的に分析するアプローチをとるものをいい，それ以外のアプローチとして質的研究（qualitative research）があるが，後者は狭義には，面接法で得られた

言語データの記録に基づいて分析を行う研究をさす。

2. データを用いた実証的な思考方法

データリダクション　研究者が知り得たことを，理解と伝達の可能性を高めるために，その内容を圧縮し要約することをいう。量的研究に固有の概念でなく，質的研究においても，記述であれ，物語化であれ，現象を観察し記録し伝達するという過程で，必ずデータリダクション（data reduction）が行われている。

内挿と外挿　データリダクションは，次に得られたデータの一般化へのステップとして，区間内のデータの推定である内挿（interpolation）または区間外のデータの予測である外挿（extrapolation）に進む。例えば，小学1，3，5年生から得られたデータから区間内の2年や4年の値を推定するのは内挿，区間外の6年生の値を予測するのが外挿である。実測値と混同してはならない。

代表値　得られた一群の数値をローデータ（raw data）というが，それをただ1つの数値で表現するものを代表値という。範囲や度数分布はローデータへの復元性が高いが，最頻値（モード），中央値（メディアン），平均値などはローデータへの復元性はきわめて低い。「平均が3，人数が5」といっても，もとが「1，2，3，4，5」なのか，「3，3，3，3，3」なのかは不明である。

3. 研究における倫理

研究の公共性と人権尊重　学術研究は，すべて公共の福祉のためにある。学術の発展の名目で対象者の人権を損なうことは絶対に許されない。心理学では，研究参加者に対して，①説明と同意（informed consent）なしに研究に参加させること，②自尊心を傷つける行為や発言を行うこと，③過度なストレスにさらすこと，④プライバシーを侵害すること，⑤高額の謝礼で結果を左右しようとすることなどは，厳に慎まなければならない。また，研究実施のどの段階でもいつでも参加を取りやめることができること，実施の途上において一時的に対象者を「だます」要素が含まれる研究では最後に研究手続きの真の目的を知らせるデブリーフィング（debriefing）を行うことも不可欠の条件である。

研究不正　研究データや図表などを都合のよいように変える改竄，研究データや証拠品をでっち上げる捏造，他人の論文の文章などを断りなしに勝手に使う剽窃，他の研究者のアイディアを無断利用する盗用，研究に関与しなかった者を著者に入れるギフトオーサーシップなどの研究不正は許されない。

ブックガイド 南風原朝和・下山晴彦・市川伸一編（2001）．心理学研究法入門——調査・実験から実践まで．東京大学出版会．

A 心理学基礎科目
⑤心理学統計法

◀ 子安 増生

　「心理学研究法」が具体的に人と接して心理学的データを集める方法について知る授業であるのに対し,「心理学統計法」は集めたデータをどのように分析し,それをどう表現するかについて知る科目である。データの分析法には,データの特徴を把握する記述統計と,結果を一般化するための推測統計がある。

1. 統計に関する基礎的な知識：統計学の歴史的展開

　統計学を意味する英語の statistics はラテン語の *status*（国家）に由来し,人口や国家財政など国の実態を捉えることが統計学の最初の主要な目的であった。18 世紀の前半に活躍したイギリスの天文学者ハレーは,「ハレー彗星」にその名を残しているが,死亡統計の分析を行い,保険数理学の基礎を築くことにも貢献した。ベルギーのケトレも天文台長から統計学の発展に尽くし,「近代統計の父」と呼ばれている。彼は『人間とその能力の発展について── 一つの社会物理学試論』（1835 年）の中で正規分布の中央に位置する「平均人」の概念を提唱した。また,国際統計会議を主唱して,国勢調査の確立に努めた。

　19 世紀には,人口の急増に対応すべく動植物の品種改良のための育種学が盛んになる中で,進化論で有名なイギリスの生物学者ダーウィンの従弟のゴールトンが「平均への回帰」の概念を提唱するなど,人類遺伝学の基礎を築いた。

　ゴールトンの後を継いだピアソンは,最頻値,標準偏差,積率相関,連関係数,カイ二乗検定など統計学の基礎概念を確立し,ロンドン大学を生物測定学の中心地にした。弟子のゴセット（筆名スチューデント）は t 検定を考案した。ピアソンの後を継いだフィッシャーは,実験計画法と分散分析法（F 検定）を確立した。心理学統計法の基礎は,この 3 人に負うところが大きい。

　他方,知能の構成要素を推定するために,イギリスのスピアマン（2 因子説,1904 年）やアメリカのサーストン（多因子説,1931 年）らの心理学者が因子分析の手法を開発した。そこから多変量解析のさまざまな手法が開発された。

　アメリカの調査実務家のギャラップは,1936 年の米大統領選において,世評に反しルーズヴェルト候補の再選を予想して的中させた。ギャラップは,有権者を「性別」「収入」「居住地」などの条件の組み合わせでグループに分け,実際の比率で対象者を抽出する割当法により,比較的小さな標本（サンプル）から正確な結果を予測し,推測統計における標本抽出の重要性を実地に示した。

アメリカの心理学者スティーヴンスは，1946年に『サイエンス』誌の論文で以下のように測定水準の4分類を提案した。①名義尺度は，電話番号や学籍番号など数字の異同（$y \neq x$）のみをあらわす。②順序尺度は，競争の順位など数字の大小関係（$y > x$）をあらわす。③間隔尺度は体温や知能指数のように数値の等間隔性を仮定するが絶対零点はない（$y = ax + b$）。④比率尺度は，身長や年齢のように絶対零点の存在を仮定する（$y = ax$）。この各尺度に対応して使用可能となる統計指標や分析法は，名義尺度は最頻値（モード）とC係数（contingency coefficient）まで，順序尺度は中央値（メディアン）とパーセンタイルまで，間隔尺度は平均値・標準偏差・積率相関（ピアソンのr）まで，比率尺度は上記のすべてが使用可能である。

2. 心理学で用いられる統計手法

記述統計　研究を実施した後，まず行うことは，得られた観測値（データ）の特性をまとめるデータリダクション（data reduction）と，その結果を図や表で表現することである。データの分布を確認し，分布の特性を示す代表値を計算する。その際，上述のスティーヴンスの4尺度のどれにあたるかによって，使える代表値（最頻値，中央値，平均値など）の範囲が決まる。データの範囲やちらばり（分散あるいは標準偏差）も分布の情報として重要である。

　観測値間の関係を見るためには，回帰分析を行う。観測値が2つの場合は相関係数，3つ以上の場合は重回帰分析を行う。ただし，観測値が名義尺度の場合は2×2分割表を作成し，カイ二乗検定などで分布差の有無を確認する。

推測統計　研究を実施して得られたデータは，あくまで抽出された標本であって，抽出元となる母集団との関係を考えるのが推測統計である。例えば，1万個（母集団）の製品の中からランダムに100個（標本）の抜き取り検査を行い，その中に欠陥品が1個含まれていたとして，たった1個だけだからよいとは判断できない。推測統計では，統計的仮説検定が重要となる。実験群と統制群のように2群の平均の差を見る場合はt検定，3群以上の平均の差を調べるときはF検定が用いられる。本当は差がないのに間違って差があると判断しないことが統計的仮説検定を行う目的である。

多変量分析　多種類のデータを扱う統計的分析法として，因子分析，判別分析，クラスター分析，共分散構造分析などがある。

ブックガイド　南風原朝和（2002）．心理統計学の基礎──統合的理解のために．有斐閣．

A 心理学基礎科目
⑥心理学実験

◀子安 増生

　心理学は，1879 年にドイツのヴントがライプツィヒ大学に心理学実験室を開設したとき，独立した科学となった。心理学実験の知識と技能の基礎を学ぶことは，心理学の学びにとって不可欠である。ただし，「心理学実験」の授業は，狭義の実験法だけでなく，観察法，質問紙法，心理検査法，面接法を適宜織り交ぜて実施しても構わない。次ページのブックガイドに挙げた『認定心理士資格準拠 実験・実習で学ぶ心理学の基礎』でも，実験法は 25 章のうち 17 章だけであり，残りの 8 章は他の 4 技法を扱っている。ここでは，主に実験法を中心に，「心理学実験」の授業における学びの要点を説明する。

1. 実験の計画立案

　実験とは，実験者が操作する要因（独立変数）を制御し，その結果生じる実験参加者の行動や生理的変化など観察対象となる事象（従属変数）の記録を行うことであり，実験者は操作していないのに実験結果に影響を及ぼすような要因（剰余変数）を統制することを含むものである。

　独立変数には，刺激の提示方法（例：言語提示か図形提示か），刺激の提示時間や提示間隔，課題の難易度，妨害課題の有無，教示（例：「速く」，「正確に」，「速く正確に」），実験参加者の属性（例：性別，年齢，性格特性）などがある。

　従属変数には，正答数／正答率，誤答数／誤答率，反応潜時（latency），反応時間（response time：RT），持続時間（duration），尺度得点などがある。

　剰余変数の統制の例としては，刺激の聴覚提示を行う実験において，室外からの音を遮断する統制（防音設備やヘッドフォン使用など）を行うことである。

　実験法の基本である「統制群法」は，実験結果が真に独立変数の操作の効果によるものか否かを明確にするため，実験参加者を等質とみなせる 2 群にランダムに分け，一方の群に対してのみ操作を行い，もう一方の群には操作を行わない（または無関連な操作のみを行う）条件で両者の結果を比較する方法である。前者を実験群，後者を統制群または対照群と呼ぶ。

　実験計画においては，同じ実験参加者群にすべての実験条件を割り当てる参加者内計画と，異なる実験参加者群に別々に条件を割り当てる参加者間計画の 2 タイプがある。参加者内計画は，条件間で実験参加者が等質であり，トータルの参加者数が少なくて済むが，条件提示の順序効果が生じる可能性を否定で

きない。参加者間計画は，実験参加者の負荷が相対的に少なくなるが，実験参加者群間の等質性が担保されず，トータルの実験参加者数が多くなる。

2. 実験データの収集及び処理

実験の実施が終わったら，記録漏れや誤記録などがないかを確認して，有効なデータを確定した後，データの分析に入る。実験計画の段階で従属変数を決めた時点で，得られる数値の特性が定まるので，データ分析の方法はある程度決まってくる。平均値や標準偏差などの代表値を見る前に，データの分布（散布図）を確認しておくことが大切である。その後，統計的検定や相関分析などを行って，考察に使用するデータを確定し，図（figure）または表（table）であらわす作業を行う。

3. 実験結果の適切な解釈と報告書作成

データ分析が終わったら，研究の結果得られた主要な知見（finding）とその意義を検討する。先行研究の知見と整合する点，相違する点をまとめ，用いた研究手法の長所・短所，妥当性について評価し，研究成果が今後の研究や実践にとってどのような意味があるかを考える。

心理学を含む科学研究の報告書（学術論文）は，IMRAD（introduction, method, results and discussion の頭文字）の形式で記述する慣例に従う。

イントロダクションは，論文の「問題」の部分であり，研究の問題意識を述べる。先行研究の文献レヴューを行い，これまでに明らかになっていることと，今後明らかにすべきことを区分けした後，研究の目的と仮説を提示する。

「方法」では，論文を読んだ人が追試可能（replicable）になるように，実験計画，実験参加者，材料，手続きなどについて正確かつ詳細に記述する。

「結果」では，データの分析手続きを明示し，図や表を用いて統計値や統計的検定の結果などを記述する。質問紙調査では，用いた質問項目を明示する必要がある。

「考察」では，論文の主な知見は何か，先行研究と比べて結果が似ているところと違っているところは何か，将来の研究の方向性についてどんなことが示唆されているか，研究の反省点は何かなどを述べる。

「文献」では，本文と文献の照応関係を確認し，直接読んでいない文献の孫引きはなるべく避けるが，必要な場合は孫引きであることを明示して載せる。

ブックガイド 日本心理学会認定心理士資格認定委員会編（2015）．認定心理士資格準拠 実験・実習で学ぶ心理学の基礎．金子書房．

B 心理学発展科目（基礎心理学）
⑦知覚・認知心理学 ◀子安 増生

　心の働きを情報処理（information processing）の流れで見ていくのが知覚・認知心理学である。情報処理過程は，感覚・知覚など主に外界から情報が入ってくる「入力系」，注意・記憶・思考・メタ認知・実行機能など入ってきた情報を大脳で処理する「中枢処理系」，運動・表現など大脳で処理された情報をもとに身体の動きにあらわす「出力系」に分けることができる。心の働きに関する障害は，この3つの系のどこで生ずるかでその様相が異なる。

1. 人の感覚・知覚等の機序及びその障害

　感覚とその障害　感覚（sensation）は，物理的刺激の入力を受容器で受けとめる過程である。受容器の種類により，「五感」が区別される。すなわち，視覚（眼），聴覚（耳），嗅覚（鼻），味覚（舌），触覚（皮膚）の5種である。体外からの刺激（光，音，化学物質，食品，熱など）だけでなく，体内からの刺激に対する感覚もあることを見落としてはならない。すなわち，骨格筋の緊張や弛緩を感知する「自己受容感覚」，内耳にある耳石器で身体の姿勢や運動方向を感知する「平衡感覚」，内臓の痛み，空腹や満腹，便意や尿意など内臓器の刺激を感知する「内臓感覚」の3種も生きていく上で不可欠の感覚である。

　受容器自体や受容器から大脳に向かう神経系の損傷は，さまざまな感覚障害を引き起こす。視覚障害（弱視，盲），聴覚障害（難聴，聾），嗅覚障害，味覚障害，触覚障害（感覚過敏と感覚鈍麻）などである。全く痛みを感じない無痛症は，大けがをしても痛みの自覚がなく，受傷が重症化してしまいやすいので危険である。

　知覚とその障害　感覚が感覚器官と末梢神経系を経由して身体外部や身体内部に関する情報を受容する過程であるのに対して，知覚（perception）は，過去の知識・経験によって，感覚器官から得た情報を解釈する「高次」の情報処理過程をいう。例えば，「赤いものが見えた」という感覚から，それが「血」なのか「火事」なのか「赤信号」なのかを判断するのは知覚の働きである。

　知覚においては，物理的現実と心理的現実のずれが重要となる。対象の長さ，面積，角度，明るさ，色などが違って見える錯視は，その代表例である。あるいは，刺激が変化しても知覚は急には変化しない恒常性，足りない情報を補って知覚する補完，2次元の刺激から3次元の図形を見る立体視などもある。

知覚の障害には多くの種類がある。統合失調症の陽性症状である幻覚は，物理的に存在しないものが知覚される（幻視や幻聴など）タイプの知覚障害の例としてよく知られている。他方，物理的に存在する刺激を知覚することができない状態を失認という。例えば，顔の表情が識別できず誰の顔かわからない状態を相貌失認という。また，脳の障害により，視野の片側にあるものが認識できない状態を半側空間無視という。

2. 人の認知・思考等の機序及びその障害

認知機能とその障害　認知（cognition）は，人間の情報処理過程全体をさす広義の意味で用いられることもあるが，感覚・知覚との区別という意味においては，入力系から入ってきた情報を中枢系で処理する注意・記憶・思考・メタ認知・実行機能などをさすものとされる。注意は，感覚器に入力される多くの情報のうちのどれに焦点を当てるかを制御する機能である。記憶は，処理した情報を貯蔵し検索する機能である。思考は，入力された情報を加工して新しい情報を作り出す機能をいい，問題解決，推理，意思決定，連想，想像など幅広い情報処理を含む。メタ認知は，「自己の認知についての認知」という上位の認知過程をいう。反省的思考はその一例である。実行機能（executive function）は，目標に向かって自身の思考や行動を制御する機能であり，誘惑に対する抑制制御，状況の変化に伴う情報の更新，行動目標の切り替えなどを行う。

認知機能の障害には，注意の障害である注意欠如・多動症，記憶の障害である健忘症（物忘れ），思考の障害である妄想や強迫性症状（無意味で不合理と感ずる想念を消し去ることができない状態），メタ認知能力の障害の一種ともいえる見当識障害（自身の置かれた状況が理解できなくなる状態），始めた行為を完遂することができない実行機能障害などがある。

認　知　症　正常に発達した認知機能が脳の変性（アルツハイマー型やレビー小体型など）や脳血管障害などの原因により極度に低下するのが認知症（dementia）であるが，その中核的症状は記憶障害，見当識障害，実行機能障害であるとされる。そのため，判断力が低下し，それまでわかっていたことがわからなくなったり，危険な行為を危険と理解できなくなったり，外出時に迷子になったりという行動上の問題が生ずる。

ブックガイド　北岡明佳編著（2011）．知覚心理学──心の入り口を科学する．ミネルヴァ書房．／箱田裕司・都築誉史・川畑秀明・萩原滋（2010）．認知心理学．有斐閣．

B ⑧学習・言語心理学

心理学発展科目（基礎心理学）

◀ 子安 増生

　この科目は，学習心理学と言語心理学の基礎を学ぶものである。心理学では，学習は広く「経験による比較的永続的な行動の変容」と定義され，よいこと（知識や技能）ばかりでなく，悪いこと（悪癖や依存症）も経験を通じて学習されたものと考え，行動療法などの学習解除の臨床的手法も視野に入る。言語の習得も学習過程であるが，学習心理学は動物の行動を対象とする学習研究を中心に発展してきており，人間固有の機能である言語の学習は，独自の要素を有している。言語の複雑な仕組みは，さまざまな言語障害の原因ともなっている。

1．人の行動が変化する過程

　行動の条件づけ　19世紀後半の心理学草創期に活躍したドイツのヴントやアメリカのジェームズは，言語化された意識を対象に研究を進めた。しかしながら，人間以外の動物，赤ちゃん，言葉をもたない障害者などの心理は，内に秘められた意識でなく，外にあらわれた行動によってしか解明できず，客観的に観察できる行動のみが科学的検討に値するという行動主義（behaviorism）の考え方が20世紀前半から1950年代までのアメリカの心理学を風靡した。その源流は，ロシア・ソ連のノーベル賞生理学者パヴロフの条件反射学（イヌの唾液分泌反応の研究）にある。ワトソンの恐怖条件づけ（アルバート坊やの実験），ソーンダイクの試行錯誤学習説（問題解決箱によるネコの研究），スキナーのオペラント条件づけ（スキナー箱によるハトとネズミの研究），ハルの動因低減説とトールマンの潜在学習説（ネズミの迷路学習の研究）などが花開いた。

　行 動 療 法　ドイツ出身のイギリスの心理学者アイゼンクは，1960年に『行動療法と神経症』を編集し，学習理論によって神経症やアルコール依存症を治療することを提唱した。南アフリカ出身の精神科医ウォルピは，不安症の治療法として，不安の階層を定めて系統的脱感作（systematic desensitization）により不安反応に拮抗するリラクセーションを行う手法を開発した。

　認 知 説　刺激と反応の連合が報酬により強化されることが学習であるとする行動主義に対して，認知構造の変化がより重要とする認知説が1950年代後半から主流になっていくが，その源流はチンパンジーの問題解決における見通しを強調したドイツの心理学者ケーラーの『類人猿の智恵試験』（1917年）にある。

2. 言語の習得における機序

言語の多面性・複雑性　人間の精神機能の中でも，言語ほど多面的で複雑なものはないといってよい。話し言葉と書き言葉だけでも，それぞれの成立条件は大きく異なる。言語学には，次のような下位領域または関連領域が含まれる。

音声学：音声の物理的，生理学的側面の研究。音声は肺→気管→声帯→咽頭
　　→喉頭→鼻→舌→唇という経路で生成。

音韻論：音声言語の音素の分析。音素を区別する弁別素性や韻律の研究。

文字論：象形文字，表意文字，表音文字の区分や言語ごとの使用文字の研究。

語彙論：語彙は単語知識の体系であり，基礎語彙，語彙量の発達などを研究。

意味論：語や句が指し示す外延的意味と連想的感情的な内包的意味を研究。

統語論：統辞論とも表記され，語・句・文の構成法に関する文法の研究。

語用論：言語表現と使用者の間で生ずる発話行為の研究。

言語の習得と障害は，上記のすべての問題に関わる。

言語習得　母語の習得は，性差（一般的に女児が早い）や個人差も大きいが，1〜2歳頃にかけて最初の言葉である初語があらわれ，一語文から二語文への移行が達成されると，急速に語彙量が増え，文法理解が発達し，幼児期の終わりである6歳頃までに話し言葉の基本を身につける。幼児発音が残るケースも，7歳頃までに消えていく。学校教育がきちんと整備され機能している国や地域では，児童期（6〜12歳頃）が書き言葉の習得期に当たる。

言語障害　コミュニケーションとしての言語の「発話の意図→言語の構築→言語の産出→言語の聴取→言語の理解」という一連の過程のどこかに問題が生ずると，言語障害の状態が生ずる。子どもが言語を獲得する過程で見られるのが言語発達障害，いったん獲得できていた言語機能が脳出血や脳梗塞などの脳血管障害その他の脳損傷によって障害された状態になることが失語症である。話し言葉では，咽頭以後の経路の障害で正しい発話ができない構音障害，書き言葉では，知的障害ではないのに文章を読むときに文字や行の読み飛ばしなど，読み誤りが頻繁に生じる難読症（ディスレクシア）の問題がある。場面や状況によって全く話せなくなる緘黙症や，どもってうまく話せない吃音症などは，言語学的問題よりもむしろ心理学的問題によって生ずるものである。

ブックガイド　実森正子・中島定彦（2000）．学習の心理──行動のメカニズムを探る．サイエンス社．／今井むつみ・針生悦子（2014）．言葉をおぼえるしくみ──母語から外国語まで．ちくま学芸文庫．

B ⑨感情・人格心理学

心理学発展科目（基礎心理学）

◀子安 増生

　この科目は，感情心理学と人格心理学の基礎を学ぶものである。「人格」は，現在ではパーソナリティ（personality）という表現の方が優勢になっている。日本感情心理学会と日本パーソナリティ心理学会は，共に1992年に創設されたが，後者は創設時には日本性格心理学会と名のり，2003年に現在の名称に変更している。人格の1つの側面が感情機能であるので，人格について先に学んでから感情の問題に進むことが理解の順序としてはわかりやすいだろう。

1.　人格の概念及び形成過程

　心理学では，心の機能から見た個人の一貫した特徴を人格（パーソナリティ）という言葉であらわしている。大別すると，人格には「知性」「感情」「意志」の3つの側面がある。知性は思考，知能，問題解決などの研究テーマで，感情は気質，情動，気分などの研究テーマで，意志は欲求，抑制制御，満足の遅延などの研究テーマで，それぞれ実証的な研究が行われてきた。

　教育基本法は，1条において教育の目的が「人格の完成」であることを規定し，3条において「国民一人一人が，自己の人格を磨き，豊かな人生を送ることができるよう，その生涯にわたって，あらゆる機会に，あらゆる場所において学習することができ，その成果を適切に生かすことのできる社会の実現が図られなければならない」と規定している。すなわち，人格は家庭・学校・職場・地域などあらゆる場所で生涯にわたって形成されていくものである。

2.　人格の類型，特性等

　類 型 論　類型論（typology）は，原理に基づいて人格を少数の型に分類しようとする考え型である。ドイツの精神医学者クレッチマーは，体型と気質を結びつけた3つの類型（細長型＝分裂気質，肥満型＝躁うつ気質，闘士型＝粘着気質）を区分したことで知られている。類型論は，典型的にうまく当てはまるケースもあるが，多くの人は中間型あるいはどの類型にも当てはまらない。

　特 性 論　特性論（trait theory）は，人格検査を実施して，複数の尺度（人格特性因子）の得点を調べて個人の人格を同定する考え方である。人格検査の代表例として，情緒不安定性，外向性，開放性，調和性，誠実性の5因子から人格を捉えようとするビッグ・ファイブ（five-factor model）がある。

3. 感情に関する理論及び感情喚起の機序

　感情（affect）は，誰もが知っているが，その定義は実は難しい。「対象や状況に対する主体の価値づけ」ということが定義に含まれよう。感情の種類に関する議論もいろいろあるが，「喜怒哀楽」など身体に表出されやすい一過性の感情である情動（emotion）と「明るい，暗い，穏やか，憂うつ」など強くはないが持続する感情である気分（mood）の区別は，万人が認めるものであろう。

　感情喚起については，「悲しいから泣くのでなく，泣くから悲しく感じる」という，身体変化の認知が情動を生むとする末梢起源説が，アメリカの心理学者ジェームズにより 1884 年に，デンマークの医学者ランゲにより 1885 年に独立に提唱された（ジェームズ−ランゲ説）。これに対し，アメリカの生理学者キャノンと弟子のバードは，脳の視床下部を除去した動物が情動反応を示さないことを示し，中枢起源説を唱えた（キャノン−バード説，1927 年）。アメリカの心理学者シャクターらは，知らずに興奮剤を投与された実験参加者が状況によって喜びを感じることも怒りを感じることもあるという実験結果から，情動には身体反応とその原因の認知の両方が不可欠とした（情動の二要因説，1964 年）。

　情動に伴う表情の研究は，ダーウィンの『人及び動物の表情について』（1872年）がその源流とされる。アメリカの心理学者エクマンは，パプアニューギニアの原始社会で暮らす人びとが，西洋の人物の表情写真から 6 種類の基本感情（怒り，嫌悪，恐れ，幸福感，悲しみ，驚き）を正しく読み取れることを示し，顔の筋肉の動きと表情の関係を記述するシステムを考案した。エクマンは，場面による情動表出の適切性を支配する暗黙のルールを「表示規則」（display rule）と呼んだ。

4. 感情が行動に及ぼす影響

　スイスの精神医学者ユングは，人間の行動を左右するのは基本感情だけでなく，さまざまな複合感情の重要性を指摘し，それをコンプレックスと名づけた。優越感と劣等感はつとによく知られているが，複合感情には共感，賞賛，羨望，嫉妬などの感情に加えて，最近では他人の失敗や不幸を喜ぶシャーデンフロイデ（独語：Schadenfreude）の研究も行われている。

　感情に関する障害としては，情動に関してはその制御がうまく行われない衝動制御障害，気分に関しては抑うつ障害や双極性障害などが問題となる。

ブックガイド 二宮克美・子安増生編（2006）．パーソナリティ心理学．新曜社．／大平英樹編（2010）．感情心理学・入門．有斐閣．

B 心理学発展科目（基礎心理学）
⑩神経・生理心理学 ◀子安 増生

　この科目は，神経心理学と生理心理学の基礎を学ぶものである。神経心理学（neuropsychology）は，心の働きを脳神経系との関連において研究する分野であり，最近は脳画像診断法（brain imaging/neuroimaging）の手法を用いた研究が盛んに行われている。他方，生理心理学（physiological psychology）は，生理学的方法を用いて心の働きや行動の仕組みを解明しようとする古くからの研究分野であり，心電図，筋電図，皮膚電位，脳波のような電気生理学的手法や，血圧，心拍数，容積脈波などの血流量の計測手法などが用いられてきた。

1. 脳神経系の構造及び機能

　脳研究の歴史　心の座は心臓にあるという考え方は，古来根強くあった。精神状態が心臓の鼓動に敏感に影響するからである。ドイツの医師ガルは，頭蓋骨の大きさや形状が精神活動を反映するとする骨相学（phrenology）を 1800 年頃に提唱し，一時は流行したが，根拠薄弱なためにやがて廃れていった。フランスの医師ブローカは，言語の産出は困難だが他者の発話は比較的理解できる症状の患者の死後解剖により脳損傷部位を特定した（ブローカ野，1861 年）。ドイツのウェルニッケは，発話は比較的流暢だが時に意味不明となり言語理解に大きな障害をもつ患者の脳損傷部位を特定した（ウェルニッケ野，1874 年）。スペインの神経解剖学者ラモン・イ・カハールは，神経細胞（ニューロン）の構造を解明し，1906 年のノーベル生理学・医学賞を受賞した。ドイツの神経学者ブロードマンは，大脳皮質組織の神経細胞を染色し，組織構造が均一である部分をまとめて 1 から 52 までの番号をつける研究を行って 1909 年に公表した。これが現在も使用される「ブロードマンの脳地図」である。

　脳神経系の構造と部位別の機能　神経系のうち脳と脊髄からなる部分を脳神経系または中枢神経系（central nervous system：CNS）という。末端の受容器または効果器と連絡する末梢神経系はその 12 対が脳に出入りする。例えば，視神経，顔面神経，三叉神経など頭顔部の機能に関わる神経である。他方，脊髄に出入りする神経は，主として頸部以下の身体部位の機能に関わる。

　脳は，解剖学的構造として，大脳，間脳，中脳，小脳，延髄などに分かれる。大脳は，前頭葉，側頭葉，頭頂葉，後頭葉に分けて見ることができる。大脳皮質には視覚野，聴覚野，嗅覚野，味覚野，言語野，運動野，体性感覚野などの

機能の中枢が分布している。それぞれの機能の中枢であることは，ブローカ野やウェルニッケ野のように，認知機能や運動機能の障害と脳損傷部位との関係から解明されるようになった。大脳の奥には大脳辺縁系（limbic system）と呼ばれる部位があり，記憶に関与する海馬（hippocampus）や情動に関与する扁桃体（amygdala）などがある。間脳は嗅覚を除く全感覚の中継地であり，自律神経を制御している。中脳は，視覚・聴覚の反射，体の平衡・姿勢反射などに関する中枢とされる。小脳は大脳の後部に位置し，身体運動機能の総合調整役を果たしている。延髄は，呼吸及び循環などを制御し，生命の維持に不可欠な自律神経の中枢である。

2. 記憶，感情等の生理学的反応の機序

記憶と感情が代表的に挙げられているが，個々の認知機能が脳のどの部位のどのような働きであるかを理解すること，神経系の発生とその生涯発達の過程（加齢による変化）を知ること，脳に何か問題が生じたときの脳の電気的活動，断層像，脳内の血流量や代謝などを測定する脳画像診断法（脳波，CT，MRI，SPECT，PET など）および神経心理学的診断法について学ぶこと，脳の可塑性（失われた機能を代償する性質）について学ぶことなどが求められる。ちなみに，解剖学（anatomy）が身体の「構造」を調べる学問であるのに対し，生理学は身体の「機能」を調べるものであり，病理学（pathology）が「病気」の原因や状態を明らかにするものであるのに対し，生理学は「健康」な状態が維持される仕組みを明らかにするものである。

3. 高次脳機能障害の概要

高次脳機能障害（higher brain dysfunction）は，事故や病気で脳に器質的病変が生じ，記憶障害，注意障害，遂行機能障害，社会的行動障害などの認知障害のために日常生活や社会生活に制約が生ずるものをいう。脳画像診断法による脳の器質的病変の確認か，診断書による脳の器質的病変の確認が診断基準となる。なお，事故や病気の前から症状が見られる場合や，先天性疾患，周産期の脳損傷，発達障害，進行性疾患を原因とする者は除外する。診断には神経心理学的検査の所見も参考にすることができるとされ，リハビリテーションの過程などで公認心理師の心理支援活動が期待される分野である。

ブックガイド 岡田隆・廣中直行・宮森孝史（2015）．生理心理学——脳のはたらきから見た心の世界（第2版）．サイエンス社．／坂田省吾・山田冨美雄編集（2017）．生理心理学と精神生理学 第1巻 基礎．北大路書房．

B 心理学発展科目（基礎心理学）
⑪社会・集団・家族心理学 ◀子安 増生

　この科目は，社会心理学，集団心理学，家族心理学の３つの研究分野が１つになったものである。わが国の関連学会でいうと，日本社会心理学会，日本グループ・ダイナミックス学会，一般社団法人日本家族心理学会が対応する学術団体である。日本社会心理学会は，1960年に創設され，「狭い意味での社会心理学の専攻者だけでなく心理学，社会学，政治学，経済学，文化人類学，宗教学，言語学など，互いに隣接する諸科学の研究者で，とくに社会心理学に関心をもつものが集まって組織する団体」である。日本グループ・ダイナミックス学会は，1949年に創設され，「グループ・ダイナミックス，実証的な社会心理学の研究ならびに実践を促進し，会員相互の連携協同を図ること」を目的とした団体であり，機関誌は『実験社会心理学研究』という名称である。日本家族心理学会は1984年に創設され，「家族心理学領域のアカデミックな研究を推進すること。ファミリー・カウンセリング，家族療法，短期療法などの家族への心理社会的臨床技法の向上と展開を図ること。家族の危機を予防し，絆を強める心理教育的方法（家族教育）の普及に努めること」の３点を主な目標としている臨床的志向の強い団体である。このように幅広いテーマのどこに焦点を当てるかで授業の組み立ては変わってくるが，以下では基本的な事項を示す。

1. 対人関係並びに集団における人の意識及び行動についての心の過程

　対人関係　対人関係（interpersonal relationship）は，人間関係ともいうもので，社会・集団・組織などさまざまな場での人と人との心理的関わりを指す用語である。古典的な対人関係のモデルとして，オーストリア出身のアメリカの心理学者ハイダーのＰ－Ｏ－Ｘモデルがある。Ｐは主体となる個人，Ｏは他者，Ｘは両者に関係する事物あるいは人物であり，Ｐ－ＸとＯ－Ｘの感情価が共にプラスまたは共にマイナスであればＰ－Ｏの感情価もプラスになる。ＰがＯをどのように認知するかは，対人認知の問題である。Ｐは，言語情報（会話やメールなど）と非言語情報（体型，表情，ジェスチャー，衣服など）から，初対面なら第一印象を形成し，複数回の接触によりＯの性格や行動傾向を理解する。

　対人関係がうまくいかない場合として，人と一緒に居たり，話したりなど対人関係の形成・維持が極度に困難な状態を社交不安障害（social anxiety disorder）という。一般には対人恐怖と呼ばれ，赤面恐怖，視線恐怖，体臭恐怖，吃音恐

怖などは日本人に多い恐怖症とされる。

　　集　団　　偶然ある時にある場所に集まっている人の群れを群衆（crowd）というのに対し，活動目標をもち，メンバーが定まり，行動の規則や規範が定まっている集まりを集団（group）という。効率的な集団目標の達成のためには，リーダーが必要となる。リーダーは，課題達成機能と集団維持機能の両方を満たすことによって力を発揮することができる。ことわざには，集団の力を示す「三人寄れば文殊の知恵」と，集団がうまく機能しない「船頭多くして船山に登る」がある。社会的促進は前者，社会的手抜きは後者の状態を表している。

2. 人の態度及び行動

　　態度と行動　　「態度が悪い」というときの「態度」は振る舞いを意味しているが，心理学では行動の背後にあると仮定される価値意識を態度という。態度研究の主要な課題に，「説得による態度変容」がある。教育，政治宣伝，広告などは，すべて態度変容を目的とする。偏見は，事物や個人や集団などに対して，十分な根拠なしに有する非好意的な態度をいう。多くの人は「偏見はもっていない，差別はしない」というので，潜在的連合関係を調べて，無意識の偏見を明らかにする IAT（implicit association test）研究が行われるようになった。

3. 家族，集団及び文化が個人に及ぼす影響

　　家族の影響　　哺乳類で養育期間の長い人間の子どもは，家族なしに成長することは困難である。しかし，世の中には理想的な家庭ばかりではなく，児童虐待や家庭内暴力など，家族が心理的問題の温床となるケースも少なくない。日本家族心理学会が目指すように，ファミリー・カウンセリングや家族療法によって家族の危機を防止し，家族の絆を強めることも必要となる。

　　集団の影響　　集団は，メンバーの合力によって，1人ではできない多くのことが実現できるようになるが，集団が一枚岩でなく内部分裂していたり，同調圧力が強くてメンバーの自由な言動が阻害されたり，いじめやハラスメントが横行していたりすると，集団雰囲気が悪くなり，所期の目的を果たせなくなる。集団のベクトルがよい方向に向かうように考えなければならない。

　　文化の影響　　言語，宗教，生活習慣（衣食住）がその地域に固有の文化を形成し，育った文化が人びとの認知と行動に大きな影響を与える。自文化中心主義（ethnocentrism）の呪縛からどのように自由になるかが重要である。

ブックガイド　池田謙一・唐沢穣・工藤恵理子・村本由紀子（2010）．社会心理学. 有斐閣.

B ⑫発達心理学

心理学発展科目（基礎心理学）

◀子安 増生

　公認心理師法の条文には，「発達」や「子ども」といった語は，実は１つも含まれていないが，公認心理師の職務には，子どもとその発達のことを知っておくことが必要な場合が多々あると思われる。また，今日の発達心理学は，乳幼児，児童，青年だけでなく，成人から高齢者までをも含む生涯発達の心理学であり，定型発達だけでなく非定型発達をも含み，その守備範囲は大変幅広い。

1. 認知機能の発達及び感情・社会性の発達

　認知機能の発達　認知機能は，感覚・知覚など外界から入ってくる情報を処理する入力系，記憶・学習・思考・問題解決・推理・意思決定・メタ認知・実行機能など入ってきた情報を大脳で加工する中枢処理系，運動・表現など加工された情報をもとに身体の動きにあらわす出力系に分けられる。代表的な認知発達理論として，スイスの研究者ピアジェの発生的認識論の４期の分類（感覚－運動期，前操作期，具体的操作期，形式的操作期）を知っておく必要がある。

　感情・社会性の発達　快－不快や恐怖などの基本感情は，人間が生得的に有する心的機能であるが，愛着，共感，誇り，恥，嫉妬心，罪悪感などは，他者が介在する社会的関係の中で生じるので，社会的感情と呼ばれる。他方，社会的行動には，人間関係を維持・発展させる向社会的行動，人間関係の破壊につながる反社会的行動，社会関係をうまく作れない非社会的行動がある。児童期から，いじめや乱暴や非行などの反社会的行動，あるいは集団の中で孤立したり不登校やひきこもりを起こしたりなどの非社会的行動が目につくようになる。

2. 自己と他者の関係の在り方と心理的発達

　鏡に映る自己を自身と正しく認識する鏡像自己認知は，２歳前後に成立する。４歳から６歳の間に，物語の登場人物の思い違いを推測する誤った信念課題により「心の理論」の獲得が確認されるが，自閉スペクトラム症では発達の遅れが生じることが示されている。ピアジェの３つの山問題は，他者の位置から見える風景が自己の位置から見える風景とは違うことを理解し，それを正しく推測する視点の協応能力が７歳から12歳の間に成立することを示した。青年期以後は，自己に対する肯定的評価である自尊心の形成と維持が重要な課題となる。その前提として，ドイツ生まれのアメリカの心理学者エリクソンのいうアイデンティティの確立が重要となる。成人期前期では友人関係や恋愛関係など

における親密性が，成人期後期では子どもや職場の部下など後進を育てる生殖性（generativity）が重要な発達課題となる。

3. 誕生から死に至るまでの生涯における心身の発達

誕生から死に至るまでの生涯にわたる発達期（発達段階）は，以下の8期に分けるのが発達心理学では標準的である。

①出生前期：母親の胎内にいる妊娠期間。満280日，妊娠週数40週。

②新生児期：出生後28日を経過しない生まれたばかりの乳児。

③乳児期：歩行と言語の準備期である1歳半までの時期。

④幼児期：1歳半から小学校入学までの身辺の自立と話し言葉の形成期。

⑤児童期：小学生の時期全体をさす。読み書きや計算などの能力を形成。

⑥青年期：中学生から始まり，20代後半までの時期とする考え方が有力。

⑦成人期：20代後半から老年期の始期まで。労働，家族，育児の課題。

⑧老年期：65歳以上。老化と死に直面する時期。

4. 発達障害等非定型発達についての基礎的な知識及び考え方

非定型発達（atypical development）の問題点は，定型発達とは，①異なる発現時期，②異なる順序性，③異なる行動の質などが見られ，発現した行動がその後の健常な発達につながっていかないことにある。そのような状態を「個性」として受けとめてよい範囲のものか，支援を要する状態なのかについて，周囲の判断が重要である。

5. 高齢者の心理

高齢者（65歳以上）は，年齢とともに生理的機能が低下し，がん，動脈硬化症，脳梗塞，骨粗鬆症，頻尿，糖尿病，感染症，認知症といった疾患を発症しやすくなる。認知的機能では，反応時間が遅くなったり，ワーキングメモリが低下したりする。同時に2種類（以上）の異なる作業をする注意分割の機能も加齢とともに低下していく。問題を速く正確に解く能力である流動性知能は加齢により低下するが，言語理解や経験的判断などの能力である結晶性知能は加齢による低下が比較的マイルドであり，そのことが「円熟の境地」を支えている。ドイツの心理学者バルテスは，老年期の叡智（wisdom）のあり方を研究し，サクセスフル・エイジングという概念を提唱した。

ブックガイド 子安増生編（2016）．よくわかる認知発達とその支援（第2版）．ミネルヴァ書房．／無藤隆・子安増生編（2011, 2013）．発達心理学Ⅰ・Ⅱ．東京大学出版会．

B ⑬障害者・障害児心理学

心理学発展科目（基礎心理学）

◀丹野 義彦

公認心理師の活動において障害者・障害児への援助は中心的な位置を占めており，その心理社会的課題や支援方法を理解することはきわめて重要である。

1. 身体障害，知的障害及び精神障害の概要

身体障害は，身体障害者福祉法では，視覚障害，聴覚障害・平衡機能障害，音声・言語障害，肢体不自由，内部障害が含まれる。知的障害は，染色体異常などの先天的な原因や周産期の酸素不足などによって生じることが多く，一般的には知能指数が平均値より2標準偏差低いことを基準として知的機能が低いと判断されている。精神障害は，精神や行動における特定の症状があり生活が阻害される状態である。精神障害の分類と基準は，世界保健機関（WHO）による国際疾病分類（International Classification of Diseases：ICD）か，アメリカ精神医学会による『精神疾患の診断・統計マニュアル』（Diagnostic and Statistical Manual of Mental Disorders：DSM）に基づく。

2. 障害者・障害児の心理社会的課題及び必要な支援

障害の生物・心理・社会統合モデル　世界保健機関は，1980年に国際障害分類（ICIDH）を発表し，①機能障害（病気やけがによる一次的な生物学的障害），②能力低下（けがによって歩けないといった個人レベルの障害），③社会的不利（けがによって就職できないといった社会レベルの障害）を分けて考えた。2001年にはこれを改訂した国際生活機能分類（ICF）を発表し，生活機能という肯定的な面から捉え直した。上の3つの障害は，それぞれ①機能障害，②活動制限，③参加制約と言い換えられた。このように，障害の原因と援助を考えるに当たっては，生物学的・心理学的・社会学的の3つのレベルを総合して考えることが大切である。これを生物・心理・社会の統合モデルという。

障害者・障害児に対する支援の方法と場　公認心理師は，生物・心理・社会のうち主に心理レベルを担当するので，障害の心理学的知識をもつことが要求される。公認心理師が障害者・障害児を支援する場合，第1に心理的アセスメントを行い，第2に心理学的な原因やメカニズムを特定することが重要である。第3にそれに基づき心理学的支援法を計画し実行する。

障害者・障害児に対する支援の場は，病院，福祉施設，学校など，さまざまであり，それぞれの場での支援について理解する必要がある。

障害受容　障害をもつようになった人が，自分の障害をどのように受容するかは大きな問題である。多くの研究によると，ショック期，否認期，混乱期，解決への努力期，受容期といった段階を経る。要支援者がどの段階にあるかを知り，障害を正しく受容できるように促し，治療へと動機づけることが重要となる。

精神障害の発生と維持の心理学的メカニズム　精神障害についての心理学的研究は，世界的には「異常心理学」と呼ばれ（精神病理学，心の病理学などと呼ばれることもある），心理職の基礎知識となっている。異常心理学は，精神障害の心理面の症状を記述し，その発生と維持の心理学的メカニズムを特定する方法であり，支援の方法を選ぶ基礎となる。特に実践場面で多く見られるうつ病，不安関連障害，精神病性障害（統合失調症など），パーソナリティ障害，発達障害などについては，異常心理学の基礎知識を身につけておく必要がある。

基本的な枠組みは「素因ストレスモデル」である。これは一定の生物学的素因（遺伝的・生理学的・神経学的などの要因）をもった人が，何らかの心理社会的ストレス（発達上生じるライフイベントや，対人関係や家庭生活で生じるストレスなど）を体験した場合に異常心理が生じるという考え方である。

異常心理学の代表的な理論を挙げる。**行動理論**では，不適応的な行動は学習原理に基づいて誤って学習され，維持されていると考える。学習原理とは，パヴロフの古典的条件づけ，スキナーのオペラント条件づけ，バンデューラの観察学習などをさす。ここから学習原理に基づく行動療法・応用行動分析が生まれた。**認知理論**によると，思考・推論の誤り・スキーマといった認知の歪みが，うつ病や不安障害の発生や維持に大きな影響を与えている。認知の仕方が感情のコントロールに関与しているという科学的なエビデンスが多い。そこで認知療法ではこうした認知の歪みの是正を目指す。**精神分析学**では，自我が無意識の欲望と外界の制約を調整するのに失敗し，不合理な防衛機制が働くことにより心理的問題があらわれると考える。これを解消するために精神分析療法が開発された。**健康心理学**によると，ストレッサーをどう認知し，どのようなコーピング（対処）をとるかでストレス反応は違ってくる。一般に問題焦点型コーピングをとる人ほどストレス反応が弱く，感情焦点型コーピングをとる人ほどストレス反応が強い。

ブックガイド　下山晴彦・丹野義彦編（2002）．異常心理学1・2（講座臨床心理学3・4）．東京大学出版会．／丹野義彦ほか（2015）．臨床心理学．有斐閣．

B 心理学発展科目（基礎心理学）
⑭心理的アセスメント

◀丹野 義彦

心理的アセスメントは公認心理師の仕事の中核をなしており，知っておくべきことは多い。心理的アセスメントは基礎心理学に基づいて発展したので，心理的アセスメントを学ぶには，基礎心理学と関連づけて理解する必要がある。

1. 心理的アセスメントの目的及び倫理

心理的アセスメントの目的は，その人の心理機能全体を明らかにし，その上で症状や心理的障害の特徴を評価することである。心理的アセスメントは，単に症状のラベリングに終わってはならず，適切な心理学的援助や治療方法を選ぶために行われる。守らなければならない倫理はいろいろあるが，特に重要なのは，公認心理師法 41 条の秘密保持義務である。公認心理師は業務に関して知り得た人の秘密を漏らしてはならない。

2. 心理的アセスメントの観点及び展開

心理的アセスメントは，生育歴等の情報，行動観察，心理検査の結果など広範囲の情報を収集し，それらを統合して，包括的に解釈する仕事である。そのためには，生物・心理・社会の統合モデルといった総合的な視点が必要である。

身体医学的な検査では，被検査者のデータを客観的に集めることができるのに対し，心理的アセスメントでは，心理師は被検査者と人間的な関係を通して情報収集を行う。これは「関与しながらの観察」と呼ばれる。被検査者との関係によっては，得られる情報が異なってくることを理解しておかなければならない。実施に当たっては，被検査者に対してアセスメントの目的と意義などをきちんと説明し，被検査者から同意を得なければならない。

また，心理的アセスメントの道具としての科学的基準（統計学的な信頼性や妥当性など）の理解が不可欠であり，これを理解するためには心理統計学の知識が必要である。

3. 心理的アセスメントの方法（観察，面接及び心理検査）

心理的アセスメントの方法には面接法，観察法，心理検査法などがあるが，中心的な位置を占めるのが心理検査である。心理検査の種類，成り立ち，特徴，意義，適用対象，実施方法，限界などについて詳しく知っておく必要がある。心理検査を対象機能別に見ると，知能検査・発達検査，パーソナリティ検査，症状評価検査，神経心理学的検査・認知機能検査などに分かれる。

知能検査・発達検査　知能や発達のアセスメントには，ビネー式やウェクスラー式をはじめとしてさまざまなものが開発されている。対象年齢（乳児・幼児・児童・成人など），項目の作成方法，項目の構造，知能の表現法（精神年齢，知能指数，発達指数，プロフィール）などがそれぞれ違っており，これらを理解するためには発達心理学の知識が必要である。

　パーソナリティ検査　パーソナリティを測る方法は，項目の作成方法と構造，性格の表現法などさまざまであるが，大きく質問紙法と投映法に分けられる。質問紙法は，用意された質問文に被検査者自身が回答し，その答えからパーソナリティを分析するものである。質問紙法パーソナリティ検査は，性格特性論（性格因子論）に基づいて統計学的に作られたものが多く，統計学の知識が必要である。投映法は，あいまいな図形や文章を提示して回答を求め，そこからパーソナリティを測定・診断する方法である。パーソナリティ検査を理解するためには，感情・人格心理学の知識が必要である。

　症状評価検査　これは不安症状や抑うつ症状などのアセスメントを行うもので，面接基準や症状評価質問紙などの方法がある。これを理解するためには，精神医学や診断基準（国際疾病分類 ICD や精神疾患の診断・統計マニュアルDSM）の知識が必要である。

　神経心理学的検査・認知機能検査　これは認知・思考・記憶・言語・行為・注意などの高次脳機能を定量的・客観的に評価し，高次脳機能障害の有無や程度を調べる検査である。これを理解するためには，知覚・認知心理学，学習・言語心理学，神経・生理心理学の知識が必要である。

　単一の心理検査では不十分な情報しか得られない場合は，複数の異なるテストを組み合わせて「テストバッテリー」を組み，多面的に情報を得ることが望ましいことがある。

4. 適切な記録及び報告

　心理的アセスメントの結果については，文書の形できちんと記録しておかなければならない。ただ心理検査の結果を羅列しただけでは心理的アセスメントとは呼べない。また，自ら心理的アセスメントを正しく実施し，結果を正しく解釈する学習を深める必要がある。そのためには心理演習などでロールプレイングなどの実践を通して技法習得を深める必要がある。

ブックガイド　下仲順子編（2004）．臨床心理査定技法 1（臨床心理学全書 6）．誠信書房．／丹野義彦ほか（2015）．臨床心理学．有斐閣．

B 心理学発展科目（基礎心理学）
⑮心理学的支援法
◀丹野 義彦

　心理学的支援は公認心理師の中心的業務であり，体得すべきことは多い。

1．代表的な心理療法並びにカウンセリングの歴史，概念，意義，適応及び限界

　心理療法やカウンセリングの代表的な技法には以下のようなものがある。

　精神分析療法はフロイトが創始したものであり，抵抗分析や転移分析を通じて，患者自身が不合理な抑圧や自我防衛機制を意識化（洞察）することによって神経症の症状を取り去ろうとする。その後，フロイトの影響を受けて，心の中の欲求のダイナミックスを重視する諸流派があらわれ，それらは総称して**力動的心理療法**と呼ばれる。

　行動療法・応用行動分析は，不適応的な行動は学習原理に基づいて誤って学習され，維持されていると考える。学習原理とは，パヴロフの古典的条件づけ，スキナーのオペラント条件づけ，バンデューラの観察学習などをさす。そこで，学習原理に基づいて不安症状を減らしたり，適応的な行動習慣を再学習するのが行動療法や応用行動分析である。代表的な技法として，エクスポージャー，系統的脱感作法，オペラント法，バイオフィードバックなどがある。

　認知療法は，思考・推論の誤り・スキーマといった認知の歪みが，うつ病や不安障害の発生や維持に関与していることから，認知の歪みの是正を目指す。ベックの提唱する認知療法では，こうした否定的で不合理な認知を明らかにし，肯定的・合理的な認知に置き換える訓練をする。また，自己モニタリング法や活動スケジューリング法などの行動的技法も用いる。認知療法は，もともとうつ病の治療法として開発されたが，不安障害や摂食障害，統合失調症，パーソナリティ障害などにも適用された。また，認知療法と行動療法は**認知行動療法**として統合された。さらに，行動療法，認知療法に続く**第3世代の認知行動療法**として，メタ認知療法，マインドフルネス認知療法，アクセプタンス・コミットメント・セラピー（ACT）などの技法もある。これらの認知行動療法は短時間で大きな効果が得られることが実証されている。

　健康心理学では，ストレッサーをどう認知し，どのようなコーピング（対処）をとるかでストレス反応は違ってくることが明らかとなったので，こうした知見を利用して心身の健康の理解と増進を図る。

　来談者中心療法の提唱者のロジャーズによると，カウンセラーが行うべき仕

事は，来談者を共感的に理解し，無条件の肯定的な配慮を提供することであり，カウンセラーとの人間関係を通して，来談者は自分の体験をありのまま受容し，建設的な人格変容が訪れる。

集団療法は，集団場面で行うものであり，メンバー同士の相互作用を通して，患者に働きかける。

家族療法は，要支援者を取り巻く家族に働きかけるものである。

技法の選択には「治療効果のエビデンス」を知る必要がある。治療効果研究は，心理療法の効果という目に見えないものを客観的に明らかにしてきた治療前と治療後（あるいは治療しない群と治療した群）の効果を比較して「効果量」という値を算出する。効果量の値が大きいほど治療の効果が高いことを示す。これにより症状・疾患ごとに治療効果の高い技法は異なることがわかり，どの症状・疾患にはどの技法が効果があるかをまとめたガイドラインが作られている。治療技法を選択する際にこうしたガイドラインが参考になる。

2. 訪問による支援や地域支援の意義

精神科医療は，病院から地域へと重点が移り，訪問や地域支援が重視される。スクールカウンセラーや災害被害者支援においても地域支援が必要である。

3. 良好な人間関係を築くのためのコミュニケーションの方法

支援がうまくいくかどうかは，要支援者とのよい人間関係（「ラポール」と称される）にかかっており，よいコミュニケーションの方法を実習で身につけることが大切である。

4. プライバシーへの配慮

要支援者が安心して支援を受けるためには公認心理師はプライバシーを守る必要がある。守秘義務は公認心理師法の 41 条で定められている。

5. 心理に関する支援を要する者の関係者に対する支援

支援を要する者本人だけでなく，その家族や担任教師など関係者に対する支援も必要になる。彼らを協働者として問題解決を図ることが大切であろう。

6. 心の健康教育

公認心理師法で定められた 4 業務の 1 つに「心の健康教育」がある。地域や社会へ啓発活動は義務であり，その知識や方法を身につける必要がある。

ブックガイド プロチャスカ，J. O.・ノークロス，J. C.，津田彰・山崎久美子監訳（2010）．心理療法の諸システム――多理論統合的分析（第 6 版）．金子書房．／丹野義彦ほか（2015）．臨床心理学．有斐閣．

B 心理学発展科目（実践心理学）
⑯健康・医療心理学
◀石垣 琢麿

　身体的疾病や精神障害に関する何らかの素因をもつ人にストレスが加わると発症するという「素因ストレスモデル」に基づいて医療心理学は発展した。疾病予防や健康の維持・増進を目的とする健康心理学の重要性も高まっている。

1. ストレスと心身の疾病との関係

　交感神経系が興奮し，副腎髄質が活性化されることによって，心拍数増加，血圧上昇，呼吸数増加，筋緊張上昇，瞬目（まばたき）数増加などが一過性にあらわれる状態をストレス状態と呼ぶ。このとき，視床下部－下垂体－副腎皮質系の活性化も生じ，免疫反応が抑制される。こうした生理的反応と，それに同期して生じる不安，うつ，混乱，怒りなどの心理反応，回避，粗暴行為などの行動を総じてストレス反応と呼ぶ。このストレス反応を引き起こす原因がストレッサーである。ストレッサーには寒冷，飢餓，疲労のような身体的ストレッサーと，さまざまなライフイベントや日常のいらだちごと（daily hassle）のような心理社会的ストレッサーがある。

　ストレス反応を解消させホメオスタシス（恒常性）を維持する生理的・心理的力（回復力）が人には元来備わっているが，ストレスが強烈であったり長期間持続したり，何らかの理由で回復力が低下していたりするとストレス反応は解消されず，ストレス性の精神障害や身体疾患が生じる可能性が高まる。ストレス性身体疾患と関連するといわれている性格ないしは一連の行動には，自己の感情の気づきや表現がうまくできないアレキシサイミア（alexithymia）や競争心や攻撃性が強いタイプA行動パターンなどがある。

2. 医療現場における心理社会的課題及び必要な支援

　DSM-5の「心的外傷およびストレス因関連障害」に含まれるPTSD（心的外傷後ストレス障害）や適応障害だけでなく，精神科の対象となる精神障害の多くは何らかの心理社会的ストレスが引き金になって発症・増悪することもある。ライフイベントはポジティブなものであってもストレッサーになりうる。

　消化性潰瘍，各種アレルギー，心臓疾患，肥満，糖尿病，メタボリック・シンドローム（内臓脂肪症候群）などの内科疾患はストレスとの関連が深い。がん医療や移植医療のような最先端医療の対象患者，脳外傷・脳血管障害や慢性疼痛（とうつう）の患者も慢性的で大きなストレスを抱えやすいため支援が必要なことがあ

る。また，慢性的な疾患では，看護や介護に携わる専門家や家族のストレスもきわめて大きいことを忘れてはならない。

ストレスが関連する心身の不調への支援法としては，不適応的であったり不健康的であったりする認知や行動を修正すること，つまり認知行動療法が効果を上げている。バイオフィードバックや，リラクセーションの1つとして自律訓練法が用いられることもある。

3. 保健活動が行われている現場における心理社会的課題及び必要な支援

心身の機能の関連をわかりやすく伝える心理教育や，労働安全衛生法で義務化されたストレスチェックは，ストレス性疾病予防にとって重要である。保健活動において用いられるストレスマネジメントには認知行動療法が幅広く応用されており，呼吸法，筋弛緩法などによるリラクセーションも含まれる。

精神的な保健活動の中でも自殺対策（予防）は，年間約2万人が自殺するわが国では重要な課題である。自殺対策はうつ病予防のような精神医学的見地からだけでなく，経済状況やソーシャルサポートまでも含む包括的な自殺リスクのチェックが必要であり，教育機関，自治体，報道機関の協力も必須である。「いのちの電話」や厚生労働省によるゲートキーパー養成事業も心理社会的支援に含まれる。

4. 災害時等に必要な心理に関する支援

災害後の精神健康にとって，被災者の心身の安全・安心を確保することがまず重要であり，二次受傷，交感神経系への刺激，将来への不安などを取り除くことによって，精神健康の自己回復を促進することができる。災害の直後から4週間に現場で提供できるよう開発されたのがサイコロジカル・ファーストエイド（psychological first aid：PFA）である。PFAでは，被災者の現在のニーズに対して援助することで被災者の適応的行動を促進すること，いきなり支援を押し付けるのではなく，まずは様子を見守ること，被災者が語り始めたら傾聴すること，被災者が身を守るためにとった行動や他者を助けるためにとった行動を認めること，身体的な反応に注意を払うことなどが重視される。

ブックガイド　鈴木伸一編著（2008）．医療心理学の新展開──チーム医療に活かす心理学の最前線．北大路書房．／丹野義彦・利島保編（2009）．医療心理学を学ぶ人のために．世界思想社．／藤森立男・矢守克也編（2012）．復興と支援の災害心理学──大震災から「なに」を学ぶか．福村出版．

B 心理学発展科目（実践心理学）
⑰福祉心理学

◀細野 正人

　福祉分野においても公認心理師の活動が求められている。公認心理師は，福祉分野の要支援者の心理状態の観察及び分析，心理に関する相談・助言・指導などの支援を行うことが期待される。

1．福祉現場において生じる問題及びその背景

　福祉の問題と背景　基礎知識として社会福祉学を理解しておく必要がある。まず，諸外国およびわが国において，社会福祉が生まれてきた歴史的背景や現代の福祉の動向を知っておきたい。

　社会福祉の理念　社会福祉の理念として，クオリティ・オブ・ライフ（QOL），ノーマライゼーション，エンパワメント，ソーシャル・インクルージョン，自己決定，権利擁護（アドボカシー）といった重要な概念を深く理解したい。

　現代社会と福祉　共生社会の実現に向けて　現代の社会福祉の理念として，マイノリティの理解，多様性，共生社会が重視されている。最近は，性的マイノリティ（LGBT）などの社会的マイノリティの人たちの心理的支援が求められている。性的マイノリティの人は，ほんの数年前までは，自分の性について自分の意見を公表することが難しかったが，最近の社会はこうした人びとの心理的な負担を軽減し，幸福度を高める方向に動いている。性別に限らず，国籍，年齢，宗教などにとらわれず，あらゆる価値観や思想などを受け入れていくために，多様性の理解が重要である。マイノリティへの偏見をなくし，多様な人びとの存在を認める共生社会が望ましいであろう。共生社会の実現には，それを阻害する要因を明らかにし，偏見を改善することが求められる。例えば，無意識の偏見（アンコンシャス・バイアス）は，大きな阻害要因となる。人は皆，何かしらのバイアスをもっており，それが多様性の理解を妨げる。こうした無意識の偏見の心理学的メカニズムを明らかにし，それを改善する方法を考えることは公認心理師にふさわしい仕事であろう。

　社会福祉の法律と制度　社会福祉法など，現代の社会福祉の法律と制度を知っておく必要がある。個々の領域の法律として，児童福祉（児童福祉法，児童虐待防止法），高齢者福祉（老人福祉法，高齢者の医療の確保に関する法律，高齢者虐待防止法，介護保険法），障害者福祉（障害者基本法，発達障害者支援法，障害者総合支援法，障害者差別解消法）などがある。それぞれの領域で，法律に

基づいた施設が作られており，それらが公認心理師の実習施設となっている。さらに，社会福祉には，社会福祉士・介護福祉士，精神保健福祉士，介護支援専門員（ケアマネジャー），社会福祉主事，児童福祉司などさまざまな専門職があり，公認心理師はこれらの職種との連携が求められる。以上のような制度・法律，施設，専門職については第Ⅲ部7，8で詳しく述べられている。

2. 福祉現場における心理社会的課題及び必要な支援

公認心理師の大きな仕事は心理的アセスメントと心理学的支援である。福祉領域においても，知能検査，発達検査，パーソナリティ検査，症状評価，神経心理学的検査，認知機能検査といった心理的アセスメントの基本的な技法を実施できる必要がある。また，認知行動療法，社会生活技能訓練（social skills training：SST），集団療法等の心理学的支援法に習熟しておくことが求められる。

領域別に見ると，児童福祉では，子どもの発達心理学や障害児心理学の知識に基づき知能検査，発達検査などの技術を用いて子どもの状態を総合的に理解し，必要な心理的ケアを行う。

障害者福祉では，障害者心理学や身体医学・精神医学の知識に基づき，パーソナリティ検査，症状評価検査，神経心理学的検査などの知識を用いて総合的に理解し，認知行動療法や社会生活技能訓練，雇用支援などの支援を行う。特に中途障害者の障害受容などは，心理的負荷が高いことが多いため，公認心理師は心理専門職として，適切な支援を実施することが求められる。障害の受容には，否認，怒り，逃避反応，障害の受容というプロセスをたどることが一般的である。公認心理師は，要支援者がどの状態にあるかをアセスメントし，適切な支援を行うことが求められる。

3. 虐待についての基本的知識

近年問題となっている児童虐待や高齢者虐待について基本的知識をもち，児童虐待防止法や高齢者虐待防止法の理念に基づいて，被虐待児（者）への心理的支援の方法を学んでおくことが必要である。また，高齢者の認知症についての症状や原因などの基本的知識をもち，対象者・介護者への心理的支援を行うことも求められる。

ブックガイド 井上智義（2004）．福祉の心理学．サイエンス社．／袴田俊一ほか（2006）．福祉現場における臨床心理学の展開——医学モデルとライフモデルの統合をめざして：ソーシャルワークの展開．久美．／都村尚子（2011）．福祉コミュニケーション論．中央法規出版.

B 心理学発展科目（実践心理学）
⑱教育・学校心理学 ◀石隈 利紀

　教育・学校心理学は，教育に関する心理学として「教育現場において生じる問題及びその背景」と「教育現場における心理社会的課題及び必要な支援」が学習内容となっている。教育・学校心理学の基盤となる学問体系は教育心理学と学校心理学であり，双方を活かした科目となることが期待される。

　教育・学校心理学とは　教育心理学は「教育という事象を理論的・実証的に明らかにし，教育の改善に資するための学問」である（日本教育心理学会，2003）。教育心理学は事象の分析・理解という学問的な目的と教育の向上という実用的な目的をもつ。一方，学校心理学は，「学校教育において一人ひとりの子どもが学習面，心理・社会面，進路面，健康面などにおける課題の取り組みの過程で出会う問題状況や危機状況の解決を援助し，子どもの成長を促進する心理教育的援助サービスの理論と実践を支える学問体系」である（日本学校心理学会，2016）。

　教育・学校心理学は，知覚・認知心理学，学習・言語心理学，発達心理学，障害者・障害児心理学，カウンセリング心理学，臨床心理学など教育に関わる学問と関連する。公認心理師の実践科目としての「教育・学校心理学」は，まさに誕生したばかりである。ここでは，教育心理学と学校心理学を基盤として，「子どもの心理社会的課題への取り組みや学校生活における問題解決を支援する心理教育的援助サービスの理論と実践の体系」と定義する。

1. 教育現場において生じる問題及びその背景

　子どもの苦戦（学業や人間関係のつまずきなど）は多様である。不登校，いじめ，非行，学習の困難などの「問題状況」は，児童生徒等（以下，生徒）の学校生活の質を脅かしている。問題状況の「個人的要因」として，学習性無力感やPTSD（心的外傷後ストレス障害），またLD（学習障害），ADHD（注意欠如・多動症），ASD（自閉スペクトラム症）という発達障害がある。そして「環境要因」として，学級・学校の荒れ，教師の体罰（学校），児童虐待・子どもの貧困（家庭），自然災害（地域全体）などがある。教師のストレスや不適切な指導，また教師集団の不安定さも，教育環境の質の低下につながる。したがって公認心理師は，子どもの問題状況について，個人的要因と環境要因の両面とそれらの相互作用から，生態学的なアプローチで理解する必要がある。

2. 教育現場における心理社会的課題及び必要な支援

生徒の心理社会的課題への取り組みと学校生活　1人ひとりの生徒は，発達段階に応じた心理社会的課題に取り組んでいる。教育現場における心理社会的課題への取り組みは，学習面，進路面，健康面も含めた，生徒の学校生活全体と密接に関係する。公認心理師は，生徒を「一人の人格として見る視点」と「学校教育の中の生徒として見る視点」の2つをもつ必要がある（石隈，1999）。生徒の課題への取り組みを援助するとき，生徒自身の自助資源（心身の健康，問題解決能力，興味・関心，学力など）と学校・家庭・地域における援助資源の両方の把握と活用が鍵を握る。生徒の「問題」は生徒が課題に取り組んでいる過程で起こっており，生徒が自助資源を開発する機会でもある。

生徒の心理社会的課題への支援　公認心理師は，学校教育の一環としての援助（スクールカウンセリング）を組織的に行う。教育・学校心理学では，すべての生徒が発達する過程で援助を必要としていると考える。この援助サービスのモデルが「3段階の心理教育的援助サービス」である。すべての生徒の共通の援助ニーズに応じる一次的援助サービス（予防開発的援助）が基盤となり，苦戦が始まった生徒やリスクの高い生徒（転校生など）など一部の生徒の援助ニーズに応じる二次的援助サービス，長期欠席や発達障害による困難さなど特定の生徒の特別な援助ニーズに応じる三次的援助サービスが加えられる。

そして公認心理師は，「チーム学校」の一員として生徒の支援を行う。教育現場における心理教育的援助サービスは，三層のチームで行われる。まず，苦戦している生徒の「個別の援助チーム」であり，保護者，担任，スクールカウンセラーらから構成される。次に学校の援助サービスの「コーディネーション委員会」（校内委員会，教育相談部会など）であり，教育相談や特別支援教育のコーディネーター，養護教諭，管理職，スクールカウンセラーなどから構成される。最後に，管理職等から構成される「マネジメント委員会」（企画委員会，運営委員会など）である。スクールカウンセラーは個別の援助チームだけでなく，コーディネーション委員会やマネジメント委員会に参加して，チーム学校の援助サービスのレベル向上に貢献することが求められる。

ブックガイド　石隈利紀（1999）．学校心理学——教師・スクールカウンセラー・保護者のチームによる心理教育的援助サービス．誠信書房．／日本学校心理学会編，石隈利紀ほか責任編集（2016）．学校心理学ハンドブック——「チーム」学校の充実をめざして（第2版）．教育出版．

B 心理学発展科目（実践心理学）
⑲司法・犯罪心理学

◀藤岡 淳子

　司法・犯罪の分野で活動する公認心理師は，犯罪・非行についての基礎知識及び関連する司法行政機関の役割，基本となる法律と制度を知っておく必要がある。その上で，司法・犯罪分野における問題に対して必要な心理に関する支援について，アセスメントと処遇理論そしてスキルを学ぶ。

1．犯罪・非行，犯罪被害及び家事事件についての基本的知識

　司法・犯罪心理学の基本的法律　国家が何を「犯罪」とし，どのような理念・価値に基づき，どのように対処するのかが基本法規に示されている。成人の司法制度においては，犯罪に関する総則規定および個別の犯罪の成立要件やこれに対する刑罰を定める刑法および道路交通法や覚せい剤取締法といった刑事特別法に規定される犯罪を知る。

　少年司法に関しては，少年法とその背景となる少年保護の理念を理解する。

　加えて，一方の当事者である犯罪被害者等基本法についてもその理念と基本施策を押さえる必要がある。家事事件については，民法のうちの特に家族法，及び家事事件手続法が必要となる。

　司法・犯罪心理学の活動内容と諸問題　犯罪に対応する司法行政機関の活動内容とそれを規定する法律を知る。そこには各機関の責務，組織，所掌事務，職員等が記されている。警察法，裁判所法，少年院法，少年鑑別所法，刑事収容施設及び被収容者等の処遇に関する法律，更生保護法などが基本的なものである。

　司法行政は，国民生活の安全に関わることであるので，比較的安定した制度であるが，社会の変化に応じて理念や価値が変化し，政策や制度が変化することもある。現状における問題点を理解し，改善の努力をすることも必要となる。

　犯罪・非行の原因論　犯罪行動は社会における個人の行動であることから，それを行う個人に焦点を当てる生物学的・心理学的要因と，個人を取り巻く社会環境要因とが論じられている。現在では，何か1つの原因が直接的に犯罪に結びつくというよりは，さまざまな要因が複雑に絡まり相互作用や媒介作用の結果犯罪行動が発生すると考えられている。犯罪を促進する要因（リスク要因）と遠ざける要因（保護要因）について押さえておく必要がある。

2. 司法・犯罪分野における問題に対して必要な心理に関する支援

司法・犯罪心理学におけるアセスメント　犯罪には被害者がおり，かつ公費によって介入を行うことから，アセスメントを行う公認心理師には，二重の役割と責任があり，再犯防止と個人の回復の両面を視野に入れ，犯罪行動の機制を理解し，再犯を防止するとともに個人の回復を指導・支援できるよう合理的実際的な介入の戦略を立てる必要がある。

そのためには，一般のアセスメントの理解と手法に加えて，①司法・犯罪のアセスメントの特性（二重の役割と責任，権力を背景とする関わり等），②関係作りと変化への動機づけ，③情報の集め方（秘密保持の原則と限界，虚偽への対処，家族等第三者からの情報収集の方法等）についての理解が重要となる。

司法・犯罪心理学における犯罪・非行行動変化を目指す介入　犯罪・非行行動の肯定的変化を目指す介入は，個人と環境それぞれのリスク要因と保護要因に介入する必要がある。また，処遇効果評価研究を参照しつつ，有効な技法，プログラムなどについて最新の知識と技法に目を配り，学習を続ける必要がある。以下のような項目がありうる。

① 矯正無効論から有効論へ：何が効果的か（処遇効果評価研究を含む）

② 権力関係における治療的関係性のあり方

③ 変化への動機づけ（変化の段階，動機づけ面接等）

④ 有効とみなされているプログラムについて

⑤ 家族，地域社会など環境への介入方法について

⑥ 自助グループ，民間機関など，回復を支援する社会資源・制度について

⑦ 犯罪・非行からの離脱を促進する要因について

法と心理学　司法における心理学の活用も重要である。捜査領域においては，①犯罪捜査の心理学（プロファイリングを含む），②尋問と供述の心理学であり，裁判領域においては，③目撃供述の心理学（司法面接など），④家事事件について，である。加えて，⑤犯罪被害者の理解と心理的支援方法は，加害者への介入にとっても不可欠である。地域社会や学校に対して，⑥犯罪予防の情報提供を行うことも今後さらに重要性を増すであろう。

2000 年に法と心理学会が設立され，目撃証言や自白などの問題を中心に法律家と心理学者が協同する体制がとられている。

ブックガイド 藤岡淳子編（2007）．犯罪・非行の心理学．有斐閣．

B 心理学発展科目（実践心理学）
⑳産業・組織心理学 ◀金井 篤子

　産業・組織心理学は，産業や組織における心理学的メカニズムを研究対象とした学問である。扱うテーマは，主に①人事領域，②組織行動領域，③消費者行動領域，④安全とリスク管理領域の4つの領域に分かれる。具体的には，①人事領域は人的資源管理（human resource management：HRM）とも呼ばれ，ワークモチベーション，採用・面接，人事評価，昇進・昇格，キャリア発達，職場内訓練，セカンドキャリア，職場のメンタルヘルス，職務ストレス，職務満足などを扱う。②組織行動領域では，集団と組織，リーダーシップ，職場の人間関係とコミュニケーション，意思決定過程，集団生産性，ナレッジ・マネジメント，組織変革など，③消費者行動領域では，消費者の購買行動，マーケティング，広告，悪質商法，オレオレ詐欺など，④安全とリスク管理領域では，作業負荷，ヒューマン・エラー，不安全行動，リスク管理，事故防止，安全文化などを扱う。

1. 職場における問題（キャリア形成に関することを含む）に対して必要な心理に関する支援

　職場における問題　厚生労働省が5年ごとに実施している「労働者健康状況調査」によれば，仕事や職業生活で強い不安，悩み，ストレスを感じる労働者の割合（3つ以内の複数回答）は1982年には50.6％であったが，直近の調査結果である2012年には60.9％と，約6割の労働者が何らかの強い不安，悩み，ストレスを感じていることが明らかとなっている。この内容としては，職場の人間関係の問題が最も高く（41.3％），次いで仕事の質の問題（33.1％），仕事の量の問題（30.3％），会社の将来性の問題（22.8％）であった。職場において，これらに対する問題解決支援は非常に重要なテーマであり，ストレス度の測定や原因の特定，支援方法など，職務ストレス発生の心理的メカニズムについて学んでおく必要がある。また，人間関係はストレスの原因となるが，一方でソーシャルサポート（社会的支援）を提供することや，安全な仕事環境やヒューマン・エラーなどについても学んでおきたい。

　キャリア形成　キャリア（career）とは，荷車や戦車（car/chariot），またこれらが通過する道，わだち（cararia）を語源としているといわれる。和訳では，経歴，生涯，生き方などが当てられるが，最近では「キャリア」と原語で使われることが多い。キャリアの発達段階としては，①成長・空想・探求（0〜21

歳），②仕事世界へのエントリー（16〜25歳），③基本訓練（16〜25歳），④キャリア初期の正社員資格（17〜30歳），⑤正社員資格・キャリア中期（25歳以降），⑥キャリア中期危機（35〜45歳），⑦キャリア後期（40歳から引退まで），⑧衰え及び離脱（40歳から引退まで），⑨引退の9つの段階に分ける（Schein, 1978）などがある。

就職選択時や就職後の転職，離職時など1人ひとりがその人らしいキャリアを構築するには，さまざまな心理的あるいは現実的困難を伴う場合があり，公認心理師には1人ひとりに対するキャリア形成支援が期待されているといえる。

2. 組織における人の行動

組織における人の行動（グループ・ダイナミックス）に関する研究は多く行われてきており，産業・労働分野での公認心理師の活動には必須の知見である。ここでは，ワークモチベーションとリーダーシップを取り上げる。

ワークモチベーション　なぜ働くのかという，ワークモチベーションの研究は欲求の研究と結びついてきた。アメリカの心理学者マズローは欲求を低次の生理的欲求，安全の欲求，所属の欲求，自尊の欲求から，最高次の自己実現の欲求まで階層的に整理した。産業・労働分野においても，お金のために働く，社会参加のために働く，自己実現を目指して働くなど，働く理由と組織内の行動，生産性の関係などが検討されてきた。また，組織の中の公平性や組織における参画感，組織に対するコミットメントの重要性なども指摘されている。

リーダーシップ　リーダーシップとは，集団目標の達成に向けてなされる集団の諸活動に影響を与える過程（Stogdill, 1974）をさす用語であり，必ずしもリーダーだけが発揮するものではない。しかし，リーダーがどのようにグループに関わるかは生産性に直結するため，どのようなリーダーがより成果を上げるのかということが検討されてきた。リーダーの特質としては，能力，素養，責任感，参加性，地位の高さなどが検討されている。また，リーダーの果たすべき役割としては，課題達成機能（P機能）と人間関係維持機能（M機能）の2つが三隅二不二の研究によって明らかとなっている（PM理論：三隅, 1984）。さらにこれらの2つの機能の効果性は，状況によって変わるというコンティンジェンシー・モデルが登場している。このほか，カリスマ，変革型，適応型，破壊的リーダーシップなど，多様なリーダーシップのあり方が検討されている。

ブックガイド　山口裕幸・金井篤子編（2007）．よくわかる産業・組織心理学．ミネルヴァ書房．

B 心理学発展科目（心理学関連科目）
㉑人体の構造と機能及び疾病 ◀石垣 琢麿

　人の心理的側面だけでなく身体的側面を理解しておくことは，医療，発達，教育，福祉などの分野で公認心理師が働く際に役立つであろう。身体，あるいは身体的疾病と心理機能の関係は多彩で複雑である。

1．心身機能と身体構造及び様々な疾病や障害

　身体構造　人の体は約60兆個の細胞から成り立っている。この細胞は分化した機能ごとに組織を形成し，脳や胃のような器官（臓器）となる。機能による器官のまとまりを器官系と呼ぶ。器官系には循環器系，消化器系，神経系，呼吸器系，生殖器系，筋骨格系，血液系，免疫系，内分泌系などがある。身体は出生前から死に至るまで変化を繰り返すので，器官・器官系の形態や機能はライフサイクルのどの時点かによって異なる。

　身体的疾病　実地医学的に疾病とは，1つまたはそれ以上の臓器の機能的・器質的障害のうち，日常生活に障害を与える程度以上のものをさす。疾病の原因には遺伝，免疫異常，代謝異常，炎症，循環障害，腫瘍，中毒などさまざまなものがある。原因が異なると症状や検査所見が異なる場合も類似する場合もあり，原因が同じでも異なる病像を呈することもある。つまり，疾病のあらわれ方は千差万別である。

　身体的疾病と心理　身体的疾病は，軽度で一時的であったとしても不安や抑うつ状態を発生させる可能性がある。また，後述するように，身体的疾病の中には特徴的な心理的変化や精神症状を生じさせるものもある。逆に，心理社会的ストレスがさまざまな身体的疾病を発症させたり持続・増悪させたりする場合もある。この心身相関の問題は非常に複雑で，哲学の対象でもある。

　脳器質性精神障害　心理面に大きな影響を与える可能性が高いのは大脳を中心とする神経系の異常である。脳の器質的異常による精神障害には，神経細胞の変性によるアルツハイマー型認知症やハンチントン病，脳血管性認知症，中脳黒質の異常によるパーキンソン病，神経細胞の電気生理学的異常であるてんかん，各種ウイルスなどによる脳炎，脳腫瘍などがある。中核的症状としては記憶や判断力の低下をはじめとする知的機能低下，自発性低下，衝動性の亢進，気分の易変性，人格の変化などがある。

　症状精神病　脳以外の器官の異常や全身性の疾病によって精神障害が引き起

こされたものを症状精神病と呼ぶことがある。なお，近年では「精神病」という用語が使われなくなっているので，この名称も変更される可能性がある。例えば，甲状腺機能亢進症では不安，焦燥，不眠，幻覚・妄想などが生じうるし，機能低下症では意欲低下や易疲労性などを中心とする抑うつ状態が生じうる。全身性エリテマトーデスは膠原病（こうげんびょう）と呼ばれる自己免疫疾患の１つであり，患者の約10％にうつ状態（躁状態も），幻覚・妄想，せん妄が生じるといわれている。また，母体の分娩後，月経再開までの約6〜8週間を産褥期（さんじょくき）と呼ぶが，この時期は錯乱状態，幻覚・妄想，抑うつ状態を呈しやすく，産褥期精神障害と呼ばれることもある。症状精神病のメカニズムはよくわかっていない。

2. がん，難病等の心理に関する支援が必要な主な疾病

ストレスが身体的疾病の原因あるいは増悪因子になるものは心身医学（心療内科）の対象であり，消化性潰瘍，各種アレルギー，心臓疾患，肥満，メタボリック・シンドローム（内臓脂肪症候群）などが注目されている。この場合は，身体的疾病の医学的治療と並行して，ストレスに関連する不適応的な認知や行動を適応的なものに修正できるように支援すると，治療がより効果的になり，再発や再燃も予防することができると考えられている。なお，再発はいったん治癒した病気がまた生ずること，再燃は抑えられていた症状がぶり返す（悪化する）ことを意味している。

一方で，がんや慢性的な内科疾患の患者，移植医療の対象者，脳外傷・脳血管障害の後遺症をもつ人のように，身体的疾病によって長期にわたる苦痛が生じ，その心理的不安定さが身体や治療効果にも悪影響を及ぼすことがある。この場合も適応的なストレス対処法（ストレスコーピング）を患者が身につけることは重要だが，これらの患者は死への恐怖，人生に対する実存的不安，医療・医療者への強い不信感，障害受容の拒否，絶望感などを抱えていることも多い。また，患者の家族が看護や介護で大きなストレスを抱えていると，家族との相互作用によって患者が不安定になることもある。心理職は医師や看護師などとの医療チームの中で，疾病に特異的な「身体（疾病）－心理」の関係だけでなく，患者を取り巻く環境をていねいにアセスメントして，包括的に心理的支援を行う必要がある。

ブックガイド 大熊輝雄原著．「現代臨床精神医学」第12版改訂委員会編（2013）．現代臨床精神医学（改訂第12版）．金原出版．／鈴木伸一編著（2008）．医療心理学の新展開——チーム医療に活かす心理学の最前線．北大路書房．

B ㉒精神疾患とその治療

心理学発展科目（心理学関連科目）

◀石垣 琢麿

　すべての精神疾患の発生と持続には生物・心理・社会という３つの要因が関連しているが，それらの影響力の大きさは障害によって異なるため，効果的な介入のためにはていねいなアセスメントが重要になる。精神科医療は多職種チーム医療の中で展開される。

1. 精神疾患総論（代表的な精神疾患についての成因，症状，診断法，治療法，経過，本人や家族への支援を含む）

　カリキュラムでは「精神疾患」となっているが，これ以降では「精神障害」という用語を使う。統合失調症，双極性障害，重症のうつ病などはかつて内因性精神障害と呼ばれていた。１世紀近く前から生物学的要因が強く影響すると考えられていたが，当時の医学では原因を特定することができなかったため「内因」という用語が使われた。一方で，感染症や頭部外傷などによる脳障害は，原因が外からやってくるという意味で「外因」と呼ばれ，現代では不安症や解離症などに分類されている神経症は，心の機能不全，つまり「心因」が原因だと考えられていた。現在では，どのような精神疾患にも生物・心理・社会の３要因が何らかの形で関連していることがわかっているので，内因・外因・心因のような単純な分類はなくなった。しかし，かつての内因性精神障害に遺伝子レベルから脳機能のレベルまでさまざまな生物学的要因が強く関連していることは間違いない。そのため，統合失調症や重篤な気分障害には薬物療法を中心とする身体的（生物学的）治療が行われる。状態に応じて電気けいれん療法（electroconvulsive therapy：ECT）が行われることもある。

　これらの精神障害に加えて，神経性やせ症や認知症などは重篤になると生命の危険が生じるおそれがあるため，患者保護のため強制的な入院治療を行うこともある。なお，精神科病院における入院治療は「精神保健及び精神障害者福祉に関する法律」（精神保健福祉法）に則って行われる。入院治療でも心理面接のような心理社会的介入は有効であり，退院後の外来治療やデイケア・ナイトケアでの支援においても患者本人や家族に対して心理社会的介入が行われる。

　発達障害や，心理社会的要因の影響力が強い不安症・解離症・ストレス関連障害・パーソナリティ障害などは，環境調整が必要な場合は入院することもあるが，多くは外来通院を一定期間継続する。これらの精神障害の治療には心理

社会的介入がきわめて重要だが，患者の苦痛が強く，症状の自己コントロールが難しい場合は薬物療法も行う。心理面接技法の中でも，認知行動療法とその応用的介入法が適用になる精神障害は多い。一方で，パーソナリティ障害や被虐待事例，あるいは子どもの事例では力動的心理療法が有効な場合も多い。

2. 向精神薬をはじめとする薬剤による心身の変化

精神科で用いられる薬の多くは向精神薬と呼ばれるが，その中には抗精神病薬，抗うつ薬，抗不安薬，気分安定薬，抗てんかん薬，抗認知症薬，睡眠薬など多くの種類がある。的確な診断が下された後に，適切な種類と量の向精神薬が，適切な期間用いられなければならない。

最近では副作用の少ない薬がいくつも開発されており，副作用による患者の苦痛は以前に比べて減ってはいるが，多くの抗精神病薬は神経遮断作用により眠気を生じさせ，不随意運動が生じる錐体外路症状，口渇，便秘，めまいなどの自律神経障害，ホルモンや代謝の障害が生じる可能性がある。抗うつ薬でも副作用として自律神経症状は生じうる。抗うつ薬の依存性は低いが，服薬を急に中断すると思わぬ変調が心身に生じる可能性があるので注意を要する。また，20歳代前半までの若年層に使用すると自殺の危険が増すといわれている抗うつ薬もある。気分安定薬や抗てんかん薬の中には，副作用の出現を防ぐため，薬の血中濃度を定期的に測定しながら用いなければならないものもある。抗不安薬や睡眠薬には依存性が強いものや，使用量を増加させないと効果が減少する「耐性」が生じやすいものもある。

3. 医療機関との連携

精神障害の治療は医療施設内で行われることがほとんどであり，心理職は医師，看護師，作業療法士，精神保健福祉士などとのチームで治療を行う。教育や福祉の分野で重度の精神障害を心理職が対応せざるをえない場合は，当事者の許可を得て医療機関と密に連絡を取ることが望ましい。また，先述のように，生命の危険がある場合は躊躇なく医療機関に紹介しなければならない。最近では医療施設外で，多職種チームが365日24時間で，重篤な精神障害者の生活の場に訪問して支援するアウトリーチ活動，「包括的地域生活支援」（ACT）も活発になっている。この活動の目的は，医療・福祉・リハビリなどを包括的に捉えて，利用者に合わせた地域生活支援を行うことである。

ブックガイド 野村俊明・下山晴彦編（2011）．精神医療の最前線と心理職への期待．誠信書房．

B 心理学発展科目（心理学関連科目）
㉓関係行政論

◀丹野　義彦

　この科目では，国家資格としての公認心理師にとって不可欠の法律や制度についての知識を学ぶ。詳しくは本書の第Ⅲ部で述べられているが，ここではその骨格を示しておこう。まず，予備知識として，法と制度を学ぶ意味，法体系（日本国憲法と法体系），法と行政，現場と法，トラブルと法，資格と法（例えば業務独占と名称独占の区別など）などを知っておくと，科目全体が理解しやすい。また，何より公認心理師法についてよく理解しておくことが重要である。

　次に，5分野における法律と制度を学ぶ。各分野ごとに，①専門家，②制度と法律に分けて解説する。①専門家については，チームアプローチを進める点からも，各専門職の役割や考え方を理解しておく必要がある。②制度と法律については，基本となる法律について，成立の歴史的経緯，意義，公認心理師との関係を理解しておく必要がある。なお，公認心理師の実習先となる施設（51ページの表参照）についても，その特徴や規定する法律を理解しておきたい。

1. 保健医療分野に関係する制度

　①専門家（根拠となる法律）としては，医師（医師法），薬剤師（薬剤師法），保健師・助産師・看護師（保健師助産師看護師法；以下，保助看法と略），作業療法士（理学療法士及び作業療法士法），精神保健福祉士（精神保健福祉士法），言語聴覚士（言語聴覚士法），精神保健指定医（精神保健福祉法）などがある。

　医行為は医師しか行えず，保助看法によると，例えば医師の指示下で行う看護師の診療補助行為は看護師しか行えない業務独占である。このように看護師や理学療法士などの診療補助職は，保助看法の一部を解除するという法的手続をとっている。これに対し，公認心理師や精神保健福祉士などの業務は，名称独占資格（58，104ページ参照）であり，診療補助職ではないため，保助看法の一部を解除することなく施行された。ただし，公認心理師の業務の一部は医行為が含まれるため，主治医がいる場合はその医師の指示を受けることが明記されている（公認心理師法42条の2）。

　②主な制度と法律は，精神保健福祉法（任意入院と強制入院，精神保健指定医），医療観察法（心神喪失者の処遇の手続，心理職の専門性と役割）である。ほかにも，地域保健法，国民健康保険制度，母子保健法，自殺対策基本法，健康増進法，食育基本法，感染症法，薬務に関する法，アルコール健康障害対策

基本法，がん対策基本法などについて理解しておきたい。

2. 福祉分野に関係する制度

①専門家としては，社会福祉士・介護福祉士（社会福祉士及び介護福祉士法），精神保健福祉士（精神保健福祉士法），介護支援専門員（ケアマネジャー）（介護支援専門員に関する省令），社会福祉主事（社会福祉法），児童福祉司（児童福祉法）などがある。

②制度と法律としては，社会福祉法，児童福祉法，児童虐待防止法，高齢者の医療の確保に関する法律，老人福祉法，高齢者虐待防止法，介護保険法，発達障害者支援法，障害者基本法，障害者総合支援法，障害者差別解消法などが重要である。

3. 教育分野に関係する制度

①専門家としては，教員（地方公務員法，教育職員免許法），養護教諭（学校教育法）がある。なお，スクールカウンセラーは法的位置づけが不安定であり，今後の対策が期待される。

②制度と法律としては，教育基本法，学校教育法，学校保健安全法，発達障害者支援法，いじめ防止対策推進法などを理解しておきたい。

4. 司法・犯罪分野に関係する制度

①専門家としては，裁判官（日本国憲法，裁判所法），検察官（検察庁法），弁護士（弁護士法），家庭裁判所調査官（裁判所法），警察官（警察法），少年鑑別所鑑別技官（少年鑑別所法），保護観察官（更生保護法）などがある。

②制度と法律については，刑事司法制度，少年司法に関わる制度を理解することが必要である。このために，刑法，刑事訴訟法，少年法，犯罪被害者等基本法などの知識が必要となる。

5. 産業・労働分野に関係する制度

①専門家としては，労働基準監督官（労働基準法等），産業安全専門官・労働衛生専門官（労働安全衛生法），産業医（労働安全衛生法）がある。

②制度と法律としては，労働基準法，労働安全衛生法，過労死等防止対策推進法などが重要である。

ブックガイド 山崎久美子・津田彰・島井哲志編（2016）．保健医療・福祉領域で働く心理職のための法律と倫理．ナカニシヤ出版．／金子和夫監修，津川律子・元永拓郎編（2016）．心の専門家が出会う法律——臨床実践のために（新版）．誠信書房．

C 実習演習科目
㉔心 理 演 習
◀丹野 義彦

　この科目では，公認心理師の二大業務である心理的アセスメントと心理学的支援法（心理面接）の技能の基礎を修得する。現場での実践は大学院で本格的に修得するが，大学でもその基礎にふれる。これまでに学んだ各科目の知識をもとに，それに実践の技能（スキル）を結びつける科目である。

　以下に示す事項について，具体的な場面を想定した役割演技（ロールプレイング）や模擬事例の検討などを行う。

1. 心理に関する支援を要する者等に関する以下の知識及び技能の修得

　コミュニケーション　心理的アセスメントと心理学的支援法（心理面接）の基礎として，まず要支援者と良好な人間関係を築く必要がある。支援がうまくいくかどうかはこの人間関係にかかっているため，よいコミュニケーションの方法を身につけることは不可欠となる。相手の話を正しく聞き（傾聴），批判をせずに（受容），込められた感情に耳を傾け（共感），そのことを相手に伝える（表現）ことが基本である。自分のことを理解しようとしてくれていると感じれば，おのずから信頼関係は深まり，要支援者は支援者に心を開き，心理的成長に向かう。しかし，必ずいつもよい関係が維持できるわけではなく，そうした自覚も必要である。面接の基本的な技術を身につけるためには長い期間の訓練を必要とする。心理演習では，学生同士でロールプレイングを行い，支援者と要支援者の役割を演じながら，傾聴，質問，励まし，感情の反射，言い換えなどの技法を学ぶ。

　心理検査　「⑭心理的アセスメント」で学んだ心理検査法について，演習を通して自分で実施できる技能を身につける。その基礎となるのは，「④心理学研究法」や「⑥心理学実験」で学んだ観察法，面接法，質問紙法，実験法である。心理検査法には知能検査・発達検査，パーソナリティ検査，症状評価検査，神経心理学的検査・認知機能検査などがある。これらを正しい手順で実施し，正しく記録し，結果を正しく解釈できるようにする。また検査中は「関与しながらの行動観察」を行い，総合的に解釈する必要がある。さらに，検査後に，検査を受けた本人や関係者，現場のスタッフに，検査結果をわかりやすく説明できなければならない。これらの技能について学生同士のロールプレイングなどを行う中で身につける。

　　心理面接　「⑮心理学的支援法」で学んだ代表的な心理療法（力動的心理療法，行動療法・応用行動分析，認知療法・認知行動療法，来談者中心療法，集団療法，家族療法など）について，自分で実施できる技能を身につける。技法の選択に当たって治療効果のエビデンスを検討するスキルも重要である。こうした技能について，学生同士で，支援者と要支援者の役割を演じながら，模擬的な心理療法の経過を体験する。その経過を逐語的に記録したり，映像として録画し，後で振り返って詳しく検討することも重要である。本格的な技能修得は大学院で行われるが，この演習ではその基礎にふれる。

　　地域支援　精神科医療は病院医療から地域医療へと重点が移り，スクールカウンセラーや災害被害者支援においても地域支援が必要である。地域支援の活動についての体験的理解は重要である。

　2.　心理に関する支援を要する者等の理解とニーズの把握及び支援計画の作成

　　上で修得した諸技能を統合する総合的な練習である。要支援者の心理を理解し（心理的アセスメント），対象者が何を望んでいるかのニーズを把握し，個人に合わせて心理的支援のための計画を作成するという一連の業務を身につけるように演習を行う。実践心理学5科目（⑯～⑳）で学んだ各分野の知識を総動員して行う。

　3.　心理に関する支援を要する者の現実生活を視野に入れたチームアプローチ

　　「チーム医療」のように，公認心理師は現場でチームの一員として仕事することが多いため，チーム内の役割を体験するロールプレイングなどが必要である。

　4.　多職種連携及び地域連携

　　チームアプローチとは，多職種の専門家が仕事を分担しながら協力して対応することであり，各専門職の役割や考え方を互いに理解していないと協力はうまくいかない。また，要支援者の地域の関係者や専門家との連携についても，演習を通して理解する必要がある。

　5.　公認心理師としての職業倫理及び法的義務への理解

　　「①公認心理師の職責」で学んだ職業倫理や，「㉓関係行政論」で学んだ法律や制度について，個別の事例に適用できるように理解する必要がある。

ブックガイド　宮谷真人・坂田省吾代表編集，林光緒ほか編（2009）．心理学基礎実習マニュアル．北大路書房．

C 実習演習科目
㉕心 理 実 習

◀丹野 義彦

　この科目では，実践の現場に出て，公認心理師の実際を見学・体験する。

　実習の時間は最低80時間である。公認心理師カリキュラム等検討会のワーキングチームの議論では，1日8時間で2日間ずつ，5分野の見学を行うものとして，80時間と決められた。ただし，80時間の中には，実習の前後に担当教員や実習指導者が実習生に対して行う指導や，多職種を交えて行うケースカンファレンスも含めてよい。

　5分野とは，保健医療，福祉，教育，司法・犯罪，産業・労働である。実習に参加する前に，⑯〜⑳の実践心理学5科目を学んでおくことが望ましい。それぞれの分野の実習施設として例示されているのは，右の表に示す通りである。大学に設置されている心理相談室は5分野のいずれにも含まれない。

　ただし，実際には実習生を受け入れる条件が整っていない分野もあるため，経過措置として，「当分の間は，医療機関（病院又は診療所）での実習を必須とし，医療機関以外の施設での実習については適宜行う」とされた。

1.　実習で修得すべき内容

　実習者は次の3つの事項を重点的に修得する。

　㋐　心理に関する支援を要する者へのチームアプローチ

　㋑　多職種連携及び地域連携

　㋒　公認心理師としての職業倫理及び法的義務への理解

　これらの重要性については，「㉔心理演習」㋒㋓㋔で述べた。

2.　担当教員と実習指導者

　大学において心理演習と心理実習を担当できる教員と，外の施設での実習指導者は，公認心理師の資格を取得後5年以上公認心理師としての業務に従事し，所定の講習会を受講した者でなければならない。ただし，経過措置として当分の間は，大学教員は，「大学又は大学院において，教授，准教授，講師又は助教として3年以上心理分野の教育に従事した者も可」とされ，また，実習指導者は，「5年以上の経験を積んだ精神科医又は臨床心理技術者等（現に心理の支援に関する業務を5年以上行っている者を含む）も可」とされた。

　また，実習生15人につき教員1人以上および実習指導者1人以上を配置しなければならない。

表　大学および大学院における実習施設

分野	法 令 名	施 設 名
保健医療	医療法	病院　診療所
	介護保険法	介護療養型医療施設
	地域保健法	保健所　市町村保健センター
	精神保健福祉法	精神保健福祉センター
	介護保険法	介護老人保健施設
福祉	障害者総合支援法	障害福祉サービス事業を行う施設 一般相談支援事業もしくは特定相談支援事業を行う施設 基幹相談支援センター　障害者支援施設 地域活動支援センター　福祉ホーム
	児童福祉法	障害児通所支援事業もしくは障害児相談支援事業を行う施設 児童福祉施設　児童相談所
	子ども・子育て支援法	地域型保育事業を行う施設
	認定こども園法	認定こども園
	生活保護法	救護施設　更生施設
	老人福祉法	老人福祉施設
	介護保険法	地域包括支援センター
	売春防止法	婦人相談所　婦人保護施設
	発達障害者支援法	発達障害者支援センター
	社会福祉法	福祉事務所　市町村社会福祉協議会
	知的障害者福祉法	知的障害者更生相談所
	ホームレス自立支援法	ホームレス自立支援事業を実施する施設
	子ども・若者育成法	子ども・若者総合相談センター
	厚生労働省組織令	国立児童自立支援施設 国立障害者リハビリテーションセンター
	のぞみの園法	独立行政法人国立重度知的障害者総合施設のぞみの園
教育	学校教育法	学校
	地方自治法	教育委員会
司法・犯罪	裁判所法	裁判所
	法務省設置法	刑務所　少年刑務所　拘置所　少年院　少年鑑別所 婦人補導院もしくは入国者収容所　保護観察所
	更生保護事業法	更生保護施設
産業・労働	——	組織内健康管理センター・相談室
	障害者雇用促進法	広域障害者職業センター　地域障害者職業センター 障害者就業・生活支援センター

C　実習演習科目　㉕心理実習

D 大学院で学ぶこと

◀丹野　義彦

　公認心理師になるためには，大学で「知識」を学び，大学院あるいは実務施設の研修プログラムで「技能」（スキル）を学ぶ。つまり，大学で25科目を修めて卒業した後，大学院で必要な科目を修めるか（公認心理師法7条1号受験者），実務施設の標準3年間の研修プログラムにおいて2年以上の実務経験を積む必要がある（7条2号受験者）。

　大学院あるいは実務施設で学ぶためには，大学で公認心理師25科目すべてを履修しておかなければならない（公認心理師法の附則2条に定める受験資格の特例の該当者を除く）。大学を卒業してから大学の科目を後で追加することはできない。大学で1つでも履修していない科目があれば，もう一度大学に入り直さなくてはならないので，注意が必要である。

　大学院カリキュラムは10科目であり，A. 心理実践科目とB. 実習科目に分かれる。

A. 心理実践科目

　これは知識を習得する座学ではなく，技能を習得するための実践的科目である。心理実践科目は9科目からなるが，大きく5分野科目と4業務科目の2つに分けられる。科目名と含まれる事項は以下の通りである。

■5分野科目（5分野における理論と支援の展開）

① 　保健医療分野に関する理論と支援の展開

　1. 保健医療分野に関わる公認心理師の実践

② 　福祉分野に関する理論と支援の展開

　1. 福祉分野に関わる公認心理師の実践

③ 　教育分野に関する理論と支援の展開

　1. 教育分野に関わる公認心理師の実践

④ 　司法・犯罪分野に関する理論と支援の展開

　1. 司法・犯罪分野に関わる公認心理師の実践

⑤ 　産業・労働分野に関する理論と支援の展開

　1. 産業・労働分野に関わる公認心理師の実践

■4業務科目（公認心理師法で定められている4業務の理論と実践）

⑥ 　心理的アセスメントに関する理論と実践

1. 公認心理師の実践における心理的アセスメントの意義

2. 心理的アセスメントに関する理論と方法

3. 心理に関する相談，助言，指導等への上記1.及び2.の応用

⑦　心理支援に関する理論と実践

1. 力動論（無意識の心の動き，パーソナリティ，対人関係様式を考慮に入れた心理療法理論の総称）に基づく心理療法の理論と方法

2. 行動論・認知論（行動や認知の変容に焦点を当てた心理療法理論の総称）に基づく心理療法の理論と方法

3. その他の心理療法の理論と方法

4. 心理に関する相談，助言，指導等への上記1.～3.までの応用

5. 心理に関する支援を要する者の特性や状況に応じた適切な支援方法の選択・調整

⑧　家族関係・集団・地域社会における心理支援に関する理論と実践

1. 家族関係等集団の関係性に焦点を当てた心理支援の理論と方法

2. 地域社会や集団・組織に働きかける心理学的援助に関する理論と方法

3. 心理に関する相談，助言，指導等への上記1.及び2.の応用

⑨　心の健康教育に関する理論と実践

1. 心の健康教育に関する理論

2. 心の健康教育に関する実践

B. 実習科目

⑩　心理実践実習（450時間以上）

実習の内容は，大学の「㉔心理演習」で定められた5項目であるが，大学では見学が主だったのに対し，大学院では自ら心理的支援を実践する。

5分野の施設（「㉕心理実習」の表を参照）のうち，医療機関（病院または診療所）を必須として，3分野以上の施設で実習を受けることが望ましい。教員だけでなく，施設側からも実習指導者がついて実習生を指導する。実習生5人につき教員1人以上及び実習指導者1人以上を配置しなければならない。

450時間のうち，270時間以上は担当ケースに関する実習としなければならない。大学または大学院に設置されている心理相談室での実習も含んでよいが，学外の施設での実習時間は90時間以上でなければならない。

ブックガイド　下山晴彦・中嶋義文編，鈴木伸一・花村温子・滝沢龍編集協力（2016）．公認心理師必携 精神医療・臨床心理の知識と技法．医学書院．

資料　公認心理師科目名英語表記（一般社団法人　日本心理学諸学会連合作成）

	学部科目名	英語名
1	公認心理師の職責	Professionalism of Licensed Psychologists
2	心理学概論	Introduction to Psychology
3	臨床心理学概論	Introduction to Clinical Psychology
4	心理学研究法	Psychological Research Methods
5	心理学統計法	Psychological Statistics
6	心理学実験	Psychological Experiments
7	知覚・認知心理学	Psychology of Perception and Cognition
8	学習・言語心理学	Psychology of Learning and Language
9	感情・人格心理学	Psychology of Emotion and Personality
10	神経・生理心理学	Neuro- and Physiological Psychology
11	社会・集団・家族心理学	Social, Group and Family Psychology
12	発達心理学	Developmental Psychology
13	障害者・障害児心理学	Psychology for Adults & Children with Disabilities
14	心理的アセスメント	Psychological Assessment
15	心理学的支援法	Methods of Psychological Support
16	健康・医療心理学	Health and Medical Psychology
17	福祉心理学	Psychology for Social Welfare
18	教育・学校心理学	Educational and School Psychology
19	司法・犯罪心理学	Forensic and Criminal Psychology
20	産業・組織心理学	Industrial and Organizational Psychology
21	人体の構造と機能及び疾病	Human Body Structure, Function and Diseases
22	精神疾患とその治療	Psychiatric Disorders and Treatments
23	関係行政論	Legal and Administrative Systems
24	心理演習	Seminar in Psychology
25	心理実習	Practical Training in Psychology

	大学院科目名	英語名
1	保健医療分野に関する理論と支援の展開	Support Theory and Applications in Medical and Health Area
2	福祉分野に関する理論と支援の展開	Support Theory and Applications in Social Welfare Area
3	教育分野に関する理論と支援の展開	Support Theory and Applications in Educational Area
4	司法・犯罪分野に関する理論と支援の展開	Support Theory and Applications in Forensics and Criminology Area
5	産業・労働分野に関する理論と支援の展開	Support Theory and Applications in Industry and Work Area
6	心理的アセスメントに関する理論と実践	Theory and Practice of Psychological Assessment
7	心理支援に関する理論と実践の展開	Theory and Practice of Psychological Support
8	家族関係・集団・地域社会における心理支援に関する理論と実践	Support Theory and Practice for Family, Group, and Community
9	心の健康教育に関する理論と実践	Theory and Practice for Mental Health Education
10	心理実践実習	Advanced Practical Training in Psychology または Practicum in Psychology

（出所）　https://jupa.jp/files/ehyouki01.pdf

1 心理的支援の歴史

◀子安 増生

公認心理師は，公認心理師法という法律に基づく国家資格である。同法2条によれば，この法律によって恩恵を受けるのは，とりわけ「心理に関する支援を要する者」とその関係者となっており，公認心理師の主要な職務は心理的支援（psychological support）であるといえよう。

第1回の授業では，公認心理師法の成立の経緯を知り，心理的支援の歴史を学んで，公認心理師がどんな職務を担う資格となるべきかを考える。

1. 公認心理師法成立の経緯

心理職の国家資格は，心理学界全体の長年の悲願であった。医療の分野では，医師，歯科医師，看護師，臨床検査技師，理学療法士，薬剤師など，医療職のほとんどが国家資格をもっているのに，心理職は国家資格をもたないために，重要な職務についていても，権限や待遇に大きな差があった。また，福祉機関，学校，企業などでも心理職が活躍してきたが，同じ問題を抱えていた。

このような問題に取り組むために，臨床心理職国家資格推進連絡協議会，医療心理師国家資格制度推進協議会，日本心理学諸学会連合の3団体が2009年に連携して国家資格化を推進することを決め，要望書を作成して国会議員や関係省庁への陳情を繰り返し行い，ようやく2015年9月9日に公認心理師法が国会で成立し，同年9月16日に公布され，2年後の2017年9月15日に施行されたのである。ちなみに，「公布」は官報などで法律の内容を国民に周知すること，「施行」は法律が有効になることを意味している。

2. 心理的支援の歴史

心の問題を抱える人は，どの時代，どの地域にも存在する。心の悩みということであれば，近代以前は宗教家たち（キリスト教の神父や仏教の僧侶など）が信者に接する仕事の1つとして行っていた面がある。他方，重い精神病者に対する扱いは大変過酷な歴史があり，治療を受けるどころか，家の恥として一生座敷牢に閉じ込められたり，悪魔憑きとして悪魔祓いを受けたり，西洋では魔女狩りの対象として迫害されたりした。

このような状況を最初に打ち破ったのは，フランスの医師フィリップ・ピネル（1745-1826）である。フランスでは，太陽王ルイ14世の指導により，精神障害者，犯罪者，浮浪者などを収容する男性用のビセートル病院と女性用のサ

ルペトリエール病院が1656年に建設された。ピネルらは，因人同様に鎖につながれた両病院の精神病者たちを鎖から解き放ち，精神科医療の対象とした。

　科学的な精神医学の理論を飛躍的に発展させたのは，ドイツの医師エミル・クレペリン（1856-1926）であり，現在の統合失調症と双極性障害の二大分類を行ったほか，認知症の症状名（アルツハイマー型認知症とレビー小体型認知症）にその名を遺すアロイス・アルツハイマー（1864-1915）とフリードリッヒ・レヴィー（1885-1950）の研究を指導した。

　クレペリンと同時代人のオーストリアの精神科医（晩年はイギリスに移住）ジークムント・フロイト（1856-1939）は精神分析を，スイスの精神科医カール・グスタフ・ユング（1875-1961）は分析心理学を発展させた。フロイトの末子アンナ・フロイト（1895-1982）や，同じくオーストリア出身で後にイギリスで活躍したメラニー・クライン（1882-1960）らは，「医師ではない分析家」という意味でレイ・アナリスト（lay analyst）と呼ばれ，心理的支援の専門職の始まりと見ることができる。

　南アフリカ出身の精神科医ジョゼフ・ウォルピ（1915-1997）の学習理論を基礎とする行動療法と，アメリカの精神科医アーロン・ベック（1921-）が提唱した歪んだ認知や思考を修正する認知療法は，現在では認知行動療法（cognitive behavioral therapy：CBT）に発展し，心理的支援の重要な方法となっている。

　オーストリア出身のアメリカの精神科医レオ・カナー（1894-1981）は，1943年に「自閉症」の最初の症例を報告した。翌1944年にオーストリアの精神科医ハンス・アスペルガー（1906-1980）が高機能の自閉症児の症例を報告し，後に彼の名を冠して「アスペルガー障害」と呼ばれるようになった。この両方を含む自閉スペクトラム症は，医学的支援だけでなく心理的支援も大変重要である。

　1921年にアメリカ精神医学会（American Psychiatric Association：APA）が設立され，精神病の分類システムを作る計画が進行し，1952年に『精神疾患の診断・統計マニュアル』（Diagnostic and Statistical Manual of Mental Disorders：DSM）の初版が刊行された。現在は，その第5版の「DSM-5」が精神疾患や精神障害の基本的な診断基準となっている。

ブックガイド 中井久夫（1999）．西欧精神医学背景史．みすず書房．／大山正（2010）．心理学史――現代心理学の生い立ち．サイエンス社．

2　公認心理師の役割の理解

◀子安　増生

　文部科学省と厚生労働省の共管となる国家資格を定める公認心理師法は，全50条と附則11条，合わせて1万字ほどの文章に公認心理師についてのすべての規定が書かれている。一度はこの法律全体に目を通しておくとよいが，ここでは公認心理師の名称と職務について書かれた部分を確認しよう。

1. 公認心理師の名称

　名称独占資格　国家資格には，資格を有する者のみが業務を行うことを許される「業務独占資格」と，資格がなくても業務に従事することはできるが，資格を所有していない者がその名称を名のることができない「名称独占資格」がある。医師，歯科医師，薬剤師，弁護士，公認会計士，税理士などは業務独占資格であり，保育士，介護福祉士，精神保健福祉士，管理栄養士，調理師，気象予報士などと並んで公認心理師も名称独占資格である。そのことは，公認心理師法では，44条1項に，「公認心理師でない者は，公認心理師という名称を使用してはならない」と規定されている。

　名称の「師」　さて，「公認心理師」はなぜ「公認心理士」ではないのだろうか。資格名称には，次に示すように末尾が「士」「師」「司」の3種類がある。

　士：弁護士，公認会計士，税理士，司法書士，不動産鑑定士，建築士など。

　師：医師，歯科医師，看護師，薬剤師，美容師，理容師，調理師など。

　司：児童福祉司，知的障害者福祉司，保護司，郵便認証司など。

　「士」のつく資格は技術的側面が重要な仕事という印象を与えるのに対し，「師」のつく資格はそれに加えて対人的な側面が重要な仕事という意味合いが強そうである。国家資格ではないが，人を導く宗教家も「大師」「法師」「牧師」などの名称がある。ちなみに，「教師」は資格名でなく，その正式名称は「教育職員」である。「司」は公務員またはみなし公務員である点が他とは異なっている。

　もう1つの重要な条件は，先の44条の2項「前項に規定するもののほか，公認心理師でない者は，その名称中に心理師という文字を用いてはならない」にある。既存の心理職の民間資格は，臨床心理士，臨床発達心理士，学校心理士，特別支援教育士など「士」がつくものであり，公認心理師はそれらとの混同を避けるという意味合いが読み取れる。

2. 公認心理師の職務

心の健康 公認心理師の目的は，公認心理師法の１条に「国民の心の健康の保持増進に寄与すること」と規定されている。この「心の健康」という表現は，法律用語としては新しいものである。1950年に制定された精神衛生法は，1988年に精神保健法に，1995年に「精神保健及び精神障害者福祉に関する法律」に名称が改められているが，その１条に「国民の精神的健康の保持及び増進」と「国民の精神保健の向上」という表現が出てくる。精神医学が中心となる「精神的健康」と「精神保健」に対して，「心の健康」はまさに心理学が中心となる健康概念ということができよう。

公認心理師の行為 公認心理師法２条では，「公認心理師の名称を用いて，保健医療，福祉，教育その他の分野において，心理学に関する専門的知識及び技術をもって，次に掲げる行為を行うことを業とする者」とされる。この「次に掲げる行為」とは，

①　心理に関する支援を要する者の心理状態を観察し，その結果を分析すること，

②　心理に関する支援を要する者に対し，その心理に関する相談に応じ，助言，指導その他の援助を行うこと，

③　心理に関する支援を要する者の関係者に対し，その相談に応じ，助言，指導その他の援助を行うこと，

④　心の健康に関する知識の普及を図るための教育及び情報の提供を行うこと，の４点である。

①は心理的アセスメント（psychological assessment）に相当し，面接や心理検査などを行って，どのような心の問題があるのかを査定することである。

②と③は，心の健康の問題を抱える本人またはその親などの関係者に対して，心理カウンセリングあるいは心理療法や家族療法などを行うことである。

④は心の健康に関する学校教育活動や啓発活動などを行うことである。

前述のように，公認心理師は業務独占の資格ではないので，公認心理師以外の者がこのような行為を行うことはいつでも可能である。公認心理師が専門職として高度の知識と技能を身につけないと，国民からの信頼を得ることはできない。たゆまぬ研鑽が必要となるゆえんである。

ブックガイド 一般財団法人日本心理研修センター編（2016）．公認心理師（臨床心理学臨時増刊号）．金剛出版．

3 公認心理師の法的義務

◀子安 増生

　公認心理師は，他の民間資格の心理職とは異なり，法律でその役割と法的義務が定められた国家資格である。ごく一部だが，違反に関する罰則規定もある（公認心理師法46条の秘密保持義務違反）。公認心理師を目指す者は，公認心理師法の内容を知悉する必要がある。

1. 公認心理師になれない者

　誰でも公認心理師になれるわけではない。公認心理師法の3条には，欠格事由（資格を欠く者となる理由）が4つ規定されている。

　第1は，民法で規定される「成年被後見人又は被保佐人」である。成年被後見人とは，精神上の障害（認知症・知的障害・精神障害など）により「事理を弁識する能力を欠く常況」にある者で，家庭裁判所による後見開始の審判を受けた者をいう（民法7条及び8条）。被保佐人とは，精神上の障害により「事理を弁識する能力が著しく不十分」な者で，家庭裁判所による保佐開始の審判を受けた者をいう（民法11条及び12条）。

　第2は，「禁錮以上の刑に処せられ，その執行を終わり，又は執行を受けることがなくなった日から起算して2年を経過しない者」である。

　第3は，公認心理師法ほか「保健医療，福祉又は教育に関する法律の規定であって政令で定めるものにより，罰金の刑に処せられ，その執行を終わり，又は執行を受けることがなくなった日から起算して2年を経過しない者」である。

　第4は，公認心理師が信用失墜行為（公認心理師の信用を傷つけるような行為）をしたり，秘密保持義務（正当な理由がないのに公認心理師の業務に関して知り得た人の秘密を漏らしてはならないこと）に違反したりして，登録を取り消された日から起算して2年を経過しない者である。

　以上のような欠格事由を抱える者は，法の定めるところにより公認心理師になれないが，そうでありさえしなければよいというわけではない。受験資格を満たし，国家試験に合格し，登録を済ませ，実際に業務に就いた後も，専門職としての能力，識見，倫理観などの面でさらに成長していく必要がある。

2. 公認心理師の法的義務

　公認心理師の法的義務については，公認心理師法4章「義務等」において，信用失墜行為の禁止（40条），秘密保持義務（41条），連携等（42条），資質向

上の責務（43条）の4カ条が示されている。

　このうち，条文に規定された内容に違反した場合に罰則規定があるのは，秘密保持義務だけである。すなわち，46条において，「第41条の規定に違反した者は，1年以下の懲役又は30万円以下の罰金に処する」と定められている。もちろん，罰則がないからといって義務を守らなくてよいはずはなく，国民の信頼を得るためには高い倫理性が求められている。

　信用失墜行為の禁止　40条は，「公認心理師は，公認心理師の信用を傷つけるような行為をしてはならない」と規定している。公認心理師たるものは，法律違反や職場の規律違反となる行為はいうまでもなく，あらゆる不品行，不行跡には十分気をつけなければならない。

　秘密保持義務　41条には，「公認心理師は，正当な理由がなく，その業務に関して知り得た人の秘密を漏らしてはならない。公認心理師でなくなった後においても，同様とする」とある。漏らしてはならない秘密には，「職務上の秘密」と「職務上知りえた秘密」があるが，個人情報は特に重要な事項である（詳しくは，66ページ「6　守秘義務」において具体的な説明が行われる）。

　関係者との連携　42条の1項では，「公認心理師は，その業務を行うに当たっては，その担当する者に対し，保健医療，福祉，教育等が密接な連携の下で総合的かつ適切に提供されるよう，これらを提供する者その他の関係者等との連携を保たなければならない」と規定されている。医療の分野では「チーム医療」，教育の分野では「チーム学校」という協力体制がとられ，多職種連携がますます重要視されるようになっている。

　同条2項では，「公認心理師は，その業務を行うに当たって心理に関する支援を要する者に当該支援に係る主治の医師があるときは，その指示を受けなければならない」と規定されている。この規定の中心となる「主治の医師」あるいは一般に言う「主治医」という用語は，実は法的な定義がない。この規定が現実にどのような働きをしていくかは今後の問題である。

　資質向上の責務　43条は，「公認心理師は，国民の心の健康を取り巻く環境の変化による業務の内容の変化に適応するため，第2条各号に掲げる行為に関する知識及び技能の向上に努めなければならない」とある（詳しくは，80ページ「13　問題解決能力と生涯学習」で説明が行われる）。

ブックガイド　一般財団法人日本心理研修センター編（2016）．公認心理師（臨床心理学臨時増刊号）．金剛出版．

4 公認心理師の職業倫理

◀ 子安 増生

　公認心理師が行うべきことと行ってはならないことは，実際のところほぼ無限にある。公認心理師法が定めるのは，あくまで法律として明記できる範囲内のことがらであるので，あとは倫理（ethics）の問題である。一般に，同じ国家資格を保有する者が集まり，任意加盟の職能団体を結成して，その会員の便益を図るとともに，会員が守るべき倫理綱領を作成するということが行われる。公認心理師の場合も，公認心理師の職能団体が結成されれば，その方向に進むであろうが，それはまだ少し先のことになる。そこで，ここでは「アメリカ心理学会サイコロジストのための倫理綱領および行為規程」（American Psychological Association's Ethical Principles of Psychologists and Code of Conduct; http://www.apa.org/ethics/code/）を参考に職業倫理について考える。

1. サイコロジストの倫理綱領

　アメリカ心理学会は 1892 年に結成され，当初は大学教員と研究者を中心とする団体であったが，やがて専門職の会員（サイコロジスト）が増加し，それに対応する倫理綱領の検討が 1938 年頃から開始され，幾度も改訂が行われている（Sabourin, 1999）。2016 年の最新版では，綱領として，A. 善行と非行，B. 忠誠と責任，C. 品格，D. 公正，E. 人権と尊厳への敬意の計 5 項目，行為規定として①倫理的問題の解決，②能力，③人間関係，④プライバシーと守秘，⑤広告と声明，⑥記録保存と報酬，⑦教育と訓練，⑧研究と出版，⑨アセスメント，⑩セラピーの計 10 項目にわたり，詳しい内容が取り上げられている。ここでは，5 項目の綱領の内容の要点を以下にまとめる。

　A. 善行と非行　サイコロジストは，当事者に便益を与え，害悪を及ぼさないように努めること。専門職としての行為を行うに当たり，心理的支援を受ける当事者やその関係者の福祉と権利の保護に努めること。軋轢が生じた場合にも，被害を避けるか最小限にとどめるように，責任をもって対処すること。サイコロジストの判断や行為は，他の人の生活に影響を与えかねないので，誤った影響につながる人格的，財政的，社会的，組織的，政治的な要因に留意し，防止すること。サイコロジストは，自身の心身の健康が当事者に対する支援能力に影響する可能性があるという自覚をもつこと。

　B. 忠誠と責任　サイコロジストは，職務で出会う人びとと信頼関係を築く

こと。科学者として，実践家として，職務を行う組織や集団に対する責任を自覚すること。専門職としての行動基準を維持し，役割と義務を明確にし，行動について正当な責任を受け入れ，私利や害悪につながるような利益相反（conflict of interest）が生じないように調整すること。当事者に対して最高の便益が提供できるように，他の専門職や他の機関に相談，照会，協力を行うこと。研究や実践に関わる同僚の行為が倫理規準を遵守したものかどうかにも関心を払うこと。

　C．品　格　心理学の科学研究，教育，実践を行う際に，正確，正直，真実を追求しなければならない。盗用，いかさま，不正，ごまかし，事実の意図的歪曲を行わないこと。約束は守り，分別のない不純な行為とみなされるようなことは行わないこと。

　D．公　正　心理学の恩恵にあずかる機会やサイコロジストが行う仕事の質の平等性に関して，すべての人に対して公平と公正でなければならない。サイコロジストは，自身の偏向，能力の限界，専門性の不足などが不公正な実践につながることのないよう，理性的に判断し，用心すること。

　E．人権と尊厳への敬意　すべての人の尊厳と価値，ならびに，個人のプライバシー，秘密情報，自己決定権に敬意を払うこと。自律的な自己決定がうまくできない人や集団の権利と福祉を擁護するために，特別な保護的措置が必要になる可能性を認識すること。サイコロジストは，年齢，性，性同一性，人種，民族，文化，国籍，宗教，性的志向，障害，言語，社会経済的地位による文化差，個人差，役割差を知り，尊重し，そのような人びとに心理的支援の仕事を行う際には，そのような要因を正しく考慮に入れること。サイコロジストは，そのような要因に基づく偏向を自分の仕事に交えてはならないだけでなく，他の人の偏見に基づく活動に加わったり，見過ごしたりしてはならない。

2．知的財産権の保護

　上記の「サイコロジストの倫理綱領」に含まれていない事項は他にも数多くあるが，著作権などの知的財産権の保護について付け加えておく。他人の著作物の盗用や無断引用はいうまでもなく，例えば各種の心理検査の内容，実施手続，解釈法などを無断でインターネットなどに公開することなどは，営利目的の有無にかかわらず，厳に慎むべきことである。

ブックガイド　Sabourin, M.（1999）．心理学における倫理規準の発展——アメリカ心理学会倫理規定の一省察．心理学研究，*70*，51-64.

5 心理に関する支援を要する者等の安全の確保

◀丹野 義彦

　公認心理師は，心理に関する支援を要する者（以下，要支援者）等の安全を確保しなければならない。公認心理師カリキュラム等検討委員会報告書（2017年5月31日）の到達目標「1. 公認心理師としての職責の自覚」として，「1-3. 心理に関する支援を要する者等の安全を最優先し，常にその者中心の立場に立つことができる」が挙げられている。安全の確保に十分気をつけながら業務を行う必要があり，決して要支援者に心理的損傷を与えることがあってはならない。

1. カウンセリングにおける職業倫理の7原則

医療分野のカウンセリングについて金沢（1998）は次の7原則を挙げている。

① 相手を傷つけない，傷つける恐れのあることをしない

② 十分な資質・訓練によって身につけた専門的な行動の範囲内で，相手の健康と福祉に寄与する

③ 相手を利己的に利用しない

④ 1人ひとりを人間として尊重する

⑤ 秘密を守る

⑥ インフォームド・コンセントを得，相手の自己決定権を尊重する

⑦ すべての人びとを公平に扱い，社会的な正義と公正・平等の精神を守る

　これらはいずれも重要な原則であるが，その最初に「相手を傷つけない」という原則が置かれていることに注意したい。

2. 要支援者中心の立場

　公認心理師の業務の基礎として，まず要支援者と良好な人間関係を築く必要がある。支援がうまくいくかどうかはこの人間関係にかかっている。例えば，精神科における心理療法において，治療が成功する場合，そこには共通した特徴が見られる。すなわち，①治療者と患者の間に感情移入が成立している，②治療者と患者の間にラポール（相互に信頼する関係）があり，人間関係がよい，③患者が何でも話したいことを話してよいと感じている，④患者が積極的役割を演じている，⑤患者はいつも治療者から理解され，尊敬されていると感じている，⑥治療者は患者の感情を理解しようと努力している，といった点である。心理療法にはさまざまな理論や技法があるが，それらに共通しているため，治療の「共通要素」と呼ばれる。治療者が患者と良好な治療関係を築けるかどう

かは，治療の成果に大きな影響を与える。

3. 要支援者との人間関係に必要なこと

よい人間関係を築くための基本は傾聴・受容・共感・表現である。

傾聴とは，相手の話をよく聞くことである。相手の感情に焦点を当て，相手がどのような考え方（主観の世界）をもっているかを理解する必要がある。要支援者が支援者に対して，「この人は私を認めてくれている」とか，「この人にはわかってもらえている」と感じれば，支援者に心を開く。心理的な安全が守られた状況の中で，要支援者は，安心して自分自身を見直すことができる。

受容とは，相手の話を批判しないで，相手の存在を尊重することである。相手の望ましくない面やネガティブな面に接すると，人はつい批判したり忠告したりしたくなるが，そのようなネガティブな面も含めてその人全体を尊重することである。それが達成できるためには訓練を必要とする。

共感とは，相手の立場に立ち，相手の身になってものを見たり感じたりできることである。そのためには，支援者は自己中心的なものの見方を脱し，相手の立場を思いやるといった，人格的・社会的成熟が必要である。また，自分と他者の立場が別であることを自覚し，それを混同しないことも大切である。相手の身になるということは，いったん自分自身の感情を忘れ去り，自分の中に，相手の内面をありのままに描き出すことである。ただし，必要なときには，いつでも自分自身に戻って相手を冷静にながめ，相手の感情と自分の感情を比較照合するような強靭な自己をもつ必要がある。

表現とは，相手と自分の感情が確かに一致するか確かめる操作である。相手の気持ちについて，自分が「ここまでわかった」ということを相手にはっきり伝え，確かめる。この操作を何回も繰り返す。この達成にも訓練を要する。

ただし，必ずいつもよい関係が維持できるわけではなく，そうした自覚も必要である。また，実践の現場は複雑であり，要支援者中心の立場を重視していても，支援の経過の中では，要支援者の意に沿わないことを求めなければならない局面が生じることもある。その際でも要支援者の自己決定権を重視し，支援の効果やリスクをきちんと説明して納得してもらい，同意を得て進めなければならない（インフォームド・コンセント）。

ブックガイド 金沢吉展（1998）．カウンセラー——専門家としての条件．誠信書房．

6 守秘義務

◀丹野 義彦

公認心理師が国民の信頼を得るためには高い倫理性が求められている。

中でも守秘義務は公認心理師の職業倫理としてきわめて重要な原則である。本人の了解なく，本人の秘密を他者に話したり，発表したりすることは禁じられ，罰則も設けられている。公認心理師法41条には，「公認心理師は，正当な理由がなく，その業務に関して知り得た人の秘密を漏らしてはならない。公認心理師でなくなった後においても，同様とする」とある。また，46条には「第41条の規定に違反した者は，1年以下の懲役又は30万円以下の罰金に処する」と定められている。公認心理師法において処罰規定があるのはこの守秘義務違反のみである。

1. 守秘義務の重要性

なぜ守秘義務が重要なのだろうか。それはまず，要支援者が適切な支援を受けられるようにするためである。悩みや障害というものは他人には知られたくないものであり，公認心理師に悩みを相談する場合は，そうしたプライバシーをさらけ出さなくてはならない。秘密が守られるという保証があってはじめて，要支援者は公認心理師に恥ずかしいプライバシーを打ち明けることができ，それによってはじめて安心して支援を受けることができる。医療分野の心理療法やカウンセリングにおける職業倫理についてまとめた金沢（1998）も「秘密を守る」という原則を挙げている（64ページ参照）。

また，情報が開示されると，要支援者にとって不利益が生じることもあるため，彼ら・彼女らを守るためにも守秘義務が設けられたのである。

2. タラソフ事件：守秘義務と通報義務

守秘義務は，一見すると当たり前のことのように思えるが，実際の現場は複雑であり，それほど簡単ではないことがある。例えば，要支援者が誰かを殺したいと思っていると打ち明けた場合，公認心理師が警察に届け出たりすると，守秘義務を守らなかったことになるのだろうか。このようなことが裁判で争われた事例がある。

1969年に，ボダーという男子学生が，タチアナ・タラソフという女子学生を殺害した。ボダーはカリフォルニア大学病院の精神科で治療者ローレンス・ムーアから治療を受けており，治療者にはタラソフの殺害の意思を告白していた。この治療者は，危険回避の努力はしたが，被害者のタラソフには通告して

第Ⅱ部 公認心理師の職責

- 66 -

いなかった。このためタラソフの両親は，「殺害の情報を知りながら本人や家族に危険を警告しなかった」として，治療者などを訴えた。この治療者は，ボダーの秘密を守るべきだったのか（守秘義務），それともタラソフに危険を通報すべきだったのだろうか（通報義務）。

1976年のカリフォルニア州最高裁判所の判決は，「第三者が危険にさらされるのであれば，ボダーに対する治療者の守秘義務は解除され，治療者はタラソフに対して通報義務があった」というものであった。

このように守秘義務と通報義務は相反することがあり，治療者は倫理的ディレンマにおちいる。自傷や他害など命に関わるような場合は，守秘義務は解除され，通報義務が優先されるが，判断はとても難しい。早い段階で守秘義務の制限についての理解を要支援者に求めておくことも大切であろう。こうした守秘義務と通報義務の優先順位については法律で決められているものもあり，これについては，第III部1も参照いただきたい。

3. 守秘義務と連携義務のディレンマ

公認心理師法42条には，「連携等」の義務が規定されており，「公認心理師は，その業務を行うに当たっては，その担当する者に対し，保健医療，福祉，教育等が密接な連携の下で総合的かつ適切に提供されるよう，これらを提供する者その他の関係者等との連携を保たなければならない」とされている。また，42条2項では，「公認心理師は，その業務を行うに当たって心理に関する支援を要する者に当該支援に係る主治の医師があるときは，その指示を受けなければならない」とされている。つまり，医師の指示の下で心理療法が行われている場合には，医師に対する報告義務が生じる。

守秘義務と連携の義務は相反する場合がある。例えば，要支援者に関わる専門家や関係機関と連携したりケースカンファレンスを行う場合は，要支援者の個人的情報を提供せざるをえないことがある。この場合は，チームとして問題に対処するわけで，チーム全体で守秘義務が果たされればよいので（集団守秘義務），治療者個人の守秘義務は解除されるとみなせる。

何を優先させるべきかは場合によって違うため，公認心理師はその場で難しい判断を迫られることになる。

ブックガイド 金沢吉展（1998）．カウンセラー──専門家としての条件．誠信書房．／山崎久美子・津田彰・島井哲志編（2016）．保健医療・福祉領域で働く心理職のための法律と倫理．ナカニシヤ出版．

7 情 報 共 有
多職種連携・地域連携

◀石隈 利紀

　支援を要する者の支援において，家族や隣人，医療職，福祉職，教育職などの専門家が連携することで，支援をより適切で効果的なものにできる。1人の専門家がどれだけ優れた支援を行うかではなく，支援を求める者がどのような支援を受け取れるかが問われる。公認心理師は専門家としての資質向上につとめながら，自身が行う支援の限界を意識すべきである。そして多職種連携・地域連携による支援の質を決めるのは，タイムリーで適切な情報共有である。

1. 多職種連携・地域連携と情報共有

　今日医療や教育において最良のサービスを提供するために，「チーム医療」や「チーム学校」の重要性が指摘されている。チーム医療では医師，看護師，薬剤師，理学療法士，管理栄養士，ソーシャルワーカー，心理職など，チーム学校では教師，スクールカウンセラー，スクールソーシャルワーカー，特別支援教育の専門家などがチームを構成する。どちらのチームでも，家族（保護者）は重要なチームメンバーである。チームでは，共通の目的と情報を共有し，互いの専門性で業務を協働し，医療・教育などの方針・計画を立て実践していく。公認心理師は心理学と心理支援の専門家として，チーム援助のメンバーになる。

　公認心理師は，援助の対象（要支援者やコンサルティなど）に対して守秘義務をもつ。しかし要支援者が自分を傷つけたり他者に危険を与えたりする場合，虐待が疑われる場合，その要支援者の援助に直接関わっている専門家などの間で話し合われる場合には，できるだけ要支援者の承諾が得られるようにしながら，情報の共有がなされる（金沢，1998）。公認心理師は，要支援者の情報をどの程度秘密として要支援者の間で保持すべきかどこまでチームと共有するか迷うことがある。それは，教師などへのコンサルテーションの場合も同様である。公認心理師は，チームで援助に当たる専門家として，「要支援者やコンサルティとの間の守秘義務」（秘密保持義務）（公認心理師法41条）と「援助者のチームで情報を共有する義務」（連携義務）（同法42条）との双方をもつからである。公認心理師は要支援者やコンサルティと，また組織やチームで情報の扱い方について話し合っておく必要がある。

2. 共有する情報の内容

　公認心理師は要支援者らの内面的な「悩み」（心理面）や人間関係・家族関

係（社会面）に関して直接支援すると同時に，心理社会面と相互に関係する生活面，医療・教育面に関する「困り」に関しても援助する。さらに医療や教育の活動（例：グループプロセス，チームワーク）に関して，公認心理師は心理学の専門家として援助できる。公認心理師は，要支援者の内面的な悩みや対人関係での感情に関する情報について要支援者との間で秘密を保持することが原則である。ただし要支援者の苦悩の援助はチームで行われるので，援助チームのメンバーと相談することはできる。一方要支援者の生活面，医療・教育面などに関する問題に関しては，要支援者の援助チームが共有することで適切で効果的な援助につながる。子どもの学校生活に関する状況と援助の方針や援助案を共有するために，「石隈・田村式援助チームシート」が開発されている（石隈・田村，2018）。援助チームシートは，心理社会面および学習面，進路面，健康面に関して，「いいところ」（子どもの自助資源），「気になるところ」（援助が必要なところ），「してみたこと」（援助の内容）について情報をまとめ，援助方針と援助案を立案することを目指している。シートには，推論ではなく具体的な事実を記入すること，また本人や保護者が見ても不快な気持にならないよう，文面に配慮することが重要である。

3. チーム援助のプロセス

　チームの会議は，医療分野ではチームカンファレンス，教育分野では援助（支援）チーム会議などといわれる。基本的な流れは，①問題の確認・定義，②必要な情報の収集，および情報の統合（アセスメント），③支援の目標・方針の決定と計画，④支援の実施，⑤支援の評価である。情報の共有と共同の意思決定がすべてのステップで行われる。多職種連携・地域連携のチーム会議の成功は，①異なる専門性（価値観，役割）への敬意と関心，②要支援者の援助に関連性があり，信頼性・妥当性のある情報，③率直に意見交換できるグループプロセスが鍵を握る。特に会議で使う用語が自分の専門分野特有のものである場合は説明を加えるなど多職種間のコミュニケーションの工夫が求められる。率直な意見交換では，「しかし」と相手の意見を否定するのではなく，「そして」と自分の意見を加えて議論に参加する方法が望ましい（リー，2015）。

ブックガイド 石隈利紀・田村節子（2018）．石隈・田村式援助シートによるチーム援助入門──学校心理学・実践編（新版）．図書文化社．／リー，P.，石隈利紀監訳・中田正敏訳（2015）．教師のチームワークを成功させる6つの技法──あなたから始めるコミュニケーションの工夫．誠信書房．

8 公認心理師の業務
保健医療

◀石垣 琢麿

心理的支援の要請は，現在ではすべての診療科や医療現場において高まっており，疾病の治療だけでなく予防に関する業務も急増している。公認心理師には医療と保健に関する幅広い知識と経験がこれまで以上に求められている。

1. 精 神 科

臨床心理士が働く医療・保健分野の職場は精神科（精神神経科）が圧倒的に多かったため，公認心理師も同様の傾向を示すであろうと考えられる。精神科診療が行われる医療機関には入院施設をもつものともたないものがある。入院施設をもつものには，精神科単科の病院（精神科病院）と，総合病院の中の精神科病棟という２つの場合がある。後者の例としては，大学医学部付属病院や国公立小児病院の児童精神科病棟などを挙げることができる。精神科病院には国や自治体が運営するものと医療法人が運営するものがあり，精神科病院全体において医療法人によるものの占める割合が多いことが日本の特徴である。精神科病院であっても，入院患者や外来患者のために内科，外科，歯科などが併設されている場合もある。

病院以外には診療所（クリニック）や精神保健福祉センターなどがある。診療所の場合，標榜されている診療科名は，精神科ではなく心療内科や神経科になっていることもある。精神保健福祉センターは都道府県や指定都市が設置，運営している。「精神保健及び精神障害者福祉に関する法律」（精神保健福祉法）6条に定められた精神障害者の福祉の増進を図るために設置された機関であり，精神的健康の保持・増進，精神障害の予防，精神障害者の自立と社会経済活動への参加のための支援などが幅広く行われている。

精神科における心理職の業務は多岐にわたる。まず，精神科病院の臨床は基本的にチーム医療だということを押さえておく必要がある。精神科病院では医師，看護師だけでなく，作業療法士（occupational therapist：OT），精神保健福祉士（psychiatric social worker：PSW），薬剤師，栄養士，医療事務など精神科医療に携わる多くの職種が働いており，心理職は彼らとチームを構成して，重篤な患者の治療に当たらなければならない。また，特に国公立精神科病院の心理職は，大規模災害時に災害派遣精神医療チーム（disaster psychiatric assistance team：DPAT）の一員として活躍している。外来のみの診療所でも，最近は多職種チー

ムを構成していたり，OTやPSWが主任を務めるデイケアやナイトケアを併設していたりするところが増えている。

このチーム医療において心理職は，心理面接や心理検査の実施，リスクアセスメントとマネジメントの評価，治療効果の評価，社会復帰の支援などの業務を遂行する。心理的介入やアセスメントの対象は患者本人に限らず，場合によっては患者の家族や関係者も含まれる。また，対象となる精神障害は症状も年齢も幅広いため，それぞれに応じた心理面接技法や心理検査を修得しておかねばならない。診療所では病院よりも比較的軽症の患者が多いが，求められている業務はほぼ同じである。精神保健福祉センターでは精神保健全般を扱うため，一般の精神科病院や診療所では扱わない電話相談，自殺対策（予防），ひきこもり支援なども行われており，心理職も重要な役割を担っている。

2. 身 体 科

保健医療領域の心理職の職場として，精神科以外では一般内科（生活習慣病への対応），心療内科（ストレス性内科疾患への対応），神経内科（認知症への対応），小児科，腫瘍科（がん患者への緩和ケア），産婦人科などが挙げられる。どの科においても，専門領域の身体疾患への知識がある程度必要であり，その診療科の医師や看護師などとチームを構成する点においては精神科と同じである。業務は身体疾患に関連する心理的要因のアセスメントと介入だが，特に小児科では発達的なアセスメント，子どもに有効な心理介入法，家族に対する支援などの専門的知識と経験が必要となる。

総合病院内の精神科に勤務する場合は，他科からの依頼でコンサルテーションやリエゾン（組織間連絡）業務を行う場合もある。例えば，中学生が神経性やせ症のため生命維持を脅かす程度に体重が減少している場合，まずは小児科に入院して生理機能を改善させなければならないが，その後の継続的支援のため，小児科入院中から心理職が病室を訪れて，アセスメントや介入を行うことがある。また，患者の状態や小児科病棟スタッフの対応方法について相談を受けた場合はコンサルテーション（他の専門家とともに考え，助言すること）を行うこともある。

ブックガイド 丹野義彦ほか（2015）．臨床心理学．有斐閣．pp. 312-315. ／高橋美保・下山晴彦編（2017）．臨床心理学．（太田信夫監修．シリーズ心理学と仕事8）．北大路書房．pp. 23-45.

9 公認心理師の業務
福　祉

◀細野 正人

　福祉とは，人間が人間らしい生活を営むことができることを目指すものであり，この分野においても心理学の知識や技術が大いに役に立つ。福祉心理学は，社会福祉的支援を心理学の側面から考える学問である。支援の対象は，児童，高齢者，身体障害や精神障害をもつ人など幅広い。公認心理師の仕事は，心理学的支援にとどまらず，人間らしく生きることへの支援も含まれる。

1. 福祉分野における公認心理師の業務と強み

　福祉分野における公認心理師の基本的な仕事は，要支援者の心理状態の観察及び分析，心理に関する相談・助言・指導などの支援である。その際に，多職種からなる支援チームとの協働が大切である。心理の専門家である公認心理師は，他の福祉職では見落としがちな心理的特性も配慮した支援を提案することが求められる。例えば，発達障害や精神障害など目に見えない障害をもった人を支援する際には，個人の特性を優先した上で，専門的な知識を活かし，疾患や障害の行動特性も考慮した配慮を提案することが可能となる。

2. 福祉の各領域ごとの業務

　児 童 福 祉　わが国の児童福祉の根幹となる法律である児童福祉法は，1947年に制定された。児童虐待の急増により，児童相談所では，心理職は児童心理司や心理療法担当職員として重要な役割を担うこととなっている。また1999年から社会的養護施設に心理療法担当職員が配置されるようになっており，児童福祉分野において，心理職は，虐待の防止，虐待を受けた児童のケアに関わる専門職として定着している。しかし，カウンセリングや心理療法だけでは，虐待を受けた児童のケアは困難とする意見もあり，児童虐待を受けた児童の被害の回復と育ち，自立支援のために，公認心理師にはさまざまな期待が寄せられている。

　児童福祉領域では，教師，ソーシャルワーカー，保健師などの専門職と連携し，チームサポートをしていくことが求められる。公認心理師は児童の特性を十分に理解した上で，連携することが求められる。とりわけ，特別支援教育においては，チーム学校の一員として，学校内外のさまざまな職と連携することが求められる。

　高齢者福祉　現在のわが国は，4人に1人が高齢者という高齢社会であり，

この先も高齢者は増加の一途をたどる可能性がきわめて高く，超高齢社会への適応が求められる。

　高齢者福祉分野においても，多職種連携が求められるが，その中でもとりわけ介護支援専門員（ケアマネジャー）との連携が求められる。以前は心理職の国家資格がなかったことから，高齢者福祉領域での心理職の活動は，他の領域と比較しても大きく遅れている。高齢者福祉分野の相談員というと，介護福祉士，精神保健福祉士，社会福祉士が一般的であり，それらの職種との連携も公認心理師にとって重要な課題となる。

　身体障害者福祉　身体障害者福祉分野では，生活支援員，看護師，理学療法士，作業療法士などの複数の職種との連携が求められる。公認心理師は支援を受ける利用者の気持ちを推察し，利用者の心理的負担を軽減することが求められる。

　事故や突発的な発症により，後天的に身体障害者になった場合，現実を否認し，怒りと絶望を経験する障害否認期を経て，これからの生き方を自問自答し，リハビリテーションなどの訓練に励む障害受容期へ移行する。そして，苦悩と混乱を経験し，障害の適応に至ると考えられている。他職種と連携し，現在の心理状況を共有することが求められる。

　精神保健福祉　精神障害者福祉分野では，統合失調症やうつ病などの精神障害をもつ人のための社会的援助を行う。このために精神保健福祉センターが設けられ，そこでは医師，看護師，保健師，精神保健福祉士などさまざまな職種が働いており，公認心理師は心理専門職として連携を求められる。

　また，「心神喪失等の状態で重大な他害行為を行った者の医療及び観察等に関する法律」（医療観察法）における社会復帰調整官として活躍する心理職もいる。近年は自殺やひきこもり，発達障害に関する相談も増えており，公認心理師はこれらの問題に対しても適切な助言を行うことも求められる。

ブックガイド　邑口紀子・徳丸享（2016）．精神保健福祉センターと保健所．日本心理研修センター編．公認心理師（臨床心理学臨時増刊号）．金剛出版．／袴田俊一ほか（2006）．福祉現場における臨床心理学の展開──医学モデルとライフモデルの統合をめざして：ソーシャルワークの展開．久美．／十島雍蔵編（2004）．福祉心理臨床学．ナカニシヤ出版．

10 公認心理師の業務
教　育

◀石隈　利紀

　教育分野における公認心理師は，スクールカウンセラー，教育相談所や児童発達支援センターの相談員，特別支援教育の巡回相談員，学生相談カウンセラーなどとして，心理教育的援助サービスを行う。対象となる「学校」には保育所・幼稚園，小・中・高等学校，特別支援学校，大学などが含まれる（保育所は法的には福祉施設に該当）。公認心理師は，1人ひとりの児童生徒等（以下，生徒）の「学校生活の質」（quality of school life: QSL）の維持向上を目指す。公認心理師は公認心理師法2条各号で示されている4つの行為（アセスメント，心理支援，関係者支援，心の健康教育）を通して「チーム学校」に貢献する。

1. 心理教育的アセスメント

　公認心理師は，「支援を要する者の心理状態を観察し，その結果を分析する」（2条1号）。心理教育的アセスメントは，援助の対象となる生徒が課題に取り組む上で出会う問題や危機の状況についての情報収集と分析を通して，心理教育的援助サービスの方針や計画を立てるための資料を提供するプロセスである。アセスメントでは生徒の心理・社会面及びそれに密接に関係する学校生活（学習面，進路面，健康面）をトータルに理解することが求められ，生徒（個人），環境，生徒と環境の相互作用に焦点が当たる。生徒の「援助ニーズ」の把握，「自助資源と援助資源」の発見と活用が鍵を握る。アセスメントの方法としては，授業中や休憩時間の観察，面接，学校等での生徒に関する資料，心理検査などがある。生徒の発達の程度やその生徒の得意な学習様式（強み）の理解のためには，WISC-Ⅳ や KABC-Ⅱ などの知能検査がよく使われる。

2. 心 理 支 援

　公認心理師は，「支援を要する者に対し，その心理に関する相談に応じ，助言，指導その他の援助を行う」（2条2号）。教育分野における心理支援は，生徒に対する直接的な援助である。心理支援のテーマには，自己理解や人間関係，学業や進路における困りや悩みなど，発達や学校生活に広く関わる。スクールカウンセラーらによる個別の面接は，岐路に立つ生徒が今の自分を振り返り明日に向かう時間となる。また発達障害のある生徒には，学習生活の失敗という心理的危機への対応やその生徒の得意な学習様式の発見を通して学習意欲を高める援助を行う。支援の場は，相談室だけでなく，「学級の荒れ」への対応，

不登校の生徒の家庭訪問など多様である。さらに自然災害やいじめ事案など学校安全を脅かす状況では，公認心理師は生徒の心の危機に関わり支援する。

3. 関係者支援（コンサルテーションなど）

公認心理師は，「支援を要する者の関係者に対し，その相談に応じ，助言，指導その他の援助を行う」（2条3号）。教育における公認心理師にとって，支援を要する者（生徒）の関係者とは，保護者，教師，友人であり，そして福祉職（school social worker：SSW など），医療職（医師・看護師など）などである。心理学の専門性に基づき，不登校やいじめなど，生徒の心理的な課題や関連する教育的な課題に関して，保護者や教師に助言を行うこと（コンサルテーション）は公認心理師にとって中核の業務である。援助のコーディネーションを行う校内委員会への出席は，関係者支援の重要な場面となる。そして公認心理師と教師，医療職，福祉職との多職種連携において，互いがそれぞれの専門性に基づいて助言し合うプロセスは，相互コンサルテーションといえる。また保護者を「自分の子どもの専門家」とするならば，保護者とのパートナーシップも相互コンサルテーションになる（石隈，1999）。

4. 心の健康教育

公認心理師は，「心の健康に関する知識の普及を図るための教育及び情報の提供を行う」（2条4号）。公認心理師の行為として予防・開発的な心理教育が明記されたことは，公認心理師の社会的な貢献を長期的に支える根拠となる。心身の健康とは，個人のもつ心身の機能が十分に発揮され，活力がみなぎっている状態であろう。「心の健康」は，①現実認識の的確さ，②自尊感情，③セルフコントロール，④親和的関係の形成，⑤生産性などで説明できる。学校における心の健康教育は，すべての生徒の発達を促進し社会と関わる能力を育てる「生徒指導」と関わる。具体的な心の健康教育の内容には，ストレス対処，ソーシャルスキル，キャリア支援から，自殺予防などまでが含まれる。公認心理師は，心理学の最新の知識と心の健康の回復を支援する経験から学び続けながら，心の健康教育の企画・実施・評価に積極的に関わることが求められる。

公認心理師は「チーム学校」の担い手として，生徒を支え，教師や保護者，学校組織を支える。そして学校・家庭・地域の連携のキーパーソンとなる。

ブックガイド 石隈利紀（1999）．学校心理学——教師・スクールカウンセラー・保護者のチームによる心理教育的援助サービス．誠信書房．／無藤隆・森敏昭・遠藤由美・玉瀬耕治（2018）．心理学（新版）．有斐閣．

11 公認心理師の業務
司法・犯罪

◀藤岡 淳子

　司法・犯罪心理学分野の公認心理師の業務は，主として成人に対しての刑事司法制度ならびに少年に対しての少年司法制度の枠組みの下で行われる。また司法制度とは異なる枠組みではあるが，実際には児童福祉制度との関わりも深い。関連する法令を理解・遵守するとともに，制度の概要を理解し，関連する他の職種や他機関と連携しつつ業務を進める必要がある。

1. 司法領域で働く公認心理師に求められること

　右図に示したように司法分野では，個人の福利と社会の安全の一見矛盾する目標があり，対象者の年齢が低ければ，本人のニーズとケア，環境改善がより重視され，年齢が高くなればより本人の責任と社会の安全が強調される。とはいうものの，近年，司法制度改革の流れの中で，再犯防止を中核とする犯罪行動変化を目指す動きが広がりつつある。心理職の職責としては，個人の回復と社会の安全を進めるためのアセスメントと治療的関わりを進めることが重要である。

　非行・犯罪行動は，環境あるいは集団における個人の行動であり，それを扱う心理職は，個人の内界の理解はもちろんのこと，それにとどまらず，家族など周囲の人間関係や環境への働きかけ，そしてより大きな社会集団の中での適応を支援する手法を修得している必要がある。公的機関において活動する司法関係の心理職は，各機関の採用試験に合格することが前提であることが多い。

2. 司法手続の流れから見た公認心理師の業務

　司法手続は，①捜査→②裁判→③矯正・保護の流れで行われる。

　①捜　査　捜査とは，捜査機関（警察・検察）において，犯罪が発生したと思われる際に，犯人及び証拠を発見，収集し，保全する手続で，十分な証拠があり，公判を維持できると判断すれば犯人と目される者を起訴する。心理職は，科学警察研究所において，プロファイリングなど科学捜査の一端を担っている。また，犯罪予防も警察の責務であり，各都道府県警察の下にある少年サポートセンターなどで，非行予防のための相談にも応じている。

　②裁　判　起訴された犯罪は，裁判所において判定を下すことになる。犯人と目される者が未成年の場合，すべての事件は家庭裁判所に送られる。その際，家庭裁判所調査官は，少年及びその保護者に面接し，非行に至った動機，生育

	（児童）福祉	少年司法	刑事司法
対応機関	児童相談所 児童自立支援施設 地方行政機関	家庭裁判所 法務省 （少年鑑別所・少年院・ 保護観察所）	裁判所 法務省 （拘置所・刑務所・ 保護観察所）
主な法律	児童福祉法	少年法・少年鑑別所法 少年院法	刑事訴訟法　刑事施 設法　更生保護法
専門家	児童福祉職 （福祉，心理）	少年司法職 （心理，教育）	法律職・行政職 （心理，教育）
目　標	本人の福利	本人の福利と社会の安全	社会の安全
犯罪行動理解	環境の問題 本人の課題	本人の課題 環境の問題	本人の責任
介入の目的	環境改善とケア	矯正教育	適正手続と処罰 矯正教育・更生保護
焦　点	個人のニーズ	個人の権利とニーズ	個人の権利と 秩序・規律維持
アセスメント	発達検査 養育環境	個人の特徴 非行機制と介入プラン	犯罪事実

図　非行・犯罪行動への制度的対応

歴，生活環境などの調査を行い，裁判官が判定を下すための判断材料を提供する。家庭裁判所には，夫婦や親族間の争いなど家庭に関する問題を家事審判や家事調停によって解決する家事部もある。家事部，少年部ともに，法律的な解決のみならず，事件の背後にある人間関係や環境を考慮した解決が求められる。

　少年鑑別所は法務省所管の機関であるが，審判前手続の1つとして，観護措置により収容保護された少年に心理職が面接し，心理検査を実施して，少年の精神状況，問題点とその分析，処遇方針などについて鑑別結果通知書にまとめ裁判官に提出する。審判の結果，少年院送致となれば，少年院に向けて処遇方針を記した書類を作成して申し送る。

　③矯正・保護　裁判の結果，少年であれば少年院，成人であれば刑務所に収容された場合，そこで社会復帰を目指して矯正教育が実施される。心理職は，入所時に所内の処遇や仮釈放に向けての調査を実施し，書類を作成する業務に就くことが多い。さらに，非行・犯罪行動変化のためのグループ指導が推進されるようになり，調査だけではなく，教育にも関わることが期待されるようになっている。

　更生保護は，社会内で働きかけをして更生させ，社会を防衛する営みをさす。仮釈放制度，保護観察，更生緊急保護，恩赦制度などを主な内容とする。主な担い手は保護司と社会福祉士である。

12 公認心理師の業務
産業・労働

◀金井 篤子

　産業・労働分野における公認心理師の業務とは，人が「働く」ことに関連した心理学的支援である。ただし，「働く」ことは人生＝「人が生きる」ことと大きく重なっている点に留意が必要である。すなわち，働くすべての人を対象とし，働くことは生きることを背景として営まれていることを意識しつつ，人が働くことに伴うさまざまな思いを整理し，自分自身の働く意味を見出すことを支援することにより，人が働くことを支えていこうとするものである。

1. 社会経済情勢や会社，職場の影響

　産業・労働分野における公認心理師の業務の特徴として，産業・労働分野で生じるさまざまな心理的問題には他の分野にも増して，社会経済情勢の影響を受けることに留意が必要である。これを考えるには，①問題の所在と②現実原則の2つの視点が重要である。

　まず，問題の所在については，今個人の問題として出現している問題は，図に示すように，実は組織や社会の問題でもあるという理解が重要である。個人の問題に密接に関連する社会的問題（社会のダイナミックス）としては，経済的環境，雇用情勢，技術の陳腐化，ジェンダー，差別・偏見・ステレオタイプなどが挙げられる。また，個人の問題に密接に関連する会社，職場の問題（組織のダイナミックス）としては，トップマネジメント，リーダーシップ，職場の人間関係，職場風土，職務設計，評価・人事制度，リスクマネジメントなどが挙げられる。これらのことから，産業・労働分野に関わる場合，これらの知見に通じ，一定の認識を備えていることは重要といえる。

　ところで，これらの組織や社会の問題は「現実原則」，すなわち，現実の制約として働くことが多い。例えば，人手が足りず，過大な仕事を抱えている場合，現実的に人手が増やせないとなれば，これが現実の制約であり，この現実原則の中で問題

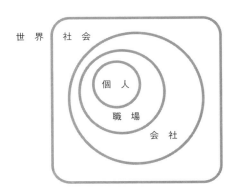

図　個人と環境との関係

解決を図る必要性がある。しかし，変えられる現実の可能性も無視できず，どこで現実を制約として線引きするかについての意思決定も支援のテーマの1つとなろう。

2. 産業・労働分野における公認心理師の具体的な業務

産業・労働分野では，従来からメンタルヘルスの問題を未然に防止するための一次予防，メンタルヘルス上の問題を早期に発見し，対応するための二次予防，メンタルヘルス疾患からのスムーズな復職を支援する三次予防の3段階でのアプローチがなされてきている。近年では，特に一次予防に力を入れており，2015年から開始されたストレスチェック制度はその代表的な施策の1つである。ストレスチェック制度とは，改正労働安全衛生法（2014年公布）により，従業員数50人以上の事業場において全労働者を対象に行う心理的な負担の程度を把握するための検査（ストレスチェック）と，検査結果に基づく医師による面接指導の実施などを事業者に義務づけた制度である。また，厚生労働省は職場のメンタルヘルスを促進するため，労働者自身のセルフケア，職場等のラインによるケア，事業場内産業保健スタッフ等によるケア，事業場外資源によるケアの4つのケアを推奨している（厚生労働省「労働者の心の健康の保持増進のための指針」2006）。

このうち公認心理師の業務としては，2017年に提出された公認心理師カリキュラム等検討会の報告書において，産業・労働分野において公認心理師に求められるものの例として，「労働者に対する相談援助や研修等を行う。また，メンタルヘルス対策の活動を行うことで労働環境の改善や労働者のパフォーマンスの向上に役立てる」ことが挙げられている。

加えて，昨今ブラック企業などの問題が取りざたされているように，働く環境がメンタルヘルスの問題を生じさせていることは無視できない。個人のキャリアのニーズと組織のニーズの調和，ディーセント・ワーク（decent work，働きがいのある人間らしい仕事）など，改めて働くとは何かを考え，それにふさわしい環境を整えることが重要である。産業・労働分野の公認心理師の業務としては，上述の一次・二次・三次予防と同時に，ゼロ次予防として，職場・会社の環境づくりが期待される。これには，産業・組織心理学の知見が有効であり，臨床的アプローチとともに，組織にアプローチすることを試みたい。

ブックガイド 金井篤子編（2016）．産業心理臨床実践（森田美弥子・松本真理子・金井篤子監修．心の専門家養成講座 8）．ナカニシヤ出版．

13 問題解決能力と生涯学習

◀子安 増生

　公認心理師になるためには，大学で25科目の必修科目を修得し，大学院で同じく10科目を修得するか，所定の実務経験を2年以上積んで受験資格を得て，国家試験に合格することが求められる。公認心理師資格が必要な職務に就いてからも，「知識及び技能の向上に努めなければならない」とされる。ここでは，学生時代から生涯にわたる学びをどのように進めていけばよいかを考える。

1．大学・大学院等における学び

公認心理師法の7条などにより受験資格を得る道が3つ示されている。

① 　学部卒業及び大学院修了コース：心理学その他必要な科目を学部では25科目を修めて卒業し，大学院では10科目を修めて修了するもの。

② 　学部卒業及び実務経験コース：心理学その他必要な科目を学部で25科目修めて卒業し，文部科学省令・厚生労働省令で定める施設において，所定のプログラムに則って業務を2年以上（標準的には3年）経験するもの。

③ 　上記の学部卒業にかえて，修業年限4年以上の専修学校の専門課程で必要な25科目を修めて卒業し，大学院修了（上記①に準ずる）または2年以上の実務経験（上記②に準ずる）を経たもの。

　なお，学部科目のうち「心理実習」では医療機関（病院または診療所）を含む施設での80時間以上の実習，大学院科目のうち「心理実践実習」では270時間以上（医療機関を含む3分野以上の学外施設で90時間以上）の実習を受けなければならない。各分野の現場で行われる実習は，問題解決能力の形成に特に重要な科目である。

2．国家試験における学び

　公認心理師法の第2章「試験」において，国家試験の枠組みが定められている。試験は，一般財団法人日本心理研修センターが指定試験機関に指定され，年1回試験が行われる。

　試験は，「公認心理師として必要な知識及び技能について行う」（公認心理師法5条）ものであり，大学・大学院で学ぶ科目が出題範囲になるのではなく，国家試験の妥当な範囲と適切なレベルを項目によって整理した「出題基準」，および，出題基準の各項目の出題割合を示した「ブループリント」が公表され，それが準拠する基準となる。

国家試験の実施方法は，全問マークシート方式であり，1日で実施可能な範囲（300分程度以内）で150〜200問程度が出題される（平成30年度第1回試験は240分，154問で行われた）。公認心理師としての基本的姿勢を含む基本的能力を主題とする問題と，それ以外の問題が設けられる。特に，ケース問題を可能な限り多く出題する方針が示されている。試験時間は，1問当たり1分（ケース問題については同3分）が目安とされる。問題全体の正答率は60％程度以上を基準として作成される。ただし，これは試験の合格率（受験者全体に対する合格者の割合）ではないことに留意したい。

心理学関係のマークシート方式の試験として，一般社団法人日本心理学諸学会連合の心理学検定局が実施している「心理学検定」がある。心理学検定の出題範囲の10科目は国家試験の出題内容との重なりが多く，受験の年齢制限などはないので，心理学の知識に関する学びの確認には適している。心理学検定はこれまで年1回8月に実施されている。また，公認心理師法では「知識と技能」を試験することになっているが，厳密な意味での技能試験は行われない。それを補うのが「ケース問題」であり，ここで問題解決能力が測られる。

3. 生涯にわたる学び

公認心理師法の43条に「公認心理師は，国民の心の健康を取り巻く環境の変化による業務の内容の変化に適応するため，第2条各号に掲げる行為に関する知識及び技能の向上に努めなければならない」とある。この「第2条各号」とは，具体的には59ページで挙げた①〜④の行為のことであり，公認心理師の関係団体や関係学会などでの活動を通じて知識と技能を深め，自ら課題を発見し解決する能力を高めていくことが求められる。

公認心理師は業務独占資格ではないので，公認心理師以外の者が心理的支援の活動を行うことは，「公認心理師」を詐称しない限り，問題とならない。心理師が国家資格の上であぐらをかいていると，国民からの信頼を失ってしまう。「知識及び技能の向上」が必要となるゆえんである。

上記の43条は，「国民の心の健康を取り巻く環境の変化」という長期の課題に対応できる能力を求めている。これは，まさに生涯にわたる課題であり，公認心理師資格を得てそれが有効な専門職に就いてからも，リカレント教育を含むキャリアアップの機会を念頭に置く必要がある。

ブックガイド 日本心理学諸学会連合心理学検定局編（2015）．心理学検定 基本キーワード（改訂版）．実務教育出版．／子安増生編（2016）．心理学．勁草書房．

column 1
コラム 1　国家資格の中の公認心理師

子安 増生

▶国家資格とは

　国家資格（national certification）とは，国の法律に基づいて定められた資格であり，当該分野における個人の知識・技能が特定の職業に従事する資格を証明するものをいう。例えば，医師は医師法，薬剤師は薬剤師法，弁護士は弁護士法，公認会計士は公認会計士法において，それぞれの職務の使命と職務，懲戒などが規定されている。同様に，公認心理師は公認心理師法によって規定された国家資格であり，この法律の内容を熟知する必要がある。

▶欠格条項から見た公認心理師

　60 ページ「3 公認心理師の法的義務」のところで欠格事由についてふれた。公認心理師法 3 条 2 号は，「禁錮以上の刑に処せられ，その執行を終わり，又は執行を受けることがなくなった日から起算して 2 年を経過しない者」を欠格と規定している。どのような法令違反であれ，禁錮以上の刑に処せられた場合は欠格となるが，その欠格期間は国家資格ごとに異なり，次のようになっている。

　欠格期間 2 年：介護福祉士，社会福祉士，精神保健福祉士，保育士，技術士

　欠格期間 3 年：公認会計士，社会保険労務士，司法書士，行政書士

　欠格期間 5 年：建築士（1 級，2 級，木造），宅地建物取引士

　欠格になるが欠格期間の規定なし：弁護士，弁理士，教育職員免許状

　なお，公認会計士は，公認会計士法や金融商品取引法違反（禁錮刑）の場合，欠格期間は 3 年よりもさらに厳しい 5 年となる。

　医師，保健師，助産師，看護師，薬剤師などについては，罰金以上の刑に処せられた者には「免許を与えないことがある」という「相対的欠格事由」が規定されている。

　公認心理師は欠格期間 2 年という点では，上記のように福祉系の国家資格と同様の欠格条項となっているが，それぞれの資格において，特定の法律等に違反した場合は罰金刑でも欠格となる期間が定められており，公認心理法では 3 条 3 号に「この法律の規定その他保健医療，福祉又は教育に関する法律の規定であって政令で定めるものにより，罰金の刑に処せられ，その執行を終わり，又は執行を受けることがなくなった日から起算して 2 年を経過しない者」も欠格となると規定されている。このように，国家資格ごとの特徴を知っておくことも重要である。

第Ⅲ部　関係行政論

1 法と制度を学ぶ意味

◀中川 利彦

1. 公認心理師と法

多くの人にとって法律は難しく，取っ付きにくいもので，法律の条文を見ても一体どういう意味なのかわからない，そもそも，どの法律のどの条文が適用されるのかがわからない，と思っているのではないだろうか。その難解な（？）法と制度を，なぜ，心の専門家である公認心理師が学ばなければならないのだろうか（「法」と「法律」の違いなどについては次章で述べる）。

私たちの日常生活の大部分には法が関わっている。むしろ，法と無関係なことの方が少ない。例えば，あなたが学校や職場へ行くため，家から一歩道路に出れば歩行者であっても道路交通法が適用されるし，もし外出したついでに，指定された場所ではない所にごみ出しをすると，「廃棄物の処理及び清掃に関する法律」違反で処罰の対象になる可能性がある。またコンビニで買い物をするのは売買契約であり民法が適用される，という具合である。

法は，私たちのさまざまな生活関係に関して，個人や団体，あるいは行政機関などが守らなければならない一定のルールを定めたものであり，拘束力をもつことが多い。「拘束力をもつ」ということは，相手に対しそのルールに従うように要求できるということであり，もしこれに反した場合には，単に「法律に違反している」として非難を受けるだけではなく，損害賠償を支払わなければならないこともある。また，法律に違反した場合に刑事罰を科される場合もあることは，誰もが知っているだろう。そして時には，法に定められた内容が強制的に実行されることもある（児童虐待がある場合の児童相談所による子どもの一時保護など）。

さまざまな法があるおかげで私たちは安心・安全な日常生活をおくることができ，トラブルの発生を未然に防いでくれているのである。もし万一トラブルになった場合は，誰でも裁判や調停など法による紛争解決の手続を利用することができ，そこでも法の根拠に基づき，適正な解決がなされる仕組みができている。

当然ながら，公認心理師の活動にも法が関係している。公認心理師がその活動の中で，要支援者とトラブルになる場合もありうるし，時には第三者との間の法的トラブルに巻き込まれることもありうる。実際に，裁判でカウンセラー

が損害賠償を命じられた例もある（名古屋地方裁判所 2002 年 11 月 29 日判決は，夫の DV〔ドメスティック・バイオレンス〕などが原因で夫のもとに子どもを残して別居中の妻から相談を受けていたカウンセラー X が，夫から訴えられたケースである。妻が子どもの通っている小学校と保育園に行き強引に子どもを連れだす際，X が妻から頼まれて同行し，その手助けをしたという理由で，裁判所は X に対し，夫への損害賠償金の支払いを命じた）。

以下では，公認心理師が法と制度を学ぶ意味，その必要性と有用性について説明する。

2. 法を知ることは公認心理師としての活動のスタンダードをもつことである

法は，公認心理師の行う臨床活動の 1 つの基準（スタンダード）を指し示すものであり，常に意識しておく必要がある。以下の事例をもとに順に説明しよう。

① **法は，公認心理師が守るべき義務や行動の優先順位を定めている**

> スクールカウンセラー X が，最近不登校気味の生徒 C の母親 A から相談を聴いている際，「秘密は絶対守ってください」と念押しされた上で，A の夫 B から A と C に対する身体的暴力と暴言があるとの話を詳しく聴いた。X のとるべき対応は以下のいずれであろうか。
> a）A の了解を得なくても児童虐待として通告しなければならない。
> b）通告する義務はないが，通告した場合でも守秘義務違反にはならない。
> c）公認心理師法 41 条による守秘義務があるから，A の同意なく通告することはできない。

正解は，a）である。「児童虐待の防止等に関する法律」（児童虐待防止法）は，児童虐待を受けたと思われる児童を発見した者は，速やかに，市町村か福祉事務所もしくは児童相談所に「通告しなければならない」と定めている（6条 1 項）。したがって，児童虐待であるという確証がなくとも，児童虐待が行われているという話を聴いた以上，X には市町村等への通告義務がある（ただし，X としてはまず学校長に報告し，学校長から通告することになろう）。

そして，児童虐待防止法 6 条 3 項では，児童虐待の通告義務が他の法律の守秘義務規定より優先すると定めているから，通告しても，X は守秘義務違反にはならない。

なお仮に後日，児童虐待はなかったことが判明しても，通告した X が責任

を問われることはない。

　ところが，DVについては，法律で「配偶者からの暴力……を受けている者を発見した者は，……配偶者暴力相談支援センター又は警察官に通報するよう努めなければならない」と定められており，必ず通報しなければならないとはなっていない（「配偶者からの暴力の防止及び被害者の保護等に関する法律」〔DV防止法〕6条1項）。このような，「努めなければならない」という規定を「努力義務」という。この場合，通報義務はないが通報するよう努力する義務があるということになる。

　そして，児童虐待防止法と同じく，守秘義務より通報義務が優先するという規定があるので，通報した場合でも守秘義務違反にはならない。つまりDVの場合はb）が正解になる。

　同じ家庭内での虐待であっても，高齢者虐待について法律は，「高齢者の生命又は身体に重大な危険が生じている場合」には市町村への通報義務を課しているが，それ以外の場合は通報努力義務にとどめている（「高齢者虐待の防止，高齢者の養護者に対する支援等に関する法律」7条1項・2項）。そしていずれの場合も通報することは守秘義務違反にならない（同条3項）。

　以上を見比べると，家庭内での暴力・虐待という問題に関し，法が，児童虐待と高齢者虐待とDVの間に，あえて対応に差異を設けていることがわかる。

　ところで，もし事例の相談内容がCの非行であった場合はどうであろうか。少年法6条1項は，非行少年を発見した者の家庭裁判所への通告義務を規定している。しかし守秘義務よりも通告義務が優先するという趣旨の規定は置かれていない。したがって少年法上の通告義務よりも公認心理師法上の守秘義務が優先する（なお，児童福祉法25条には，犯罪少年を含め要保護児童を発見した場合の通告義務が規定されているが，保護者から子どもの非行について相談を受けただけでは要保護児童に該当するとはいえない）。

　このように，法には，公認心理師が必ず守るべき義務や行動の優先順位を定めている場合があるから，当然，法の定めに従った対応をとらなければならない。

　② 法と制度を知ることで，関係機関につなぐなど適切な支援ができる　公認心理師が支援を行う対象者が抱えているさまざまな悩みや問題の多くも何らかの法に関係している。公認心理師が，細かな法律の内容までは知らなくても，要支援者の抱えている問題に関係する法や制度を知っていることで，適切な助

言を行い要支援者に適した行政サービスを提供してくれる関係機関にうまくつなげることができる。

先の事例では，児童虐待の通告があった場合に，市町村や児童相談所が親と子どもに対しどのような対応をとるのかを知っておくことは，XがAとCに的確な支援を行う上で必要かつ重要である。また，XがDV防止法を知っていれば，「配偶者暴力相談支援センター」に相談することで，Aが子どもを連れて避難できる一時保護所を利用できることや「保護命令」という制度があることなどをAに伝えることができる。

さらに，弁護士の無料相談や弁護士費用の立替えをしてくれる「法テラス」（正式名称「日本司法支援センター」：97ページも参照）のことを知っていれば，Aに，弁護士費用を心配せず弁護士に相談するよう勧めることができる。

このように公認心理師による心のサポートだけでは解決しない問題などについて，法と制度を知ることで，その後の関係機関の動きや手続などの見通しをつけることができるし，ケースによっては他の制度をうまく利用し，公認心理師が他の機関と連携することで，より適切な支援を行うことができる。

③　**公認心理師は，法と制度の枠組みの中で活動しなければならない**　公認心理師は公認心理師法によって認められた資格であるが，公認心理師が活動する各分野・職場もそれぞれの法律によって認められた制度や施設であり，法の定めたルールに基づいて運用・運営されている。そこで活動する専門職の多くも，公認心理師と同様，法律に基づく資格である。

医療であれば，医師による医行為も病院や診療所という施設も，医療法や医師法など数多くの法律によって認められたものである。医療法には，医療の目的，医療従事者の責務など医療従事者が理解しておくべき基本的な事項や行政による指導や監査などさまざまな事項が定められている。当然ながら，医療現場で働く公認心理師も，医療現場に関わる法律の枠組みの中で活動しなければならない。例えば，医療法ではインフォームド・コンセントについて，「医療の担い手は，医療を提供するに当たり，適切な説明を行い，医療を受ける者の理解を得るよう努めなければならない」（医療法1条の4第2項）と定めているが，これは医療現場で働く公認心理師も守るべきルールである。

公認心理師がそれぞれの分野・職場で自らの職務を適切に行い，そこで働く他の職種の人びととスムーズな連携を行うためには，その分野・職場ではどのような法が関係しているのか，それらの法が定めている制度や施設の目的・役

表　職場や雇用主との法律上の関係

a	労働契約 （雇用契約）	医療法人，社会福祉法人および企業など（以下，民間企業等）の常勤あるいは非常勤職員（従業員）となる場合
b	業務委託契約	民間企業等の従業員にならず，公認心理師と民間企業等との契約により，決められた場所等で活動する場合（産業カウンセラーや私立学校のスクールカウンセラーなど）
c	一般職の公務員	国や地方自治体（公立病院を含む）の常勤職員となる場合
d	特別職の非常勤職員 （地方公務員）	教育委員会から公立学校のスクールカウンセラーとして派遣される場合など

割，法による制約などをあらかじめ知っておく必要がある。

　もう１つ，公認心理師が押えておくべき重要な点は，自分自身と自分の勤務先・職場との法律上の関係である。大きく分けると表のような形態がある。

　詳細な説明は省略するが，公認心理師としての仕事は同じでも，働く職場，自分の依頼者あるいは雇用主との法律関係の違いによって，公認心理師の立場や待遇に違いが出てくる。例えば上掲の表をみると，ａの場合は従業員＝労働者なので，労働時間や身分保障に関し労働基準法や労働契約法が適用されるが，ｂの場合は公認心理師と契約の相手方である民間企業等や私立学校などとは対等な契約関係なので，活動時間，受けとる委託料等仕事の条件は，原則として業務委託契約で定めた内容に従うことになる。

　④　法律の目的や基本理念を知ることで，間違った判断を防ぐことができる

公認心理師が活動する各分野において基本となる法律には，その法律の「目的」や「基本理念」などを定めてある場合が多い。例えば，医療法は１条に医療法という法律の目的を定め，１条の２には医療の基本理念を定めている。また児童福祉法では１条に「児童福祉を保障するための原理」（基本理念）を定めており，３条では，この基本原理を児童に関する他の法令でも常に尊重しなければならない，と定めている。

　公認心理師が，具体的なケースでどのような対応をとるべきかの判断に迷ったとき，関係する法律に立ち返り，その法律の目的や基本理念を自らの指針とすることによって，法の考え方に反する間違った判断をすることを防ぐことができるし，公認心理師自身の価値観や考え方の違いによる対応のばらつきを防ぐことができる。

　例えば，判断能力が不十分な人への支援に関しては「成年後見制度の利用の促進に関する法律」がある。この法律の３条１項には基本理念として，判断能

力が不十分な人（成年被後見人等）の尊厳にふさわしい生活の保障や本人の自発的意思が尊重されるべきことなどが記載されている。したがって，医療や社会福祉の現場で，認知症や精神上の障害などにより判断能力の不十分な人に公認心理師などが対応する場合も，判断能力が不十分だからといって家族や支援者が本人の意思を考慮せず支援内容などを決定するのではなく，できる限り本人の意思決定を支援し（意思決定支援），本人の自発的意思を尊重する（自己決定権の尊重）ことが重要なのである。逆に，児童虐待への対応など児童福祉に関しては，子どもの意思は年齢相応に尊重されるが，むしろ客観的に子どもの福祉を図ることが重視される。

⑤　**公認心理師自身がトラブルに巻き込まれることを防ぐ**　上記①〜④といわば表裏の関係にあるが，公認心理師が法律の定めるルールに従い行動し，要支援者に適した関係機関や制度を紹介するなど，支援のために法を適切に利用し，法を指針として支援活動をしていれば，要支援者やその家族など第三者から非難されたり，責任を問われるなど，トラブルに巻き込まれることは少なくなる。

もし仮にトラブルが生じ，なぜそのような対応をとったのか，と聞かれても，自信をもって法律に根拠がある，と説明できるであろう。

以上①〜⑤に述べたように，公認心理師にとって法は，適切な支援活動，臨床活動を行うための重要な基準（スタンダード）となるのである。この基準をしっかりと押さえた上で，各自が，それぞれの分野において，自分の経験や技量に基づいて，それぞれの要支援者にふさわしいと考える支援活動を行うことが望ましいといえよう。

3. 公認心理師と要支援者との関係

前項で公認心理師と依頼者あるいは雇用主との法律関係について述べたので，ここでは，公認心理師と要支援者との法律関係について簡単にふれておく。

公認心理師のXが自分でカウンセリングルームを開設し，カウンセリングを希望するAのカウンセリングを行う場合，XとAは「カウンセリングを1時間〇〇円で行う」というカウンセリング契約を結んでいることになる。

「契約」とは，当事者間の合意・約束であり，相手に対する拘束力をもつもののことである。契約をした当事者は，自分の合意・約束に従う義務を負うのである。先に，「法は，守らなければならない一定のルールを定めたものであり，拘束力をもつことが多い」と述べたが，当事者間の合意・約束＝契約も，拘束力をもつと解されており，民法などの法律も，このことを前提として作ら

れている。

　例えば，コンビニでおにぎりを100円で買う場合，コンビニと客とは，おにぎり1個を「100円で売る」「100円で買う」という売買契約を結んでいることになる（「契約を締結した」とか「契約が成立した」という）。客は100円を支払う義務を負い，自分が買ったおにぎり1個を受け取る権利がある（コンビニ側は，その逆である）。

　「権利」とは法的に相手に請求することができる，相手はそれに従う義務を負うということを意味し，相手がそれに従わない場合には裁判に訴えることもできるということである。

　上記の例でわかるように，契約を締結するために，必ず契約書などの書面が必要だというわけではない（法律の中には「書面を作成しなければならない」と書いてある場合もあるが，例は少ない）。当事者双方が口頭で合意すれば契約は成立する。ただし，合意・約束した内容がどのようなものであったか，後日に争いになると困るので，重要な契約や高額な契約，長期間の契約などについては契約書を作成するのが通常である。

　カウンセリング契約を結んだ公認心理師のXは，Aに対しカウンセリングを行う義務を負い，カウンセリング料金をAに請求する権利をもつ。カウンセリング料金がいくらか，前払いか後払いか，また1回限りか複数回続けて行うかなどは，XとAの契約においてXとAがどのように合意・約束したかによって決まることである。

　では，私立病院に勤めている公認心理師のXが，医師の指示により，患者Aのカウンセリングを行う場合はどうか。この場合，XとAとはカウンセリング契約を締結するのではない。Aは病院との間で病気の治療に関する診療契約を結んでいるのであり，その診療契約の一環として，Xは，他のスタッフがAに関わるのと同様に，公認心理師としてAのカウンセリングをしていることになる。公立学校のスクールカウンセラーXが，生徒Cや母親Aのカウンセリングを行う場合も同様で，XがAやCとカウンセリング契約を締結しているわけではなく，（広い意味での）学校教育の一環として，Xがカウンセリングをしていることになる。

　したがってAやCが，直接Xに対し，カウンセリングをするよう請求する権利をもつわけではない。88ページの表のa〜dの場合はいずれもこれと同様に考えることができよう。

ブックガイド 金子和夫監修，津川律子・元永拓郎編（2016）．心の専門家が出会う法律──臨床実践のために（新版）．誠信書房．／出口治男監修〈心理臨床と法〉研究会編（2009）．カウンセラーのための法律相談──心理援助をささえる実践的Q&A．新曜社．

1

法と制度を学ぶ意味

2 法律の基礎

◀中川 利彦

1. 法 の 体 系

憲法と法律　前章でも述べた通り，「法」とは，私たち（個人，団体そして国を含む行政機関も）が守らなければならない一定のルールを定めたものであり，もし紛争が起き，裁判になれば，裁判所は紛争を解決するため法に基づいて，判決，審判，決定，命令などの形式で裁判所の判断を示す。

法にはいくつかの類型があり，図1に示すように，効力についての上下関係（どちらの効力が強いか）が決まっている。

日本では，法の中で最も強い効力をもっているのが日本国憲法である。憲法は国の最高法規であり，憲法に反する法は無効とされている（憲法98条1項）。

「法律」は「法」の一類型であり，国会の議決により制定されたものだけをさす（憲法41条，59条）。多くの場合，「○○法」とか「○○に関する法律」という名称がつけられる。法律の名称には「民法」「刑法」など短くてわかりやすいものもあるが，「配偶者からの暴力の防止及び被害者の保護等に関する法律」とか「雇用の分野における男女の均等な機会及び待遇の確保等に関する法律」のように長い名称のものもあり，「DV防止法」や「男女雇用機会均等法」などのように略称が使われることが多い（前章で引用した「児童虐待防止法」も同様である）。

法律の名称と最新の条文全文は，インターネットで「電子政府」と入力すれば出てくる法令検索サイト（http://www.e-gov.go.jp/；総務省が運営する行政情報ポータルサイト）を利用して検索することができる（以下に述べる政令や省令なども検索できる）。

国民の権利を制限したり義務を課したりするには，原則として「法律」の定めが必要である（これを「法治主義」という）。

条　約　条約とは国家間の合意，国際的な取り決めのことである。「児童の権利に関する条約」（子どもの権利条約），「障害者の権利に関する条約」などがある。内閣が締結し，国会が承認（「批准」という）することによって日本国内で効力が生じる。

図1　法の体系

最高法規である憲法が条約に優先し，条約は法律に優先すると解されている。日本では条約と法律が矛盾しないよう，条約を批准する際には必要な法律を新たに作ったり，すでにある法律を改正するなどしている。例えば障害者の権利に関する条約を批准するために，新たに「障害を理由とする差別の解消の推進に関する法律」を制定し，また「障害者の雇用の促進等に関する法律」を改正した。

　命　令　法律が国会により制定されるのに対し，行政機関が制定する法を命令という。命令には政令と省令がある。法律と命令を合わせて「法令」と呼ぶ（ただし法令の定義はなく，憲法や告示，条例も含めて法令ということもある）。

　政　令　内閣が定める命令のことである（憲法 73 条 6 号）。法律を実施する（実際に行政機関や私たちが使えるようにする）ために，内閣が定めるものである。

　国会の議決によって定められる法律には，具体的な内容や詳細な事項を定めておくことが難しく，逆に法律で詳細な事項を定めてしまうと新しい問題が生じたときや時代の変化に速やかに対応できなくなってしまうので，法律よりも詳しい事項を政令で定めるのである。

　「○○法施行令」「○○に関する法律施行令」という名称が多い。公認心理師法 9 条 1 項には「試験を受けようとする者は，実費を勘案して政令で定める額の受験手数料を国に納付しなければならない」と規定されているが，ここでいう政令として公認心理師法施行令が定められている。

　省　令　各省の大臣が，その担当する事務について，法律や政令を実施するために，政令よりさらに細部の事項を定めるため発する命令のことを「省令」という。位置づけとしては，政令より下位である。

　「○○法施行規則」「○○に関する省令」などという名称が多い。公認心理師法 7 条 1 号・2 号には，公認心理師試験の受験資格について「文部科学省令・厚生労働省令で定めるもの」という記載があり，これに基づき，「公認心理師法施行規則」という名称の文部科学省令・厚生労働省令が制定されている。

　告　示　内閣総理大臣や各省大臣などが，その担当する事務について，法律や政令・省令などに基づき決定した事項を公表するものである。「告示」「決定」「指針」などの名称をつけられることが多い。法令と同様の効力をもつと解されている。

　通達・通知　「通達」や「通知」は，国や地方公共団体の各機関が，法令の解釈や運用などについての考え方や処理の基準などを知らせるために発するも

ので，いわば行政内部のルール・基準である（通達と通知は違うのであるが，その説明は省略する）。

　告示や通達・通知は，法令の解釈の基準や運用ルールについて国など行政機関の考え方を示したものであるため，実際に住民と関わる行政機関は，原則としてこの告示や通達・通知に基づいて制度等を運用しているので重要である。

　条　例　都道府県・市区町村＝地方公共団体（地方自治体ともいう）の議会（都道府県議会，○○市議会など）が定める法のこと。法令に違反した内容の条例を作ることはできない。あくまで，その地方公共団体の地域内でのみ効力をもつ。一定範囲の罰則を定めることができる。

　例えば「盗撮」行為は，各都道府県が独自に定めている迷惑防止条例により禁止されており，処罰の対象になっているのである。

　規　則　地方公共団体の長（＝知事や市区町村長）が，その権限内のことについて定める法のこと。法令及び条例に反する内容の規則は作れない。「○○条例施行規則」などの名称が多い。

　判　例　裁判（判決）の先例のこと。裁判所は，具体的な事件（紛争）において，まず①証拠に基づきどのような事実があったかを確定し（事実認定），次に②法を解釈して，その事実に法を当てはめ，最終的に③判決などの決まった形式で結論を出す。判例は，上述した法とは異なり，具体的な事件に関する裁判所の判断であるが，法令を理解する際に先例として重要な意味をもつ。

　最高裁判所は，法令が憲法に違反していないか判断する権限をもつので，法令の意味・内容をどのように理解するか，という点に関して，最高裁判所の解釈を示す最高裁判所の判例は高等裁判所や地方裁判所等の裁判と比べて強い拘束力をもっている（高等裁判所等の判決は，最高裁判所でひっくり返されることもある）。そこで，最高裁判所の判決や決定だけを「判例」と呼ぶことが多い。

2．法を理解するための基礎知識

　法律の解釈　法律は，決して，誰が見てもその意味・内容がわかる，誰でも同じ意味に理解できる，というものではない。例えば，公認心理師法1条には「この法律は，公認心理師の資格を定めて，その業務の適正を図り，もって国民の心の健康の保持増進に寄与することを目的とする」と規定されているが，一体「業務の適正」とは何かについては人によって考え方が違うであろう。

　法律の各条文の意味することを明らかにする作業を法解釈という。

　先に，「告示や通達・通知は，法令の解釈の基準や運用ルールについて国な

ど行政機関の考え方を示したもの」と述べたが，告示や通達・通知は行政機関側の法解釈を示したものということになる。

　例を挙げると，文部科学大臣は，いじめ防止対策推進法11条に基づき「いじめの防止等のための基本的な方針」（2013年文部科学大臣決定。2017年改定）という名称の告示を定めている。いじめの定義についても，いじめ防止対策推進法2条のいじめの定義をさらに詳しく解説している。

　ところで2013年の「方針」ではいじめの定義に関し，「けんかは除くが，外見的にはけんかのように見えることでも，いじめられた児童生徒の感じる被害性に着目した見極めが必要である」とされていたが，2017年に「方針」が改定され「けんかやふざけ合いであっても，見えない所で被害が発生している場合もあるため，背景にある事情の調査を行い，児童生徒の感じる被害性に着目し，いじめに該当するか否かを判断するものとする」とされた。

　つまりいじめ防止対策推進法という法律自体は改正されていないが，文部科学省が，上記のように法律の解釈，運用の基準を変更したのである。

　しかし，もし何らかの紛争が生じて，それがいじめに当たるか否かが争われた場合，最終的に結論を下すのは裁判所である。具体的な紛争に法を適用して判断を下すのは裁判所の役割であり，特に最高裁判所の判断が出れば行政も必ずそれに従わなければならない。したがって国を含め行政機関は，裁判所の判断が出たことにより，従来の法解釈を改め，法令や告示，通達・通知を改正することもある。

　公布と施行　法律や政令・省令などが正式に成立すると，これを国民（住民）に知らせるため「官報」という政府が発行する文書に掲載する（官報は，休日以外は毎日発行）。これが公布であり，官報への掲載日が公布日である。

　これに対し，法令としての効力を発生させることを施行といい，効力が発生する日を施行期日または施行日という。法律は附則で施行日を決めるか，または法律が成立してから政令で施行日を定めることが多い。

　例えば公認心理師法は，附則1条で「この法律は，公布の日から起算して2年を超えない範囲内において政令で定める日から施行する」となっており，これに基づき「公認心理師法の施行期日を定める政令」によって，2017年9月15日が施行日と定められた。

　条文の見方　法令に書かれている文章のことを条文といい，1つの条文は条→項→号で構成される。

　例えば，公認心理師法2条を見ると，「定義」という見出しがあり，2条の中に1号から4号までの定めがある。この場合は項がなく「2条1号」などと読む。一方，32条を見ると1項と2項があり，1項の中に1号と2号がある。したがって「32条1項1号」などと読む。

　なお医療法を見ると1条の次が2条ではなく，1条の2，1条の3……となっている。これは法律改正により，1条と2条の間に，新しい条項を挿入することになったためである（児童福祉法にもこのような条文が多い）。

3. 公認心理師が学ぶ法について

　公認心理師は，主たる活動分野である保健医療，福祉，教育，司法・犯罪，産業・労働の5分野に関係する法と制度を知っていることが求められている。前章で述べたことからもわかるように，公認心理師は自分の専門とする活動分野の法制度を理解しているだけでは不十分であり，的確な支援活動はできない。

　ところで87ページでもふれたが，これらの各分野・職場は，いずれも法律によって認められた制度及び施設であり，法の定めたルールに基づいて運用・運営されている。したがって各分野には，その分野における制度に関する基本となる法律と関連する多くの法律がある。各分野において基本となる主な法律を挙げると図2の通りである（これに限られるわけではない）。

　5分野のうち，司法・犯罪分野の法律は，裁判所が具体的な紛争に法律を適

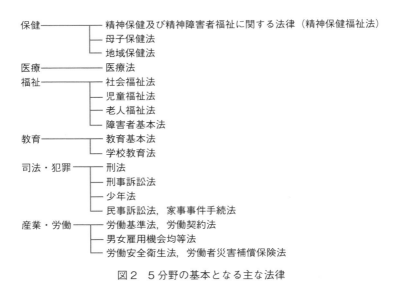

図2　5分野の基本となる主な法律

用して裁判（判決）という形で判断する手続に関する法律と，何が犯罪に当たるかを定めた法律が中心であり，三権分立（立法，行政，司法）のうちの司法に属する。その他の4分野は行政に関わるものである。

これらの分野全体に関係し，公認心理師も知っておくべき行政に関する法令として，「個人情報の保護に関する法律」（個人情報保護法）（地方自治体には，個人情報保護条例及び情報公開条例）がある。個人情報保護法は，個人情報の目的外利用や第三者提供の原則禁止を定めるほか，本人による個人情報の開示請求を認めており，公認心理師も法の趣旨を常に意識しておく必要がある。

また，私たちの市民生活の基本となる法律に民法があり，家族に関する定めが置かれているので後述する。

なお，公認心理師が知っておくと有益な関係機関として「法テラス」（正式名称「日本司法支援センター」）がある。経済的な余裕のない人に対する無料法律相談，弁護士費用・裁判費用の立替え，解決に役立つ法制度の情報提供などを行っている。政府により設立された機関で，県庁所在地や主要都市などに事務所がある（電話 0570-078374，ホームページ http://www.houterasu.or.jp/）。

ここで公認心理師資格についてもふれておく。

公認心理師は「名称独占資格」である。すなわち「公認心理師」という名称は，公認心理師試験に合格し公認心理師登録簿に登録された者だけが使用できる名称で，それ以外の者が，「公認心理師」という名称や「心理師」という名称を用いることは公認心理師法で禁止されている（44条。これに違反した者は刑事罰の対象となる。49条2項）。これを「名称独占資格」と呼ぶ。

しかし，公認心理師の資格はなくても同じ業務を行うことは自由にできる。すなわち法律が認める資格を取得した者以外の者はその名称を使用することができないが，公認心理師法2条1号から4号と同じ業務を行うことは，無資格者であっても自由にできる。社会福祉士，精神保健福祉士，保育士なども名称独占資格である。

これに対し，法が定める一定の業務を行うこと自体を特定の有資格者に限定し，資格を有しない者は，単にその名称を使用できないだけでなく，その業務自体行うことを禁止されているものを「業務独占資格」という。弁護士，公認会計士，医師，歯科医師，建築士などである（104, 105ページも参照）。

4. 家族に関する法

民法は，私たちの市民生活の基本となる財産（所有権，契約，損害賠償など）

に関する事項と，出生，婚姻・離婚，親子（親権），成年後見，相続など，人と家族に関して基本となる事項を定めている法律であり，公認心理師にとっても重要な法律の1つである（民法の「親族」〔民法725条〜881条〕と「相続」〔同882条〜1044条〕の部分を合わせて家族法ということが多いが，「家族法」という名前の法律があるわけではない）。

　婚姻（結婚）は，男女が婚姻届を市区町村役場に提出することによって成立する（民法739条）。離婚は，離婚届を役場に提出して受理された場合のほか，家庭裁判所において離婚調停が成立した場合や判決で離婚が認められた場合（裁判離婚）にも成立する。

　夫婦に未成年の子どもがいる場合，婚姻中は夫婦（父母）が共同親権者であるが，離婚する際には，協議により必ず父母の一方を親権者と定めなければならない（民法819条1項）。裁判離婚の場合は裁判所が親権者を決定する。離婚に際し，いったん親権者を定めても，子の利益のために必要があるときには，家庭裁判所は親族（多くの場合，親権者でない方の親）の請求により，親権者を父母のもう一方に変更することができる（民法819条6項）。

　親権とは，子どもの最善の利益を実現するために，未成年の子どもを監護養育する，親の責務（義務）と権限の総称である（民法820条）。親の意のままに子どもを養育できる権利ではない。親権の行使が不適切で子どもの利益を害する場合には，家庭裁判所によって親権の喪失や一時停止が決定されることもある（民法834条，834条の2）。

　婚姻中であるが別居している場合や離婚した場合に，子どもを直接養育していない親が，子どもと直接会ったり，手紙や電話，メールなどで連絡を取り合うことを面会交流という。児童虐待があった場合など子どもの利益を害する場合を除き，離婚後も親子の交流が維持されることが子どもの健全な成長発達にとって必要，有益であると考えられている。面会交流は子どもの権利であるが，子どもの義務ではない。民法は，協議離婚に際し，「父又は母と子との面会及びその他の交流」について必要な事項を協議で定める，と規定している（民法766条1項）。

　別居・離婚に伴い，父母のいずれが子どもを養育するかをめぐって争いになるケースが増加し，子どもの連去りが問題になることもある。面会交流（実施するかしないか，実施する場合の回数・時間など）や連れ去られた子どもの引渡請求について，父母間の協議や調停手続で解決しない場合，家庭裁判所が審判

により決定することができる。なお，国境を越えた子どもの連去りに関しては，ハーグ条約（国際的な子の奪取の民事上の側面に関する条約）に基づく手続が実施されている。強制的に子どもの引渡しを実施する場面では，公認心理師など心理職の立会いが求められるケースも多い。

ブックガイド ぎょうせい法制執務研究会編著（2013）．全訂 図説法制執務入門．ぎょうせい．／田中成明（2016）．法学入門（新版）．有斐閣．／早川吉尚（2016）．法学入門．有斐閣．／近藤ルミ子・西口元編著（2016）．離婚をめぐる親権・監護権の実務．学陽書房．／大村敦志（2014）．新基本民法 7 家族編．有斐閣．

2

法律の基礎

3 保健医療分野①
資格と施設

◀宮脇 稔

　保健医療関係専門職の法律は厚生労働省を担当官庁とする国家資格が多い。ここでは公認心理師がチーム医療を行う上で連携・協働する代表的専門職の法律について以下に簡潔に説明する。

1. 保健医療の専門家の法律

　医　師　1948 年公布の医師法に規定されており，1 条で「医師は，医療及び保健指導を掌ることによって公衆衛生の向上及び増進に寄与し，もって国民の健康な生活を確保するものとする」と定められている。また 17 条に「医師でなければ，医業をなしてはならない」と業務独占が，18 条で「医師又はこれに紛らわしい名称を用いてはならない」と名称独占が規定され，19 条では「診療に従事する医師は，診察治療の求があつた場合には，正当な事由がなければ，これを拒んではならない」と応招義務が定められている，「診断と治療」行為を行う専門職である。医師は国家試験に合格すると医師免許証が与えられる免許制の資格である。公認心理師法においては 42 条 1 項で，業務を担当する者に対し保健医療等が総合的かつ適切に提供されるよう密接な連携を保つことを定めるとともに，42 条 2 項で，要支援者に主治医がいる場合は，主治医の指示を受けなければならないと定めている。

　精神保健指定医　精神科医療において患者の人権を擁護する医師として「精神保健及び精神障害者福祉に関する法律」（精神保健福祉法）18 条により 1988 年から認定開始された国家資格である。その業務は精神科医療における退院制限の可否，措置入院の解除，医療保護入院や応急入院の適否，隔離や身体拘束など行動制限の判断，退院請求や処遇改善請求患者の診察，措置入院患者の仮退院の許可等の業務を独占的に行うと定められている。精神保健指定医となるには精神科 3 年以上を含む 5 年以上の臨床経験を有する精神科医が講習を受けた上で，統合失調症圏で 2 例，躁うつ病／中毒性精神障害／児童・思春期精神障害／老年期認知症／症状性又は器質性精神障害圏で各 1 例のほか，これらの診断病名のいずれかでかつ措置入院者又は医療観察法入院対象者を 1 例，以上計 8 例のケースレポートを提出することが求められる。公認心理師との関係では，精神科医療現場におけるチーム医療を進めるに当たり公認心理師法 42 条 1 項の緊密な連携に加えて 42 条 2 項の指示関係が定められている。

看　護　師　1948年公布の保健師助産師看護師法（保助看法）に規定される業務独占で免許制の専門職である。看護師業務は医師法17条の医師の業務独占の解除を受けて保助看法5条に「厚生労働大臣の免許を受けて，傷病者若しくはじょく婦に対する療養上の世話又は診療の補助を行うことを業とする者」と医行為の一部を行う専門職として定められている。具体的には採血，静脈注射，医療機器の操作，処置など身体的侵襲の比較的軽微な医行為を医師の指示の下で行うことができる。公認心理師法においては42条1項に，要支援者に対し保健医療等が総合的かつ適切に提供されるよう密接な連携を保つことが定められている。

　作業療法士　1965年公布の「理学療法士及び作業療法士法」に規定される業務独占で免許制の専門職である。作業療法士の業務は同法15条に，作業療法士は看護師でない者が医行為をしてはならないという保助看法31条，32条の規定にかかわらず，診療の補助として医師の指示の下で作業療法を行うことを業とすることができると定められている。作業療法の定義は，同法2条2項で「身体又は精神に障害のある者に対し，主としてその応用的動作能力又は社会的適応能力の回復を図るため，手芸，工作その他の作業を行なわせることをいう」と規定されている。具体的には，身体のみでなく精神の障害をも作業療法の対象とし，食事をしたり，衣服を着替えたり，家事を行うなどの日常の応用動作を獲得することで，社会での活動に参加したり復帰したりできることを治療の目的としている。公認心理師法においては42条1項に，要支援者に対し保健医療等が総合的かつ適切に提供されるよう密接な連携を保つことが定められている。

　精神保健福祉士　1997年公布の精神保健福祉士法に規定される専門職であるが，業務独占，免許制ではなく，公認心理師と同様に，名称独占で登録制の国家資格である。精神科ソーシャルワーカー（psychiatric social worker：PSW）とも呼ばれる。精神保健福祉士の業務は同法2条で「精神保健福祉士の名称を用いて，精神障害者の保健及び福祉に関する専門的知識及び技術をもって，精神科病院その他の医療施設において精神障害の医療を受け，又は精神障害者の社会復帰の促進を図ることを目的とする施設を利用している者の社会復帰に関する相談に応じ，助言，指導，日常生活への適応のために必要な訓練その他の援助を行うこと（相談援助）を業とする」と定めている。具体的には，社会福祉学（ソーシャルワーク）を専門とする立場から，主に精神障害者に対して主治

医の指導を受けて，社会復帰に関する相談・助言・指導などを行い，家族調整や社会生活上の問題解決を支援する専門職である。公認心理師との関係は保健医療，福祉，教育等において精神保健福祉士は主に「社会」の部分を担い，「心理」の部分を担う公認心理師との緊密な連携が期待される。また精神保健福祉士は公認心理師同様に名称独占で登録制の資格であるが，医師との関係は公認心理師のように指示関係でなく，指導関係となっている。

言語聴覚士　1997年公布の言語聴覚士法に規定される業務独占で免許制の専門職である。言語聴覚士の業務は，同法2条で「言語聴覚士の名称を用いて，音声機能，言語機能又は聴覚に障害のある者についてその機能の維持向上を図るため，言語訓練その他の訓練，これに必要な検査及び助言，指導その他の援助を行うことを業とする」と定められている。また42条では「医師又は歯科医師の指示の下に，嚥下訓練，人工内耳の調整その他厚生労働省令で定める行為を行うことを業とすることができる」と医師の指示の下での医行為が認められている。具体的な業務内容は，言語，聴覚をはじめ発音，発声，認知などのコミュニケーション機能の障害をもつ対象者に支援を行う専門職であり，摂食や嚥下障害をもつ対象者への支援も行う。先天性，後天性を問わず乳幼児から高齢者までを対象とし，活動領域も保健医療にとどまらず福祉，教育分野でも幅広く活動している。公認心理師との関係では，コミュニケーション機能の改善に向けた支援などにおいて心理学の知識が必要とされ，保健医療領域に限らず緊密な連携と協働が期待される。

2．保健医療の施設

公認心理師法7条1号及び2号に規定する大学及び大学院における実習施設（施行規則3条3項の規定）のうち保健医療関連施設を以下に示す。

病院及び診療所　公衆・特定多数人のため，医師・歯科医師が医業・歯科医業を行う場所で，20人以上の患者を入院させるための施設を有するものが病院，19人以下が診療所と定められている。医療法で規定している。

介護療養型医療施設　急性疾患からの回復期にある寝たきり患者に対する医学的管理下での食事や排泄等の介護サービスを提供する医療施設（介護保険法で規定される）。この介護療養型医療施設は2023年度末に廃止となるため，今後，後述する介護医療院等への移行が必要となる。

介護医療院　要介護者で主に長期にわたり療養が必要である者に対し，施設サービス計画に基づく療養上の管理，看護，医学的管理の下に，介護および機

能訓練その他必要な医療ならびに日常生活上の世話を行うことを目的とする施設。2017年の介護保険法の改正により2018年から創設された。

介護老人保健施設　介護を必要とする高齢者に対して，医学的管理下での日常生活支援や家庭への復帰を目指す看護・介護ケアおよびリハビリテーションを提供し，自立を支援する施設。介護保険法で規定している。

地域包括支援センター　介護や福祉に関する地域の総合相談窓口で，保健師や看護師，主任ケアマネジャー，社会福祉士などの専門職が，介護予防ケアプラン作成やサービス利用など地域の高齢者の生活相談，支援，権利擁護などの業務を行う。介護保険法で規定している。

保健所　地域住民の健康・衛生を支える公的中核機関。精神保健や感染症，災害医療など，広域的で専門的な保健指導やサービス業務に特化している。都道府県，指定都市，中核市，特別区などに設置されている（2018年現在，469カ所）。地域保健法で規定している。

市町村保健センター　地域の母子保健・老人保健の拠点として位置づけられる。市町村レベルでの健康づくりの場であり，対人サービスが基本。保健師中心に地域における保健・医療・福祉施設の連携拠点としての機能を担う。地域住民の健康支援を担う公的施設として多くの市町村に設置されている（2017年現在，2456カ所）。地域保健法で規定している。

精神保健福祉センター　精神保健の向上及び精神障害者の福祉の増進を図るための機関として各都道府県及び指定都市に設置される公的機関。業務は地域住民の精神的健康の保持増進，精神障害の予防，適切な精神科医療の推進，社会復帰の促進，自立と社会経済活動への参加の支援と広範囲にわたる。精神保健及び精神障害者福祉に関する相談及び指導では，心の健康相談，精神科医療相談，社会復帰相談から，虐待，依存，ひきこもり，思春期問題，認知症等の特定相談を含め複雑または困難なものを行っており，精神保健福祉全般の相談拠点である（2015年現在，69カ所）。精神保健福祉法で規定している。

その他文部科学大臣及び厚生労働大臣が認める施設

①　国又は地方公共団体が，心理に関する支援を要する者に対し，心理に関する支援を実施している場合は，その施設が公認心理師の実習施設となる。

②　2017年の厚生労働省・文部科学省の告示5号「公認心理師法施行規則3条3項の規定に基づき文部科学大臣及び厚生労働大臣が別に定める施設」1号から23号までに掲げる施設及び①の施設のほか，法人が法2条1号から3号

までに掲げる行為を業として行っていることが客観的に明らかである場合は，その施設が公認心理師の実習施設となる。

3. 医療関係資格から見た公認心理師の位置づけ

日本の医事法制と医療関係資格　日本の医事法制（医療に関する法制度）の特徴は，医師法 17 条に「医師でなければ，医業をなしてはならない」と規定されているところにある。わかりやすくいえば，診断及び治療といった診療行為は医師の業務独占であり，医師以外の人がその行為を行った場合には法律で罰せられる。

しかし，看護師は保助看法で上記の医師法 17 条の条文を，そして作業療法士，言語聴覚士など多くの医療関係専門職は保助看法 31 条の条文内容「看護師でない者が診療補助業務をしてはならない」を，それぞれの法律で解除することを定めて，医師の指示の下での診療補助行為を業務独占として行えるようになっている。

公認心理師の場合　心理業務に医行為が存在する場合には医業を行うこととなり，医師法 17 条の規定に基づき，保助看法 31 条の規定を解除して，診療補助業務を行えるようにする必要が生じることになる。

2001 年度の厚生科学研究「臨床心理技術者の資格のあり方に関する研究」のまとめでは，心理職の「心理状態の観察，分析」「相談」「助言」「指導」に位置づけられる業務（臨床心理行為）は，保健医療分野では医行為を含み，医師の指示を必要とすると結論された。しかしながら，公認心理師は保健医療，福祉，教育など広範な領域に及ぶ汎用性資格となったため，業務独占ではなく名称独占資格と定められた。

名称独占資格　国家資格には，資格を有する者のみが業務を行うことを許される**業務独占資格**と，資格がなくても業務に従事することはできるが，資格を有していない者がその名称を名のることができない**名称独占資格**がある。公認心理師には，多くの医療関係専門職のような保助看法の解除を伴う業務独占が規定されておらず，上述の通り名称独占のみの資格となっている。これに対して，医師，看護師，薬剤師，作業療法士，言語聴覚士などは，名称独占資格かつ業務独占資格である。

作業療法士，言語聴覚士の場合でいえば，理学・作業療法士法 15 条 1 項，言語聴覚士法 42 条 1 項において，それぞれ看護師・准看護師の業務独占である診療補助業務を示す保助看法 31 条 1 項および 32 条の規定を一部解除し，前

者については「診療の補助として理学療法又は作業療法を行なうことを業とすることができる」と，また後者については「嚥下訓練，人工内耳の調整その他厚生労働省令で定める行為を行うことを業とすることができる」と，業務独占（医師の指示の下に行う診療補助業務）資格の根拠が示されている。つまり，作業療法士，言語聴覚士はコメディカル（医療連携スタッフ）として診療補助業務（療法や訓練等）を行うことが認められる「業務独占資格」であるといえる。

　一方，公認心理師は，医療関連領域に業務が限定されない汎用性の資格であり，また，その業務には診療補助行為と規定されるものがないとされたため，社会福祉士，介護福祉士，精神保健福祉士，管理栄養士などと同様に，名称独占のみの資格となったのである。公認心理師法 44 条 1 項に「公認心理師でない者は，公認心理師という名称を使用してはならない」と規定されている。

　医療関係専門職が行う業務独占行為には医療保険が適用されて，診療報酬の対象となる場合が多い。これに対して，業務独占を伴わない名称独占職種は医師の指示を受けないかわりに医療保険の対象になりにくい傾向が見られる。ところが公認心理師は，業務独占ではなく名称独占職種にもかかわらず医師の指示の下に業務を行うことが法 42 条 2 項において明文化されている。

　医行為と医師の指示の関係　公認心理師法 42 条 2 項で「その業務を行うに当たって心理に関する支援を要する者に当該支援に係る主治の医師があるときは，その指示を受けなければならない」と規定されている。つまり，公認心理師は傷病者に対しては主治医の指示下で「心理状態の観察，分析」「相談」「助言」「指導」などの業務を遂行するように明記されている（ただし違反した場合の罰則規定は設けられていない）。このことは，傷病者に対して心理検査や心理療法を実施することが，診断と治療に関わる「医行為」性の高い心理的侵襲性のある行為である可能性を示唆しているともとれる。

　ここで前述の「医行為」と「医業」について少し説明しておきたい。「医行為」とは「医師の医学的判断及び技術をもってするのでなければ人体に危害を及ぼし，又は危害を及ぼす恐れのある行為」をいい，医業とは，「医行為を，反復継続する意思をもって行う」ことであると定義されている。

　公認心理師法 42 条 2 項は要支援者に主治医がいる場合にはその指示を受けるとして，その業務に傷病者の自我への侵襲性の高い，生命の根幹に関わる専門的技能を行使する医行為性を示唆しているようにもとれる。つまり業務独占資格ではないが，公認心理師が医行為性のある業務を行う場合には，その行為

が診療報酬の対象につながる可能性は高くなる。このことは傷病者に対して公認心理師の行う支援や助言が医療保険制度の対象となり，傷病者が心理査定や心理相談を受ける際の経済的負担の軽減につながる可能性を示している。

登録制

免許制と登録制　医師，看護師をはじめ薬剤師，作業療法士，言語聴覚士など多くの医療関係専門職は免許制資格であり，業務独占資格の場合が多い。公認心理師は免許制資格でも業務独占資格でもなく社会福祉士，介護福祉士，精神保健福祉士と同様に登録制資格であり，名称独占資格であるが，前述のように主治医のいる場合には医師の指示を受けて業務を行う資格となっている。ただし管理栄養士は前述のように名称独占資格であるが免許制が採用されている。

登録証の交付　公認心理師は文部科学省及び厚生労働省の2つの省にまたがる共管資格であり，登録簿は両省にそれぞれ備えられ，文部科学大臣及び厚生労働大臣から公認心理師登録証が交付されるという特徴を備える資格でもある。

▶公認心理師と科学者─実践家モデル

　公認心理師になるためには，大学において，科学的な基礎心理学と実践の知識を学び，大学院で実践の技能を身につける。このように科学と実践の両方を学ぶという方針を科学者─実践家モデル（scientist-practitioner model）と呼ぶ。

　科学者─実践家モデルは，欧米の心理職の養成に一貫して流れている哲学である。1949 年にアメリカの臨床心理学者がコロラド州ボールダーの地で会議を行い，サイコロジスト（psychologist）になるためには，実践技能の訓練を受けるとともに，博士論文として科学性のある心理学研究論文を書く必要があるという方針を定めた。これが科学者─実践家モデルの始まりである。

　科学者─実践家モデルに基づく養成は以下のようなものである（松見，2009）。①心理学の基礎分野の知識を徹底的に習得させること，②大学院において，実践心理学専門知識の習得のために，講義やセミナーと併行して，多くの実習を積ませること，③科学的な研究方法と，統計によるデータの評価方法を必須科目にすること，④臨床現場でのインターンシップ制度を実施すること，⑤大学院では実証研究に基づく博士学位論文の提出を義務づけること。

▶公認心理師養成を充実させるためには

　将来の公認心理師養成を考えるに当たっては，この科学者─実践家モデルが大いに参考になるが，欧米に比べると，これからの課題は多い。まず，欧米では，大学では科学的基礎心理学だけを学び，大学院以降ではじめて実践にふれる。これに対し，日本の公認心理師制度では，大学において基礎心理学と実践心理学の両方の知識を学ぶ。つまり，欧米に比べて，大学で基礎的な心理学に当てる時間が不十分となる。科学的な心理学を身につけるためには，科学的な知識をしっかり学んだ上で，自分の頭で考え，自分で身体を動かして実験や調査を行い，その成果を発表して専門家の批判を受けて省察することが大切である。そのためにはそれなりの時間が必要である。日本の公認心理師制度では，科学者─実践家モデルの「科学者」の部分の養成がなお十分とはいえない。例えば，卒業論文も修士論文も必修に指定されなかった。さらに，日本の公認心理師制度では，「実践家」の部分も十分とはいえない。欧米では博士課程レベルが標準なのに対して，公認心理師は修士課程レベルの資格であるからだ。実習に当てられる時間数が少ない。欧米の制度は長い歴史を経て形成されてきたものであるが，日本は始まったばかりである。今後，科学者─実践家モデルの充実を図っていく必要がある。

4 保健医療分野②
法律と制度(1)

◀菊池 安希子

　ここでは精神科医療での基本となる2つの法律，すなわち「精神保健及び精神障害者福祉に関する法律」（精神保健福祉法）と，「心神喪失等の状態で重大な他害行為を行った者の医療及び観察等に関する法律」（医療観察法）について述べる。

1. 精神保健福祉法

　歴史的経緯　わが国の精神保健分野に法的規制が取り入れられたのは，明治時代初期である。1874年に発布された医制の中で癲狂院の設立が規定され，1875年に初の公立精神病院である京都癲狂院が建設された。その後，1884年に始まった相馬事件によって精神病者に対する社会の関心が高まり，この頃より癲狂院は精神病院と呼ばれるようになった。相馬事件は福島県の旧相馬中村藩の旧藩主が精神障害で癲狂院に入院させられたことに対し，旧藩主が不当監禁を告発したお家騒動である。

　1900年には，精神障害者に対するわが国初の法律である精神病者監護法が公布された。これは監護義務者による私宅監置を認め，毎年の監置状況報告を求める内容であった。大正時代に入ると内務省による調査の結果，精神病者総数に比べて医療機関数が圧倒的に少ないことが明らかになり，1919年には精神病院法が制定された。この法律では，精神障害者が治療の対象であり，治療は行政の責任であるとされ，都道府県には公立病院の設置が義務づけられた。

　第二次世界大戦後に欧米の精神衛生に関する知見が導入されると，精神病者監護法と精神病院法が廃止され，1950年に精神衛生法が制定された。私宅監置が廃止され，都道府県は精神病院を設置することを義務づけられた。精神衛生鑑定医制度が始まり，精神衛生相談所や訪問指導の規定が置かれた。措置入院（自傷他害のおそれのある精神障害者の非自発的入院）や同意入院（保護義務者である家族の同意による非自発的入院）が規定された。

　しかし，1964年にライシャワー事件（駐日米国大使が統合失調症の少年に刺された事件）が起こると，不十分な精神障害者医療や社会復帰援助が明らかになり，これが契機となって1965年に精神衛生法が改正された。この改正では，保健所を精神保健行政の第一線機関とし，その技術指導援助機関として精神衛生センターを設置すること，通院医療の公費負担制度等が規定され，地域精神衛生活動の整備が図られた。

1984 年に宇都宮病院事件（患者 2 名が看護職員の暴力により死亡した事件。入院患者への日常的暴力，無資格者による医行為，病院における患者の労働の搾取が明らかとなった）が起こり，精神障害者への人権侵害として，日本は国際的にも批判された。

宇都宮病院事件がきっかけとなって，入院患者の人権擁護や社会復帰の推進を目的に，1987 年には精神衛生法が改正され，精神保健法となった。精神衛生鑑定医制度を精神保健指定医制度に改め，精神医療審査会制度や，任意入院（患者本人の同意に基づく入院）と応急入院（救急や行き倒れ患者に対する非自発的入院）が規定された。精神保健法は 1993 年にも見直され，社会復帰の促進やグループホームが法定化されるなどした。

1993 年に障害者基本法が制定され，精神障害も身体障害，知的障害とならぶ障害として位置づけられることになった。これを受けて 1995 年には，精神保健法が改正されて「精神保健及び精神障害者福祉に関する法律」（精神保健福祉法）となり，保健医療施策に加えて，精神障害者の福祉施策の充実が図られることとなった。

具体的には，精神障害者の社会復帰等のための施策として，精神障害者保健福祉手帳制度が創設され，社会復帰施設として生活訓練施設（援護寮），授産施設，福祉ホーム，福祉工場の 4 類型が規定され，通院患者リハビリテーション事業（社会適応訓練事業）の法定化，公費負担医療の保険優先化の規定が置かれるなどした。1999 年の改正では，移送制度（同意に基づいた入院を行う状態にない精神障害者を都道府県知事の責任により病院に移送する制度）の創設，保護義務者の自傷他害防止義務の廃止が規定された。

2005 年に障害者自立支援法が成立すると，障害の種別（身体障害，知的障害，精神障害）にかかわらず，市町村が一元的にサービスを提供する仕組みとなった。同年には，精神保健福祉法の改正も行われた。従来，精神保健福祉法において規定されていた通院医療は，障害者自立支援法における自立支援医療の精神通院医療として規定された。また，「精神分裂病」の呼称が「統合失調症」と変更された。なお，障害者自立支援法は 2012 年に改正され，障害者総合支援法とされ，このときに障害者の範囲に「難病等」が加えられた。

また，主に家族がなっていた保護者は，精神障害者に治療を受けさせる義務を課されていたが，高齢化等に伴い，負担が過重との意見があったことから，2014 年の改正では，保護者制度が廃止され，医療保護入院の見直し等が行わ

れた（医療保護入院における保護者の同意要件が外れ，家族等〔配偶者，親権者，扶養義務者，後見人または保佐人〕の同意が要件となり〔該当者がいない場合は市町村長が同意の判断を行う〕，また，精神科病院の管理者には退院促進のための体制整備が義務づけられた）。

2016年に相模原事件（知的障害者福祉施設に元施設職員が侵入し19人を殺害，26人に重軽傷を負わせた）が発生し，犯人が措置入院解除後であったことから，これが契機となって2018年に措置入院解除の判断や解除後の支援体制について，厚生労働省から通知としてガイドラインが示された。

精神保健福祉法の意義　1950年に制定された精神衛生法は精神障害者の「適切な医療と保護」を目的としており，精神病院の整備が政策的に誘導され，その結果，1955年代半ば以降，精神科病床が急増した。しかし，1993年の精神保健法改正以降は，精神保健医療施策の目的にも「社会復帰の促進」が明記され，精神保健福祉法になって以降も，入院医療中心から地域生活中心へという基本方針に基づく施策がとられている。

精神保健福祉法は，「精神障害者の医療及び保護」「その社会復帰の促進及びその自立と社会経済活動への参加の促進」「その発生の予防その他国民の精神的健康の保持及び増進」をもって「精神障害者の福祉の増進」と「国民の精神保健の向上」を実現していくことを目的としている（1条）。

精神保健指定医　精神保健指定医は，5年以上の診療経験とそのうち3年以上の精神科診療経験があり，所定の研修を修了し，実務経験の証明としてケースレポートを提出し，医道審議会の審査を経た医師を，厚生労働大臣が指定するものである。精神保健指定医は，非自発的入院の要否や，行動制限の要否について，人権に配慮した判断と手続を行う。

入 院 形 態　入院には，任意入院，措置入院，医療保護入院，応急入院の4種があり，任意入院以外は非自発的入院である。

任意入院（20条）：本人の同意に基づく入院。

措置入院（29条）：精神障害者であり，かつ，入院させなければ自傷他害のおそれがあると，2人以上の精神保健指定医が診察して認めた精神障害者を，都道府県知事（指定都市の市長）の権限によって，強制的に，国または都道府県が設置した精神科病院または指定病院に入院させる制度。措置入院のための精神保健指定医の診察は，一般人からの申請（22条），警察官からの通報（23条），検察官からの通報（24条），保護観察所の長からの通報（25条，26条の3），

矯正施設の長からの通報（26条），または精神科病院の管理者からの届出（26条の2。典型的には，入院中に傷害や殺人〔未遂〕を起こした患者に対して適用される），指定通院医療機関の長からの通報（26条の3）によって行われる。

医療保護入院（33条）：精神保健指定医の診察において入院の必要はあるが任意入院が行われる状態にないと判定された場合に，家族等（前出）の同意を要件として，本人の同意を得ることなく精神科病院に入院させる制度である。

応急入院（33条の7）：急速を要し，かつ，家族等の同意を得ることができない場合に，精神保健指定医の診察により，本人の同意がなくとも72時間に限って応急入院指定病院に入院させる制度である。

精神医療審査会　独立した第三者機関として，精神障害者の人権に配慮しつつ，適正な医療及び保護を確保することを目的に各都道府県及び指定都市に設置された審査会である。措置入院や医療保護入院の要否について，定期病状報告をもとに審査し，入院中の患者やその家族からの退院請求や処遇改善請求があったときに，入院の必要性や処遇の適正さについて審査を行う。

公認心理師が理解しておくべきこと　法改正ごとに，支援のための仕組みが統廃合されたり，創設されたりするため，公認心理師としての効果的な働きを見きわめるためにも，そのつど，理解を更新し続ける必要がある。また，心理的介入の観点からは，非自発的入院においては入院が本人の同意なく行われることもあり，治療関係の構築が困難になり，そのことが治療の継続性を損なう場合も少なくない。そのため，任意入院の場合にもまして，入院中そして退院後の支援について，可能な限り本人を含めた意思決定をすることが求められる。また，継続的な支援を効果的に実施するためには，本人の脆弱性だけでなく，ストレングスも含めたアセスメントを行い，その支援ニーズに応じて，多職種多機関の連携をしていく必要がある。

2. 医療観察法

歴史的経緯　医療観察法が法案として提出されるきっかけとなったのは，2001年6月に発生した池田小学校事件（大阪教育大学附属池田小学校で発生した無差別殺傷事件。8人の小学生が殺害された。逮捕された犯人には措置入院歴があった）であった。当初，政府は，心神喪失または心神耗弱の状態で重大な他害行為を行った者が「再び対象行為を行うおそれ」があると認められた場合に強制入院を決定する制度を原案として提出したが，これは保安処分制度であるとの批判がなされた。その後，3度にわたる国会審議を経て，医療観察法は，

「継続的かつ適切な医療並びにその確保のために必要な観察及び指導を行うことによって，その病状の改善及びこれに伴う同様の行為の再発の防止を図り」，それによって対象者の「社会復帰を促進する」ことを目的とした法律（1条）として2003年に成立し，2005年より施行された。厚生労働省と法務省との共管の制度である。

医療観察法の意義　医療観察法制度は，精神障害のために通常の刑罰を科すことができない状態で重大な他害行為を行った者に対して，国の責任において手厚い専門的な医療を統一的に行い，さらに，地域における継続的な医療を確保するための仕組みを設けた点に意義がある。

医療観察法の概要

(1) **対象者**　心神喪失または心神耗弱の状態で重大な他害行為を行った者である。「心神喪失者」とは，精神の障害により物事の是非・善悪を判断し，その判断に従って行動する能力がない状態の者をいい，「心神耗弱者」とは精神の障害により前述の能力が著しく低い状態の者を指す。「重大な他害行為」とは，殺人，放火，強盗，強制性交等，強制わいせつ，傷害に当たる行為（未遂を含む）をいう。医療観察法は，重大な他害行為を行い，a）心神喪失または心神耗弱が認められて不起訴処分になった者，b）心神喪失を理由として無罪の裁判が確定した者，c）心神耗弱を理由として刑が減軽されて執行猶予付きの裁判が確定した者について，それぞれ適用される。

(2) **処遇の決定**　医療観察法の対象者について，検察官が地方裁判所に対して医療観察法制度による処遇の要否や内容を決定するよう，申し立てを行う。申し立てを受けた地方裁判所では，裁判官1名と精神科医1名（「精神保健審判員」と呼ばれる）からなる合議体を構成し，審判を行う。審判の過程では，裁判所の命令で合議体とは別の精神科医による鑑定が鑑定入院医療機関で行われるほか，保護観察所が「生活環境の調査」（対象者の住居や家族の状況，地域の精神保健福祉サービスの状況などの調査）を行う。鑑定の結果と生活環境調査をもとに，精神保健福祉の専門家（「精神保健参与員」と呼ばれる）の意見も参考にしながら，合議体が医療観察法による医療が必要かどうかを判断する。審判の結果は，「入院による医療（入院処遇）」「入院によらない医療（通院処遇）」「不処遇」「却下」に分かれる。

(3) **医療観察法による医療**　医療観察法の医療は，厚生労働大臣が指定する指定医療機関（指定入院医療機関と指定通院医療機関）で行われる。医療費は全額

国費で賄われる。

　指定入院医療機関は，国公立病院から指定され，一般精神科に比して人員配置が厚く，専門的な司法精神科治療（狭義の精神科治療に加えて，各種の心理社会的介入，他害行為防止に焦点を当てた介入）を提供している。また，入院期間に制限はないが，少なくとも6カ月に1回，入院の継続について，裁判所がその要否を判断している。

　指定通院医療機関は，一定水準の医療が提供できる病院や診療所が，民間も含めて指定されている。通院処遇は，裁判所において退院または通院が決定された日から原則3年間である。3年経過時点で，なお本制度による医療の必要性が認められた場合は，裁判所の決定によって2年を超えない範囲で延長することが認められるが，それを超えた期間の延長はできない仕組みである。

　医療観察法の医療では，対象者ごとに医師，看護師，精神保健福祉士，臨床心理技術者，作業療法士等からなる多職種チーム（multidisciplinary team：MDT）が組まれ，治療が提供される。

　⑷　**社会復帰調整官の役割**　対象者の地域ケアのためには，医療機関だけでなく精神保健福祉センター，保健所など精神保健福祉関係のさまざまな機関が連携することが重要である。そのため，保護観察所の社会復帰調整官は，対象者が入院中から関わり，退院後の帰住地の関係機関と連携しながら「生活環境の調整」を行い，地域社会への円滑な移行を支援する。地域社会における処遇の具体的な内容は，社会復帰調整官が関係機関および対象者本人と協議して作成する「処遇実施計画」に沿って提供される。また，社会復帰調整官は対象者の生活状況や通院状況の見守り等（「精神保健観察」）を行い，随時「ケア会議」を開催し，関係機関が情報や方針を共有することで，継続的な医療とケアの確保に努めている。

　公認心理師が理解しておくべきこと　国の責任で行う医療観察法医療においては，公認心理師の国家資格化が実現する前から，多職種チームを構成する一専門職として，臨床心理技術者が人員配置基準の中で規定されていた。医療観察法における臨床心理技術者は，基礎心理学及び実践心理学，一般精神科及び司法精神科の専門知識をもとに，アセスメントや各種心理的介入プログラムの開発・提供を行い，他職種と協働して対象者のケアに当たることが求められる。今後，公認心理師は，こうした多職種チームの重要な一員として配置されることになる。

5 保健医療分野③ 法律と制度(2)

◀松野 俊夫

保険医療分野は国民の健康を担う分野であり，多くの法律と関連をもっている。本章では主な保健・医療分野の法律について，法の目的と概要，公認心理師が理解しておくべきポイント，などを解説する。

1. 地域保健法

法律の概要と目的 地域保健対策推進に関する基本指針を示した法律。保健所の設置や地域保健対策の推進，公衆衛生の向上及び推進に関する基本となる事項や，地域住民の健康保持及び増進などの地域保健に関する中核的事項を定めている。

法律の歴史 1937 年に制定された保健所法が 1994 年に改正され，地域保健法となる。主務大臣は厚生労働大臣である。

法律の内容 地域保健法は，地域の保健対策が円滑に実施できるよう，必要な施設の整備，人材の確保，調査及び研究など地域保健対策の推進に関する基本的な指針を定めている。この法律によって，従来の保健所で行っていた保健サービスと，市町村に設置された地域保健センターでのサービスが一元化された。保健所は，病気の予防や環境衛生に関する事項，調査研究など地域住民の健康に関する中核的・専門的業務を担い，都道府県，指定都市，中核市，特別区などに設置されている。市町村保健センターは，健康相談，保健指導，健康診査など，地域保健に関する必要な事業を行うためのより身近な施設と位置づけられ，多くの市町村に設置されている。この他各種の試験・検査，公衆衛生情報等の収集・解析・提供，各種の保健調査や研究，研修などを行う機関として地方衛生研究所がある。

公認心理師との関係 保健所や市町村保健センターには，保健師，看護師，管理栄養士，歯科衛生士，理学療法士などが配置され，施設によっては助産師，医師，心理職などが配置されていることもあるなど，関連する法律や政策の横断的理解や多職種との連携が求められる。

2. 社会保険制度に関する法律

国民が安心した生活を送ることを保障するために設けられた制度で，健康保険，年金保険，介護保険，雇用保険，労災保険などがある。一定条件を満たす国民は全員社会保険に加入し保険料を負担する義務（国民皆保険制度）を負う。

主務大臣は厚生労働大臣である。

制度の概要と目的

⑴　**健康保険／国民健康保険**　病気やけが，または死亡した場合の医療費の支給，出産育児に対する一時金の支給など，健康な生活の維持を目的とする保険制度。健康保険制度は 1922 年に健康保険法，その後 1958 年に国民健康保険法が公布され，すべての国民を医療保険に加入させる制度として国民皆保険制度が始まった。また，2008 年から 75 歳以上の高齢者を対象とした「後期高齢者医療制度」が開始された。

⑵　**年 金 保 険**　退職後の生活や障害・死亡に対する保障制度で，積み立てた金額に応じて継続的に給付金が支給される制度。国民に加入義務のある公的年金は，国が老後の基盤を支えるための年金制度で，日本国内に住所をもつ 20 歳以上 60 歳未満のすべてに加入義務のある国民年金と，サラリーマンなどの労働者と被扶養配偶者を対象とする厚生年金がある。

⑶　**介 護 保 険**　介護が必要となった高齢者に対する保障制度で，40 歳以上の人に加入が義務づけられている。基本的には 65 歳以上で要支援や要介護状態と認定されることで利用できる介護のための保険制度で，介護サービス費用のうち 1 割から 2 割を自己負担し，訪問介護や介護老人福祉施設，介護老人保健施設，介護療養型医療施設やショートステイ利用の負担軽減などの各種サービスが利用できる

⑷　**雇 用 保 険**　従業員の雇用の安定と促進を目的とした保険制度で，失業などで生活が困難になった場合に一定期間失業手当として給付金を受け取ることができる「一般求職者給付」（失業保険）や「教育訓練給付」「育児休業給付」「介護休業給付」「キャリアアップ助成金」「トライアル雇用奨励金」などの給付がある。

⑸　**労災保険（労働者災害補償保険）**　労働者が業務中や通勤中の事故や災害によって生じた病気・けが・死亡などに対して保険給付を行う制度で，労働者災害補償保険法を基に社会復帰や遺族への援助などを目的としている。

公認心理師との関係　公認心理師が関わる分野において，さまざまな社会保険制度が関係してくることが多く，それぞれの法律の理解は必須である。

3.　母子保健法

法律の目的　妊産婦及び乳幼児の健康の保持・増進のため，妊娠・出産・育児等の知識普及，母子健康手帳の交付，妊産婦や乳幼児に対する保健指導，健

康診査，母子健康包括支援センター設置など，母子保健対策の強化・推進に関する措置について定め，国民保健の向上に寄与することを目的としている。

法律の歴史　1965年に公布された。主務大臣は厚生労働大臣である。

法律の内容　この法律は，母性の尊重や乳幼児の健康の保持・増進など母親及び保護者の努力を求めるとともに，国及び地方公共団体が行う母子保健事業の具体策として，①母子保健に関する知識の普及，②妊娠・出産又は育児に関する保健指導，③新生児の訪問指導，④1歳6カ月児及び3歳児の健康診査，⑤必要に応じた妊産婦・乳幼児の健康診査又は受診の勧奨，⑥栄養の摂取に関する必要な援助，⑦母子健康手帳の交付，⑧妊産婦の訪問指導と診療の勧奨，⑨未熟児の訪問指導，⑩未熟児の養育医療の給付，⑪医療施設の整備，⑫各市町村に子育て世代包括支援センター（法律上の名称は「母子健康包括支援センター」）を設置すること，などの実施や努力義務を定めている。

公認心理師との関係　地方公共団体はこの法律に基づく母子保健に関する事業の実施に当たって，地域保健法や学校保健安全法，児童福祉法その他の法令に基づく母性及び児童の保健及び福祉に関する事業との連携及び調和の確保に努めなければならないとしており，児童虐待の予防・子育て支援の観点からも重要である。

4. 自殺対策基本法

法律の目的　自殺対策を総合的に推進し自殺の防止や自殺者の親族等への支援の充実を図ることを目的とする。通称は自殺対策法。

法律の歴史　超党派議員で構成された「自殺防止対策を考える議員有志の会」による議員立法として2006年に成立した。その後自殺対策をさらに推進するため2016年に「自殺対策基本法の一部を改正する法律」（改正自殺対策基本法）が成立し，それまで内閣府が取り組んでいた自殺対策推進業務が厚生労働省に移管され，都道府県が策定していた基本計画を市町村にも義務づけた。主務大臣は厚生労働大臣である。

法律の内容　法律には政府の推進すべき自殺対策の指針として，自殺総合対策大綱及び都道府県自殺対策計画等を定めることが明記され，2007年4月内閣府に「自殺対策推進室」の設置，6月には自殺対策基本法に基づいた「自殺総合対策大綱」が閣議決定された。その中で自殺に対して「自殺は追い込まれた末の死」「自殺は防ぐことができる」「自殺を考えている人は悩みを抱え込みながらもサインを発している」との基本的な認識を示した。

大綱はおおむね5年ごとに見直され，2012年には全体的な見直しが行われ，さらに2017年に「自殺総合対策大綱——誰も自殺に追い込まれることのない社会の実現を目指して」が閣議決定された。見直し後の大綱では，「地域レベルの実践的な取組の更なる推進」「若者の自殺対策，勤務問題による自殺対策の更なる推進」「自殺死亡率を先進諸国の現在の水準まで減少することを目指し，平成38年までに平成27年比30％以上減少させることを目標とする」などの目標が設けられた。

公認心理師との関係　自殺対策は，公認心理師の活動するさまざまな分野で課題となっている。公認心理師の職能が発揮されるためには，関連する法律や国・地方自治体の政策の理解や多職種との連携が求められる。

5. 健康増進法

法律の概要と目的　高齢化社会を迎えた国民の健康づくりや疾病予防を積極的に推進するために，2000年に厚生省（当時）が策定した「21世紀における国民健康づくり運動」（略称「健康日本21」）を推進するために定めた法律。

国民の健康増進の推進に関する基本的な事項を定め，国民の栄養状態の改善や国民の健康増進を図るための措置を講じ，国民保健の向上を図ること目的としている。

法律の歴史　栄養改善法（1952年）を改正し，健康増進法として2002年に公布された。主務大臣は厚生労働大臣である。

法律の内容　国及び地方公共団体，健康増進事業実施者に対して，国民の健康の増進を図るために健康の増進に関する正しい知識の普及，健康増進のための必要な事業，健康増進に係る人材養成，関係者の連携及び協力，国民には自らの健康状態を自覚するとともに，健康の増進に努めることを定めた。

「健康日本21」は2013年に基本方針を改定し，「健康日本21（第2次）」となり，10年後を見据えた国民の健康増進の推進を図る基本方針として，①健康寿命の延伸と健康格差の縮小，②生活習慣病の発症予防と重症化予防の徹底，非感染性疾患の予防，③社会生活を営むために必要な機能の維持及び向上，④健康を支え，守るための社会環境の整備，⑤栄養・食生活，身体活動・運動，休養，飲酒，喫煙，歯・口腔の健康に関する生活習慣の改善，社会環境の改善，を示した。

公認心理師との関係　健康日本21を推進するためには心理的社会的な支援が期待される。そのためメンタルヘルスや生活習慣病などの理解とともに，関連

する法律や政策の理解や多職種との連携が求められる。

6. 食育基本法

法律の目的　飽食の時代となり，不規則な食生活，偏食による肥満や生活習慣病の増加，反対に過度の痩身志向などを背景に，食についての意識を高め，現在及び将来にわたる健康で文化的な国民の生活と豊かで活力ある社会を実現し，心身の健康の増進と豊かな人間形成を図ることを目的とした法律。

法律の歴史　2005年に食育基本法は公布された。この改正で「食育推進基本計画」を定める「食育推進会議」は農林水産省の下に置かれることになった。主務大臣は農林水産大臣である。

法律の内容　食育基本法は国民が生涯にわたって健全な心身を養い，豊かな人間性を育むための食育に関す基本理念を定め，食育に関する施策を総合的・計画的に進めるために国や地方公共団体の責務や食育に関する施策の基本事項を定めた。

食育基本法では，食育を知育，徳育，体育の基礎になるべきものと位置づけ，国には食育を推進するための「食育推進基本計画」の策定を義務づけ，地方自治体には「食育推進計画」の作成を努力義務とした。

基本政策は，家庭や学校等での食育推進運動の促進，生産者と消費者の交流の促進，食文化継承への支援，食の安全性や食生活に対する調査・研究，情報の提供，食育推進基本計画及び食育推進会議の設置などがある。

公認心理師との関係　食育基本法の背景にある現代の食を中心とする生活習慣は，公認心理師の活動するさまざまな分野と関連するため，公認心理師の知識や技能が多職種連携の中で発揮されることが考えられる。

7. 感染症法

法律の目的　感染症の予防及び感染症患者に対する医療に関し必要な措置を定めることを目的としている。感染症予防法，感染症法，感染症新法ともいう。

法律の歴史　従来の伝染病予防法（1897年公布），性病予防法（1948年公布），後天性免疫不全症候群の予防に関する法律（エイズ予防法：1989年公布）が廃止統合され「感染症の予防及び感染症の患者に対する医療に関する法律」（感染症法）として1998年に公布された。その後2007年に結核予防法（1920年制定）を統合し，さらに2014年に「感染症の予防及び感染症の患者に対する医療に関する法律の一部を改正する法律」が成立し，感染症に対する情報収集体制が強化された。主務大臣は厚生労働大臣である。

法律の内容　感染症とは，病原性の微生物（細菌，ウイルス，カビ，寄生虫など）が人体に侵入することで起こる疾患である。この法律では感染症対策において国民と医師その他の医療関係者に対する責務，「人権尊重」や「最小限度の措置の原則」を明記し，「感染症」を症状の重症度や感染力などから，一類感染症，二類感染症，三類感染症，四類感染症，五類感染症，及び新型インフルエンザ等感染症，指定感染症及び新感染症に分類，具体的な感染性疾患を定義している。また，感染症に関する情報の収集及び公表，感染症の発生の状況，動向及び原因の調査，就業制限などの措置を義務づけている。

　公認心理師との関係　届け出義務のある感染症があるため，公認心理師にも感染症に関する知識は必須となる。大学病院や大規模病院などでは感染症に関する講習会受講を義務化しているところも多い。

8. 薬務に関する法律

　法律の目的　薬務に関係するさまざまな法律は，国民の医療にとって必要性の高い医薬品及び医療機器などに対して必要な措置を講じ，保健衛生の向上及び増進を図ることを目的としている。主務大臣は厚生労働大臣である。

　法律の歴史

① 医薬品，医療機器等の品質，有効性及び安全性の確保等に関する法律：薬事法として 1960 年公布

② 独立行政法人医薬品医療機器総合機構法：2002 年

③ 安全な血液製剤の安定供給の確保等に関する法律：1956 年

④ 毒物及び劇物取締法：1950 年

⑤ 麻薬及び向精神薬取締法：1953 年

⑥ 大麻取締法：1948 年

⑦ あへん法：1954 年

⑧ 覚せい剤取締法：1951 年

　法律の内容　「医薬品，医療機器等の品質，有効性及び安全性の確保等に関する法律」（薬機法：薬事法が 2013 年に改正され，法律の名称も変更された）は，医薬品や化粧品，医療機器などに対する必要な規制を定めている。また，独立行政法人医薬品医療機器総合機構法は，医薬品の副作用や品質・有効性・安全性の審査，生物由来の製品等を介した感染などによる健康被害の救済などを行う，医薬品医療機器総合機構の業務内容や範囲などを定めている。毒物や劇物，麻薬や向精神薬，大麻及び覚せい剤などについての各取締法は，その濫用によ

って生命や健康に多大な危害をもたらすことの防止を目的として、現物や原料の輸入、輸出、所持、製造、譲渡、譲受及び使用に関する届け出や取締りを定めている。

公認心理師との関係 医療・福祉・保健分野での活動にはそれぞれの法律の理解は必須である。

9. アルコール健康障害対策基本法

法律の目的 アルコールの不適切な摂取は、健康障害の他さまざまな社会問題にも密接に関連するため、アルコールによる健康障害対策を総合的・計画的に推進することを目的として制定された。

法律の歴史 2010年世界保健機関（WHO）による「アルコールの有害な使用を低減する世界戦略」の決議を受け、12年2月超党派の「アルコール問題議員連盟」が発足し、2013年に「アルコール健康障害対策基本法」（アル法）は公布された。主務大臣は厚生労働大臣である。

法律の内容 アルコールによる健康障害は、本人の健康障害の他、飲酒運転や暴力、虐待、自殺、失業といったさまざまな社会問題を引き起こす可能性が高いため、飲酒に関する対策を総合的かつ計画的に推進し国民の健康保護、社会の安心の実現を目的として制定された。この法律において政府は基本的な施策として、①アルコール健康障害に対する教育の振興、②不適切な飲酒の誘引の防止、③健康診断及び保健指導の充実、④医療の充実、⑤飲酒運転等をした者に対する指導、⑥アルコール健康障害に対する相談支援、⑦社会復帰への支援、⑧アルコール健康障害の再発防止等に関する民間団体の活動に対する支援、⑨アルコール関連問題に関連する人材の確保、⑩アルコール健康障害の調査・研究等を推進するために、厚生労働省にアルコール健康障害対策関係者会議の設置を定めた。

公認心理師との関係 不適切な飲酒は健康問題の他、社会全体にさまざまな影響を及ぼす。そのため公認心理師の係わる分野に関係する問題であり、関連する法律や政策の横断的理解や多職種との連携が求められる。

10. がん対策基本法

法律の目的 病気による死因の中でがんによる死亡が最大となっている状況に対する取り組みとして、がん対策基本法は、がん対策の充実のための基本計画を策定し、総合的にがんに対する対策を推進することを目的として制定された。

法律の歴史　がん対策基本法は，2006年に公布された。その後がん対策をさらに推進するため「がん対策基本法の一部を改正する法律」が2016年に公布された。主務大臣は厚生労働大臣である。

法律の内容　がん患者やがん患者であった者に対して，尊厳を保持しながら安心して暮らすことのできる社会の構築を目指すことを理念として掲げ，全国どこでも必要な支援を同じレベルで受けられるための環境整備や，がん克服のため国，地方公共団体が総合的ながん対策として「がん対策推進基本計画」を策定することなどを定めている。また働く人ががんに罹患しても雇用を継続できるよう配慮する「事業主の責務」や，国や地方公共団体にも事業主に対してがん患者の就労に関する啓発・知識の普及に向けて必要な施策を講じるよう定めている。そのほか，小児がん患者に対して学業と治療の両立に必要な環境整備，がんの研究促進やがんの実態把握など，必要な施策の実施を求めている。また，がんに関する教育の推進や国や地方公共団体，民間団体が行うがん患者の支援活動，がん患者団体の活動等を支援するために必要な施策を講じることが盛り込まれている。

公認心理師との関係　がん医療が「がん対策推進基本計画」に基づき推進される中で，緩和ケアでの公認心理師を含めたチーム医療が期待されている。

6 福祉分野①
資格と施設

◀ 細野　正人

　わが国には，三福祉士と呼ばれる社会福祉士，精神保健福祉士，介護福祉士の国家資格がある。これらの資格は「社会福祉士及び介護福祉士法」と「精神保健福祉士法」により，その職務と責任が示されている。各資格の職責と法律について解説する。

1. 福祉の専門家の法律

　社会福祉士・介護福祉士　社会福祉士は，医療・福祉・教育分野において，生活全般を対象に助言，指導を行う国家資格である。また，行政機関等の福祉窓口などの相談業務に従事することもある。名称独占資格のため，相談，指導業務を行うに当たり，有資格者であることは必須ではないが，社会福祉士と名のるには，有資格者でなければならない。実際には，多くの支援機関では，有資格者を配置している。

　「社会福祉士及び介護福祉士法」2条1項において，社会福祉士の職責が示されており，その内容は，「この法律において『社会福祉士』とは，第28条の登録を受け，社会福祉士の名称を用いて，専門的知識及び技術をもって，身体上若しくは精神上の障害があること又は環境上の理由により日常生活を営むのに支障がある者の福祉に関する相談に応じ，助言，指導，福祉サービスを提供する者又は医師その他の保健医療サービスを提供する者その他の関係者……との連絡及び調整その他の援助を行うこと……を業とする者をいう」とされている。

　介護福祉士は，高齢者や身体障害者を対象に身体介護を行うことを業とした国家資格である。社会福祉士と同様名称独占資格のため，介護福祉士でなければ，介護福祉士を名のることはできない。実務者研修を受けることで，介助行為のみならず，喀痰吸引や経管栄養などの医行為が行えるという特徴がある。わが国は，高齢化社会問題に直面しており，今後，介護が必要な人間は増えることが予想されている。そのため，介護福祉士の人材確保が求められている。

　社会福祉士と同様に，同法2条2項により職責が定められている。この法律において「介護福祉士」とは，「介護福祉士の名称を用いて，専門的知識及び技術をもって，身体上又は精神上の障害があることにより日常生活を営むのに支障がある者につき心身の状況に応じた介護（喀痰吸引その他のその者が日常

生活を営むのに必要な行為であって，医師の指示の下に行われるもの……を行い，並びにその者及びその介護者に対して介護に関する指導を行うこと……を業とする者をいう」とされている。

精神保健福祉士 精神保健福祉士は，精神障害者の社会福祉のための相談，援助を業とする国家資格である。社会福祉士資格と同様に名称独占資格だが，精神保健福祉センターや保健所等において，必置に準ずる資格となっている。また，精神科医療機関においては，診療報酬業務があり，多くの精神科医療機関に配置されている。

近年のメンタルヘルス不調者の増加の影響もあり，精神保健福祉士は，EAP（employee assistance program：社員のメンタルヘルス不調予防プログラム）やリワーク（復職支援プログラム）などの職業リハビリテーション分野や，「心神喪失等の状態で重大な他害行為を行った者の医療及び観察等に関する法律」（医療観察法）における社会復帰調整官，精神保健参与員などの司法分野において業を行うこともできる。

精神保健福祉士法2条において「精神保健福祉士」とは，「精神保健福祉士の名称を用いて，精神障害者の保健及び福祉に関する専門的知識及び技術をもって，精神科病院その他の医療施設において精神障害の医療を受け，又は精神障害者の社会復帰の促進を図ることを目的とする施設を利用している者の地域相談支援……の利用に関する相談その他の社会復帰に関する相談に応じ，助言，指導，日常生活への適応のために必要な訓練その他の助言を行うこと……を業とする者をいう」とされている。

次に国家資格ではないが，福祉分野においてきわめて重要な役割を果たす，3つの資格とそれを定める法律について解説を加える。

介護支援専門員 介護支援専門員（ケアマネジャー）は，要介護者が介護を受けるためのケアプランの作成やサービス計画書を作成することを業とする。介護福祉士などの国家資格を有する者が，5年以上かつ900日以上，業務につき，介護支援専門員実務研修受講試験に合格した後，介護支援専門員実務研修を修了することで，登録することができる資格となっている。

社会福祉主事（社会福祉法） 社会福祉主事は，生活保護法，児童福祉法，「母子及び父子並びに寡婦福祉法」などに関連した福祉に関連し，社会的弱者の援護，育成又は更生の措置に関する事務を行うことを業とする者である。社会福祉主事の職務を行うためには，社会福祉主事任用資格が必要である。資格の取

得方法は複数の方法がある。

児童福祉司（児童福祉法） 児童福祉司は，児童相談所に配置が義務づけられた職種であり，主には，児童相談所の相談業務や虐待対応を行う（ケースワーカー）。児童福祉司は，資格ではないが，地方公務員試験に合格しなくては，その業に就くことはできない。また，児童福祉法で定められた任用資格要件（医師，社会福祉士，精神保健福祉士の資格取得者や都道府県知事の指定する講習会の課程修了者など）を満たさなければならない。児童福祉司は，専門的な知識だけでなく，高いコミュニケーションスキルも求められる。子どもや保護者との信頼関係を築くことが重要である。

2. 福祉の施設

福祉施設はそれぞれ特徴をもっており，公認心理師の実習施設にもなっている。以下に各領域の福祉施設（根拠となる法律）とその特徴を示す。

保健福祉領域

(1) **保健所（地域保健法）** 地域保健法に基づき，都道府県，指定都市などに設置されている公的機関である。保健所の業務は住民を対象とした対人保健と地域を対象とした対物保健に分けられる。

(2) **市町村保健センター（地域保健法）** 市町村の保健センターは，地域住民の健康づくりの基本であり，母子保健，老人保健の拠点といえる。保健師が多く配置されている。

(3) **社会福祉協議会（社会福祉法）** 社会福祉協議会は，社会福祉に関するさまざまな事業を実施するなど，地域福祉の増進を図ることを目的として設立された公共性・公益性の高い社会福祉法人である（「社協」と略称される）。地域住民，公私の福祉関係機関・団体等により構成され，各都道府県及び市町村に設立されている（社会福祉法109条〜111条）。民間団体ではあるが，主として行政からの補助金，会費，委託を受けた事業の事業費などで運営されている。

児童・家庭福祉領域

(1) **児童福祉施設（児童福祉法等複数の法令）** 児童福祉施設は，児童福祉事業を実施する各種施設を意味する。児童福祉施設は，国や都道府県が設置できるが，社会福祉法人などの民間機関でも設置することが可能である。対象となる施設は，助産施設，乳児院，母子生活支援施設，保育所，幼保連携型認定こども園，児童厚生施設，児童養護施設，障害児入所施設，児童発達支援センター，児童心理治療施設，児童自立支援施設，児童家庭支援センターなどがある。

(2)　**児童相談所（児童福祉法）**　児童相談所は，児童福祉法に基づき，すべての都道府県および指定都市に設置されている児童福祉の専門的な行政機関である（指定都市以外の市及び特別区も設置することができる）。児童虐待や非行を含め子どもに関する家庭その他からの相談に応じ，調査・診断・判定した上で，市町村や関係機関と連携して個々の子どもや家庭に最も効果的な援助を行い，子どもの福祉を図りその権利を擁護することを主たる目的としており，心理専門職，児童福祉司などが配置されている（精神科医が配置されているところも少なくない）。児童虐待の通告を受け，必要に応じ一時保護を行う（児童相談所には一時保護所が付設されている）ほか，里親委託や児童養護施設への入所措置などを行う権限をもっている。

　児童相談所における相談援助活動は，すべての子どもが心身ともに健やかに育ち，そのもてる力を最大限に発揮することができるよう，子ども及びその家庭等を援助することを目的とし，児童福祉の理念及び児童育成の責任の原理に基づき行われる。児童相談所の任務・組織・具体的な業務・一時保護所の運営などに関しては，厚生労働省の「児童相談所運営指針」に詳しく記載されている。

(3)　**認定こども園（子ども・子育て支援法および認定こども園法）**　認定こども園は，小学校就学前の子どもを対象に，保育及び教育を行う。幼稚園，保育所が都道府県の条例が定める基準により認定される必要がある。また，保護者を対象に子育て支援も実施している。

(4)　**救護施設（生活保護法）**　身体障害や精神障害等により，日常生活が困難な者を対象に，生活扶助を行うことを目的とした施設である。居宅生活訓練が行われるが，自宅で暮らす通所利用者に対しては，訪問指導も行っている。

(5)　**更生施設（生活保護法）**　救護施設と同様に生活扶助を行うことを目的にしている。施設では作業訓練，生活訓練が行われている。また，救護施設と同様に通所事業も実施している。

(6)　**婦人相談所（売春防止法）**　婦人相談所は，売春防止法により定められた行政機関で，各都道府県に設置されている。売春の早期発見，更生，保護のための業務を行う。現在では，むしろ DV 防止法による「配偶者暴力相談支援センター」の役割を担う施設となっている。

(7)　**婦人保護施設（売春防止法）**　婦人相談所と併設されていることが多い施設であり，DV 被害者や生活の困窮などの理由により，保護が必要な女子及び同

伴児童を収容保護する施設である。

(8) **発達障害者支援センター（発達障害者支援法）**　発達障害者支援センターは，自閉症など発達障害の当事者及び家族や関係者に対する専門的な相談，情報提供，ならびに発達障害者に対する発達支援や就労支援などを行う地域拠点施設である。

高齢者福祉領域

(1) **介護老人保健施設（介護保険法）**　在宅での生活が困難な高齢者及び特定疾患により機能低下が生じた者を対象に，在宅復帰に向けたリハビリテーションを実施する。介護保険対象の施設。利用者の多くは認知症であることが多く，身体介護（寝たきりを含む）が必要な利用者も多い。数は少ないが，認知症に特化した老人保健施設も存在する。

(2) **老人福祉施設（老人福祉法）**　老人福祉施設は特別養護老人ホームや老人福祉センター等，老人福祉を行う施設のことである。日本社会の高齢化に伴い，老人福祉施設の充実が求められる。特に特別養護老人ホームは，全国的に不足しており，早急な整備が必要である。

(3) **地域包括支援センター（介護保険法）**　地域住民の医療，福祉の向上と介護予防などを総合的に行う施設である。各市区町村に配置されている。高齢者の暮らしをサポートする拠点として，介護だけに止まらず，医療，予防医療も行っている。当事者のみではなく，家族支援など，包括的な支援を実施している。

障害者福祉領域

(1) **精神保健福祉センター（精神保健福祉法）**　精神保健福祉センターは，精神障害者の福祉の向上のための業務を行う機関で，都道府県及び指定都市に設置されている。精神障害者保健福祉手帳の等級判定も行っている。地域の精神保健福祉の増進に力を入れており，自殺に関する電話相談，うつ病や統合失調症の人たちのピアサポート，アルコール依存症の自助グループの運営や支援をしているセンターも存在する。

(2) **障害者支援施設（障害者総合支援法）**　障害者の生活を支援する入所型の施設である。日中活動系サービスの生活介護と夜間対応の施設入所支援がある。活動の内容は施設によって違いがあるが，行政から清掃委託を受け，清掃活動に従事している施設や，喫茶店の運営など，幅広い活動が行われている。

(3) **地域活動支援センター（障害者総合支援法）**　障害が原因で就労が困難な者を対象に，日中の生活リズムの確保や人間らしい生活を実現するための日中活

動支援施設である。各都道府県に設置されている。Ⅰ型，Ⅱ型，Ⅲ型があり，Ⅰ型は，精神保健福祉士などの専門職員を配置し，社会基盤との連携事業，生涯に対する理解促進を促すための普及啓発事業をすることが求められる。Ⅱ型は，地域で就労困難な在宅障害者を対象とし，機能訓練，社会適応訓練，入浴介助を行う。小規模作業所としておおむね5年以上実績がある施設である。Ⅱ型は毎日15名以上の利用者が必要だが，Ⅲ型は，10名以上の利用者でも要件を満たすことができる。また，事業所が受け取る給付費にも違いがある。

⑷　**福祉ホーム（障害者総合支援法）**　障害をもっている人が，社会参加するための訓練の場としてさまざまな活動を提供する施設である。福祉ホームは個室であることが多く，自立訓練の場となっている。

⑸　**知的障害者更生相談所（知的障害者福祉法）**　知的障害者の福祉の向上を目的に，各都道府県に設置されている。知的障害者の相談にのるとともに，家族からの相談も受け付けている。

⑹　**障害者就業・生活支援センター（障害者雇用促進法）**　障害者就業・生活支援センターは，障害者の就労及び定着支援を実施している。また，社会生活面においても相談を受け付けている。障害者の就労生活を総合的に支援している。

⑺　**障害者職業センター（障害者雇用促進法）**　さまざまな障害を対象とし，障害者の就労支援を行うとともに，企業が積極的に障害者を雇用できるように，企業に対する支援も実施している。障害者雇用促進法の影響もあり，障害者雇用は増加している。障害者雇用促進法は，2020年までにさらに法定雇用率の増加を予定しており，障害者職業センターには雇用する企業に対する適切な助言が求められる。

　上記で示した福祉施設は，公認心理師カリキュラム等検討会で実習先として認定された施設である。公認心理師は上記施設の職員とのスムーズな連携が求められる。連携のために，上記の機関がどのような役割で機能し，どのような活動を業としているかを把握しておく必要がある。

　上記機関は，支援を実施していく上で重要な社会資源である。さまざまな多様性を受け入れる社会を作っていくためには，既存の社会資源の質・量を充実させていくことは，もちろん重要だが，公認心理師の専門性を生かして，さらに充実した社会資源を構築していくことが求められる。

7 福祉分野② 法律と制度

◀中川 利彦・細野 正人

公認心理師は，福祉に関連する法律について，その歴史や制定の背景なども含めて理解しておく必要がある。

1. 社会福祉

社会福祉法 1951年，社会福祉法の前身である社会福祉事業法は制定された。本法は，わが国の社会福祉の目的，理念を定めており，わが国のさまざまな社会福祉に関連する法律の根幹的法律といっても過言ではない。社会構造の変化や求められる社会福祉の質の変化に伴い，数回の改正を経て，2000年に社会福祉法となった。この改正では，名称が変わっただけでなく，内容も大幅に変更となった。福祉サービスや社会福祉法人の定義，目的，理念，組織，福祉サービス利用者の権利擁護システムが盛り込まれている。特に苦情解決のために，運営適正化委員会を設置し，地域福祉サービスの向上を目指すことを示している。

2. 児童・家庭福祉

児童福祉法 第二次世界大戦の敗戦により，多くの戦争孤児が街にあふれる事態になったことを背景に，すべての児童（18歳未満の者）の福祉を図り，国が健全に育成していくことを示すために，1947年に制定された児童福祉分野の基本法である。

児童虐待の著しい増加に伴ってたびたび改正されたが，2016年に大きな改正がなされ，すべての児童が，児童の権利に関する条約（子どもの権利条約）の精神に則り適切に養育されること，児童が権利の主体でありその最善の利益が優先して考慮されること，家庭養育の優先など，基本的理念が明確にされた。また，児童の身近な場所における自治体として市町村が，児童・家庭に対して必要な支援を行う役割・責務を担うことが明記された（なお，児童虐待の発生予防・早期発見の観点から，同時に母子保健法も改正され，各市町村は，妊娠期から子育て期までの切れ目のない支援を行う「子育て世代包括支援センター」の設置に努めることとされた）。

本法では，児童などの用語が定義され，また，保育所・児童養護施設などの児童福祉施設，児童相談所，要保護児童対策地域協議会に関する規定，あるいは，児童福祉の保障内容，要保護児童（保護者のない児童または保護者に監護さ

せることが不適当であると認められる児童）を発見した場合の通告義務，要保護児童の一時保護，里親委託・施設入所，児童相談所長の家庭裁判所に対する親権の喪失・一時停止の申立て，18 歳を超えた者に対する自立支援の継続に関する規定などが置かれている。

児童虐待防止法　虐待を受けた児童については，児童福祉法が定める要保護児童として，児童相談所が児童福祉法の諸規定に基づき対応していた。しかし，児童虐待の著しい増加に適切に対応することが困難になったため，2000 年に新たに「児童虐待の防止等に関する法律」（児童虐待防止法）が制定された。しかし，児童相談所における児童虐待の相談対応件数が，1990 年度 1101 件，2000 年度 1 万 7725 件，2016 年度 12 万 2575 件と，年々増加しているため，その後も児童福祉法（以下この項では「児福法」という）および児童虐待防止法（以下この項では「防止法」という）は，たびたび改正されている。以下では，児福法と防止法による児童虐待防止法制度について概説する。

⑴　**児童虐待の定義**　児童虐待とは，保護者が自分の監護する児童（18 歳未満の子）に対して行う，次の①から④までの行為である（防止法 2 条）。

①　身体的虐待：児童の身体に外傷が生じ，又は生じるおそれのある暴行を加えること。骨折，打撲傷，内出血など外傷が生じる可能性があれば，実際に外傷が生じていなくても身体的虐待にあたる。

②　性的虐待：児童にわいせつな行為をすること又はわいせつな行為をさせること。子どもに性的な行為を見せること，ポルノの被写体にすることなども含まれる。

③　ネグレクト：児童の心身の正常な発達を妨げるような著しい減食又は長時間の放置など保護者としての監護を著しく怠ること。保護者以外の同居人が①②あるいは④と同様の行為をすることを放置することは，保護者のネグレクトになる。

④　心理的虐待：児童に対する著しい暴言や著しく拒絶的な対応，児童が同居する家庭でのドメスティック・バイオレンス（DV），その他子どもの心を著しく傷つける言動を行うこと。

児童虐待は児童に対する著しい人権侵害である（防止法 1 条）。

親権者はしつけを名目として児童虐待をしてはならない（防止法 14 条）。

⑵　**発見と通告**　学校，病院その他児童の福祉に業務上関係のある団体及び公認心理師，医師，教師など児童の福祉に職務上関係のある者は，児童虐待を

早期に発見するよう努力する義務がある（防止法 5 条 1 項）。

　虐待を受けたと思われる児童（虐待があることの確証は不要である）を発見した者には，市町村，福祉事務所又は児童相談所に対する通告義務がある（防止法 6 条 1 項，児福法 25 条 1 項）。この通告義務は公認心理師の守秘義務に優先する（防止法 6 条 3 項）。通告を受けた機関は，通告した者が誰であるかがわかるような情報を漏らしてはならない（防止法 7 条）。通告義務に関しては 85 〜86 ページも参照されたい。

　(3)　**調査・安全確認と一時保護**　通告を受けた市町村や児童相談所等は，速やかに（原則として 48 時間以内に）児童の安全確認を行う。その際，必要に応じ民生児童委員や近隣住民，学校などの協力を得て，子どもの心身の状況，保護者の様子，家庭環境・生活環境などを調査する（防止法 8 条）。医療機関や学校等に児童と保護者に関する情報提供を求めることもできる（防止法 13 条の 4）。

　児童相談所は，児童の住所・居所に立入調査することができるし（防止法 9 条，児福法 29 条），児童の安全を確保し適切に保護するため，または児童の心身の状況，置かれている環境を把握するために，児童の一時保護を行うことができる（児福法 33 条）。一時保護は，保護者・親権者の同意がなくても行うことができる。一時保護期間中は児童相談所の一時保護所に入所することが多いが，児童相談所は里親や児童養護施設等への委託一時保護もできる。

　(4)　**在宅援助と里親委託・施設入所措置**　虐待通告がなされたケースの多くでは，親子を分離しないで市町村や児童相談所など関係機関がその家庭を援助し，児童虐待の再発防止を図る。各市町村には，児童虐待の未然防止や再発防止のため，要保護児童対策地域協議会（以下「要対協」という）が設置されている（児福法 25 条の 2）。要対協は，児童に関係するさまざまな機関が要保護児童，要支援児童（保護者の養育を特に支援することが必要と認められる児童），および特定妊婦（出産後の養育について出産前において支援を行うことが特に必要と認められる妊婦）に関する情報を共有し連携を図るために設けられた地域ネットワークであり，関係機関や関係者等に対し情報提供を求める権限もある。要対協では個別ケース検討会議が開催され，学校の担任やスクールカウンセラーが参加を求められることもある。

　児童相談所は，児童を家庭に復帰させることが適当でないと判断した場合には，児童を里親やファミリーホーム〈小規模住居型児童養育事業〉に委託する措置や，乳児院・児童養護施設・児童心理治療施設などの施設への入所措置を

とることができる（児福法27条1項3号）。2016年度の一時保護件数2万175件のうち、里親委託や施設入所措置がとられたのは4845件である。里親委託や施設入所が親権者の意に反する場合には、児童相談所は家庭裁判所の承認を得なければならない（児福法28条1項1号）。

(5) **親権の制限** 児童相談所長は、一時保護中の児童や里親委託・施設入所中の児童と親権者・保護者との面会や通信（手紙、電話、メール）の全部または一部を制限することができる（防止法12条1項）。

また児童相談所長は、父または母による親権の行使が不適当であることにより、子の利益を害するときは親権の一時停止を、性的虐待がある場合など親権の行使が著しく不適当であるため、子の利益を著しく害するときには親権喪失を、いずれも家庭裁判所に申し立てることができる（民法834条、834条の2、児童福祉法33条の7）。

DV防止法 「配偶者からの暴力の防止及び被害者の保護等に関する法律」（DV防止法）は2001年に制定され、その後3回改正されている。配偶者からの暴力（以下「DV」という）は、犯罪となる行為をも含む重大な人権侵害であると明記されている。DVとは、配偶者からの身体に対する暴力又はこれに準ずる心身に有害な影響を及ぼす言動である。DV防止法が適用される配偶者には、婚姻届をしていないが内縁関係にある者を含み、また、内縁とまではいえないが生活の本拠を共にする交際相手からの暴力にも本法は準用される。本法により、全都道府県と多くの市町村に「配偶者暴力相談支援センター」が設置され、一時保護施設の設置など被害者の保護や自立援助に関する業務を行っている。

また、地方裁判所は、被害者（配偶者）からの申立てにより、加害者に対し、被害者本人のほかにも子や親族への接近禁止命令、電話・メール等禁止命令、自宅からの退去命令などといった保護命令を発することができる。なお、DVを受けている者を発見した者の通報努力義務については86ページを参照されたい。

3. 高齢者福祉

老人福祉法 1963年、老人福祉法は制定された。この法律は高齢者をいたわり、心身の健康、安定した生活を送るための老人福祉の根幹的な性格をもった法律である。本法には、老人福祉の基本理念が定められているほか、老人福祉施設に関する多くの規定が存在する。超高齢社会に向かっているわが国にとっ

て，老人の生活施設を整えることは必要不可欠であり，本法が与える影響はきわめて大きいと考えられる。

　また，市町村長は，65歳以上の者の福祉を図るために必要があるときは，成年後見の申立てができる旨の規定がおかれている（32条）。成年後見制度とは，認知症や知的障害，精神障害などによって物事について判断する能力が十分でない人（本人）について，本人の意思決定を支援し，本人を代理して契約したり財産管理を行うことができる援助者（成年後見人，保佐人，補助人）を，家庭裁判所が選任する制度である。家庭裁判所への申立てができるのは，本人自身，配偶者および四親等内の親族ならびに市町村長である。

　本人の判断能力の程度に応じて，「後見」「保佐」「補助」の3類型がある（民法7条〜19条）。

高齢者の医療の確保に関する法律　1982年老人保健法が制定された。これは高齢者医療費無償化制度による医療費負担の不均衡を解消すること，高齢者の保健・医療について，予防からリハビリまでを総合的に展開することなどを目的としたものであった。2008年老人保健法が改正され，「高齢者の医療の確保に関する法律」（高齢者医療確保法）と名称も変更され，新たに75歳以上の者を対象とした後期高齢者医療制度が創設された。

介護保険法　介護保険法は，老齢及び疾患等で日常生活に支障をきたす人を対象に，その能力に応じ，自立した日常生活を送るために介護施設などの社会資源を活用することを目的に1997年に制定された法律である。必要な保健医療サービスと福祉サービスの給付を行い，高齢者の介護予防・自立支援を重視するとともに，利用者が自由にサービスや施設を選択し，契約することができる制度をつくった。高齢化が進み，無意味な診療の増加や長期入院等の医療費の圧迫もあり，高齢者の医療費は増加の一途を辿った。医療費の負担軽減のためにも，介護が必要な人の福祉の増進のためにも本法の必要性は高く認知され，本法は成立するに至った。超高齢社会に進むわが国において，本法の存在意義は高い。

高齢者虐待防止法　高齢者虐待の防止，高齢者の養護者に対する支援等に関する法律（高齢者虐待防止法）は，高齢者虐待を防止するとともに，高齢者の世話を実際にしている親族や同居人など高齢者の養護者を支援することによって，高齢者の権利利益を擁護することを目的として2005年に制定された法律である。高齢者とは65歳以上の者をさす。

本法では，①養護者による虐待と，②養介護施設や養介護事業の業務に従事する者等による虐待を，区別して規定している。高齢者虐待には，身体的虐待，介護・世話の放棄・放任（ネグレクト），心理的虐待，性的虐待と経済的虐待，の5類型がある。 高齢者虐待を受けたと思われる高齢者を発見した場合の通報義務と通報努力義務に関して，86ページを参照されたい。

虐待の通報を受け，必要があれば立入調査するなど，高齢者虐待に主として対応するのは市町村の役割である。なお，高齢者の権利擁護のためには，成年後見制度を利用することも重要である。

4. 障害者福祉

障害者基本法 障害者福祉の基本法であり，1970年に制定された心身障害者対策基本法が1993年に障害者基本法に名称変更された。さらに，2011年の改正により，法律の目的，障害及び障害者の定義の見直しなどが行われた。障害をその人個人の問題としてのみ捉えるのではなく，障害は，個人の外部にある種々の社会的障壁によってもたらされると考える「社会モデル」の考え方によっている。

1条には「全ての国民が，障害の有無にかかわらず，等しく基本的人権を享有するかけがえのない個人として尊重される」と規定されている。

地域における共生，差別の禁止，障害者の自立と社会参加の支援などが定められている。

発達障害者支援法 かねてから，自閉症やアスペルガー症候群，注意欠如多動性障害をもつ人への社会福祉的支援の必要性が求められていた。発達障害の早期発見と発達障害者の社会参加促進のための支援を行うことを目的に，発達障害者支援法は2004年に制定された。本法では，発達障害児の定義を18歳未満と定めているが，支援対象の年齢は定められていない。本法が制定されるまでは，自閉症やアスペルガー症候群，注意欠如多動性障害が支援の対象になるかは，知的障害を伴うか否かで判断されていた。その結果，支援が必要な人に十分な支援が実施できていなかったが，本法により，発達障害者支援を広く実施することができるようになった。

2016年，本法の改正が行われた。法律の目的，発達障害者の定義規定などが改正されたほか，新たに基本理念が定められるなど発達障害者支援の充実が図られた。発達障害者支援は，発達障害者の自己決定権を尊重すべきこと及び社会的障壁を取り除くなど支援を社会の責任の下に実施することを明らかにし

た。

障害者総合支援法　わが国の社会福祉に関する法律のほとんどは，事後対処的に制定されてきた。つまり，何かしらの問題が生じた際に，その対策として新たな法律が作られたり，すでにある法律が改正されてきた歴史がある。その結果，身体障害（身体障害者福祉法），知的障害（知的障害者福祉法），精神障害（精神保健及び精神障害者福祉に関する法律）などの障害の区分ごとに縦割りで支援サービスが提供されており，事業体系の不透明さが浮き彫りとなった。また，障害の区分ごとに受けられるサービスの上限に不均衡が生まれ，不平等感をもつ利用者もあらわれた。こうした制度上の課題を解決し，誰しも平等に支援を受けられる体制を確立するため，2012 年に障害者自立支援法は，「障害者の日常生活及び社会生活を総合的に支援するための法律」（障害者総合支援法）へと改正された。制度の谷間のない支援の提供を目的に，個々のニーズに合わせた支援を目指した。本法は，この先も改正が予定されている法律であり，入所施設，通所施設だけでなく，多くの社会福祉施設に関連する法律である。2018 年には，障害者の地域生活充実のため，あらたに自立生活援助サービスおよび就労定着支援サービスが創設され，また，障害児支援のニーズの多様化へのより細かい支援の充実のため居宅訪問型の児童発達支援サービスが開始された。

　公認心理師の業務も本法と関連が生じるものが多くなることが予想され，総合的な支援のために柔軟な対応が求められる。

障害者差別解消法　2013 年，障害を理由とする差別を撤廃することを目的として，「障害を理由とする差別の解消の推進に関する法律」（障害者差別解消法）が制定され，16 年から施行された。障害者差別解消法では，行政機関及び事業者（営利事業に限らない）が，障害を理由として不当な差別的取り扱いを行うことを禁止するとともに，障害者に対し，必要かつ合理的な配慮をしないことも差別に当たることを明らかにした。本法が制定された背景には，「障害者の権利に関する条約」が 2006 年に国遑総会で採択され，障害に基づく差別の定義が明らかにされたことが影響している。この条約 2 条では「障害に基づく差別」は次のように記載されている。「障害に基づくあらゆる区別，排除又は制限であって，政治的，経済的，社会的，文化的，市民的その他のあらゆる分野において，他の者との平等を基礎として全ての人権及び基本的自由を認識し，享有し，又は行使することを害し，又は妨げる目的又は効果を有するものをい

う。障害に基づく差別には，あらゆる形態の差別（合理的配慮の否定を含む）を含む」。つまり，障害者への合理的配慮は社会における必須事項であり，配慮可能であるにもかかわらずそれを行わないことは差別と考えられる。

合理的配慮とは，「障害者に個々の場面でその人のニーズに応じ，障害をもたない者と同じ権利を保障するための措置のことで，提供する側にとって過度の負担ではなく，本質から逸脱しないこと」である。例えば，大学のような高等教育機関において，障害のある受験生への合理的配慮とは，時間延長や点字による受験，別室受験などを実施することであるが，試験問題を減らしたり，試験の質を下げたりという本質から逸脱した配慮は実施しなくても差別とはいえない。

障害者差別解消法は現代的な社会的要請にふさわしい法だといえるが，まだ施行されて短期間ということもあり，法の周知にも課題は残されている。

障害者差別解消法では，不当な差別的取り扱いの禁止については行政機関も事業者も法的義務とされている。合理的配慮の提供については，行政機関は法的義務であるが，事業者に対しては努力義務にとどめている。ただし，障害者の雇用の促進に関する法律では，行政機関だけでなく事業者も，労働者に対する合理的配慮が法的義務とされている。合理的配慮の実施には，公認心理師の専門性を活かした配慮の提案が必要になってくるであろう。

障害者虐待防止法　障害者虐待の防止，障害者の養護者に対する支援等に関する法律（障害者虐待防止法）は，障害者虐待を防止し，障害者の世話を実際にしている親族や同居人など障害者の養護者を支援することにより，障害者の権利利益を擁護することを目的として2011年に制定された法律である。

障害者虐待防止法では，①養護者，②障害者福祉施設や福祉サービス事業の従事者による虐待のほかに，③使用者（障害者の雇用主等）による虐待についても特別な規定を定め，職場内での虐待も対象としていることに特徴がある。虐待の類型は，高齢者虐待防止法と同じ5類型である。障害者虐待に主として対応するのは市町村の役割である。障害者虐待を受けたと思われる障害者を発見した者は，速やかに市町村に通報する義務がある。ただし，使用者による虐待については，市町村のほかに都道府県も通報先になっている。

8 教育分野① 行政と施設等

◀石隈 利紀

公認心理師が教育分野における支援を行うとき重要な行政の動向を解説し，主な施設等について説明する。

1. 特別支援教育

特殊教育から特別支援教育への転換　特別支援教育とは，「これまでの特殊教育の対象の障害だけでなく，その対象でなかった LD，ADHD，高機能自閉症も含めて障害のある児童生徒に対してその一人一人の教育的ニーズを把握し，当該児童生徒の持てる力を高め，生活や学習上の困難を改善又は克服するために，適切な教育や指導を通じて必要な支援を行うもの」である。わが国では，長年，盲学校，聾学校及び養護学校という障害の種別ごとの学校が設立，運営され，また，障害種別ごとに小中学校に特殊学級が設置され「特殊教育」が実施されていた。しかし，2002 年の文部科学省の「通常の学級に在籍する特別な教育的支援を必要とする児童生徒に関する全国実態調査」では，「知的発達に遅れはないものの学習面か行動面で著しい困難を示す」と担任教師が回答した小学生・中学生の割合は 6.3％であった（文部科学省，2002）。つまり，発達に課題をもつ多くの子どもたちが通常学級に在籍しており，大きな困難を経験していたことが明らかとなった。これを受け，2003 年「今後の特別支援教育の在り方について（最終報告）」では「障害の程度等に応じ特別の場で指導を行う『特殊教育』から障害のある児童生徒一人一人の教育的ニーズに応じて適切な教育的支援を行う『特別支援教育』への転換を図る」と示された（文部科学省，2003）。2004 年には「小・中学校における LD（学習障害），ADHD（注意欠如／多動性障害），高機能自閉症の児童生徒への教育支援体制の整備のためのガイドライン（試案）」が発表された。同年，「発達障害者支援法」が成立した。

特別支援教育の制度化　2006 年，学校教育法施行規則が改正され，LD とADHD が通級指導の対象に加えられた。2007 年には改正学校教育法が施行され，「特殊教育」に代わって新たに特別支援教育が実施されることになり，盲・聾・養護学校に代わって特別支援学校及び特別支援学級が置かれ，特別支援学校だけでなくすべての学校において，教育上の特別の支援を必要とする子どもへの支援を実施することとされた。

2007年に出された「特別支援教育の推進について（通知）」では，特別支援教育が「これまでの特殊教育の対象の障害だけでなく，知的な遅れのない発達障害も含めて，特別な支援を必要とする幼児児童生徒が在籍する全ての学校において実施されるもの」と明記された上で，①（特別支援教育に関する）校内委員会の設置，②実態把握，③特別支援教育コーディネーターの指名，④「個別の教育支援計画」の作成，⑤「個別の指導計画」の作成，⑥教員の専門性の向上，が示された（文部科学省，2007）。

続いて「障害者の権利に関する条約」にしたがって，2012年には，中央教育審議会より「共生社会の形成に向けたインクルーシブ教育システム構築のための特別支援教育の推進（報告）」が出された。そこでは，共生社会は「誰もが相互に人格と個性を尊重し支え合い，人々の多様な在り方を相互に認め合える全員参加型の社会」としている（文部科学省，2012）。

そして，障害のある子どもが他の子どもと平等に教育を受ける権利を享有・行使することを確保するために，学校の設置者及び学校が必要かつ適当な変更・調整を行うことを「合理的配慮」とした。2013年には「障害を理由とする差別の解消の推進に関する法律」が成立し，学校においても障害を理由とする不当な差別的取扱いが禁止され，また国公立学校では障害者に合理的配慮を行うことが義務となった（合理的配慮の定義については134ページ参照）。

2016年の発達障害者支援法の改正では，発達障害児に適切な教育的支援を行うこと及び「個別の教育支援計画」「個別の指導計画」の作成の推進が明記された。さらに2017年には，「発達障害を含む障害のある幼児児童生徒に対する教育支援体制整備ガイドライン」が発表され，教育支援体制整備の対象が幼児から高校生まで拡大するとともに，発達障害等の可能性の段階から教育的ニーズに気づき，学校・保護者・専門機関と連携することが強調されている。

公認心理師の役割　公認心理師がスクールカウンセラー，発達支援センターの相談員，特別支援教育の巡回相談員などとして，発達障害のある児童生徒を支援する機会が増えている。公認心理師は特別支援教育のシステムを支える重要なメンバーであり，特別支援教育コーディネーターや学校の管理職とのパートナーシップを軸として，校内委員会への参加を通して個別の指導計画，個別の教育支援計画作成にも関わる。公認心理師が，個別の知能検査（WISC-ⅣやKABC-Ⅱなど）の実施や結果の解釈を求められる機会や当事者や家族と学校とのやりとりを通して合理的配慮について判断するプロセスに関わることも

期待される。

2. 生徒指導提要

生徒指導提要の内容　日本の学校に「生徒指導」という概念が取り入れられたのは，第二次世界大戦後である。2010年に文部科学省は，学校教職員向けの生徒指導の基本書として『生徒指導提要』を刊行した。この提要では「生徒指導とは，一人一人の児童生徒の人格を尊重し，個性の伸長を図りながら，社会的資質や行動力を高めることを目指して行われる教育活動のこと」である（文部科学省，2010）。提要は，「生徒指導の意義と原理」「教育課程と生徒指導」「児童生徒の心理と児童生徒理解」「学校における生徒指導体制」「教育相談」「生徒指導の進め方」「生徒指導に関する法制度等」「学校と家庭・地域・関係機関との連携」の8章からなっている。この提要の特徴は，①小学生も対象とし，発達段階を意識して生徒指導を整理していること，②教育相談を生徒指導の一環として位置づけていること，③成長を促す指導，予防的指導，課題解決的指導の三段階としていること（学校心理学の「3段階の心理教育的援助サービス」モデルと一致する），④「発達障害のある児童生徒」の理解と支援を重視していることの4点が挙げられる。

公認心理師の役割　公認心理師は，スクールカウンセラーなどの職務を通じて，児童生徒の発達や成長に関する心理学及び心理支援の専門家として生徒指導に貢献することが期待される。生徒指導で対象とされる主な問題である，不登校，いじめ，非行等の問題の早期発見や予防，及び早期対応や問題解決的対応について，生徒指導主事等と連携し生徒指導部会や教育相談会議等（コーディネーション委員会）に出席するなど，児童生徒や保護者の支援，担任等の支援を行う。

3. チーム学校

チーム学校の視点　2015年に，教育活動のさらなる充実の必要性から，中央教育審議会より「チームとしての学校の在り方と今後の改善方策について（答申）」が出された（「チーム学校」については68ページも参照）。学校や学校組織の在り方について改善し，児童生徒の学力などの多様な能力を効果的に高めていくことが提案された。「チーム学校」は，「学校における校内連携」という側面と，「学校・家庭・地域の組織的連携」という側面がある。したがって「チーム学校」は「チーム学校教育」と捉えることができる。具体的には以下の3点の視点が挙げられた（文部科学省，2015）。

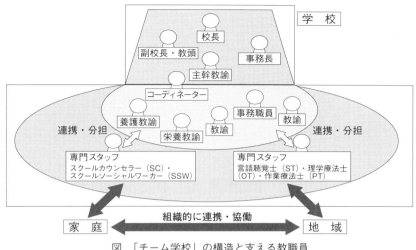

図 「チーム学校」の構造と支える教職員

(出所) 文部科学省，2015 より修正。

(1) **専門性に基づくチーム体制の構築**　第１ステップは，教職員の指導体制の充実である。教職員がそれぞれの専門性を活かして，学習指導や生徒指導等の多様な教育活動をチームとして行う。第２ステップは，教員以外の「専門スタッフ」の参画である。スクールカウンセラーやスクールソーシャルワーカーなどを，「学校の職員として，職務内容等を明確化し，質の確保と配置の充実」を進めることの重要性が指摘されている。この提言は，2017 年の学校教育法施行規則の一部改正により，スクールカウンセラー（学校教育法施行規則 65 条の 2）とスクールソーシャルワーカー（同 65 条の 3）の名称と職務がその法令に明記されることにつながっている。第３ステップは，地域との連携体制の整備である。学校・家庭・地域の連携を通して子どもを援助するのである（図）。チーム体制は教育活動の「横の連携」である。チーム学校の充実には，教育活動のコーディネーターが鍵を握る。

(2) **学校のマネジメント機能の強化**　学校が家庭，地域と連携・協働して１つのチームとして機能するためには，校長のリーダーシップが重要であり，副校長・教頭，事務長，主幹教諭も含めて学校のマネジメント機能を強化することにより，学校組織が教育目標の下に動くようにすることが求められている。これは，組織としての学校がよりよく機能するための，管理職・教職員の「縦の連携」である。

(3) **教職員1人ひとりが力を発揮できる環境の整備** 人材育成や業務環境の改善等の取組を進める。また，保護者や地域からの要望などに対する対処等での教育委員会の支援など，教職員の働く環境の整備が重要となるとしている。これは，学校が教職員にとって，働きやすく，力を発揮しやすい環境であるための「場づくり」である。

公認心理師の役割 公認心理師は，スクールカウンセラーなどとして，チーム学校を支える担い手となる。スクールカウンセラーは現在「外部の専門家」と捉えられることが多いが，今後は「学校の専門スタッフ」として，教師・保護者らとの連携や学校・福祉・医療等との地域連携のキーパーソンの1人となるであろう。また，心理学の専門家として児童生徒の援助に関わる学校教育のマネジメントに貢献できると同時に，管理職に対しては部下として適切な報告が求められることに留意したい。さらに教職員の業務改善の取組では，教師の仕事の見直しとスクールカウンセラーやスクールソーシャルワーカーとの仕事の分担・連携の検討が必要である。スクールカウンセラーは心理の専門家として学校教育に貢献する職業である。スクールカウンセリングの活動として，児童生徒の学校生活（学習面，心理・社会面，進路面，健康面）などのアセスメント，児童生徒へのカウンセリング（直接支援），教師・保護者らへのコンサルテーション，児童生徒の発達や心の健康を促進する心理教育がある。

一方スクールソーシャルワーカーは福祉の専門家として学校教育に貢献する職業である。スクールソーシャルワークの活動として，児童生徒を取り巻く環境（家庭・学校・地域）のアセスメント，児童生徒や保護者への支援，学校や自治体への支援がある。特に家庭状況（児童虐待，経済的貧困など）が児童生徒の行動（不登校，いじめ，非行など）に与える影響について読み取り，家庭・学校・地域の専門機関をつなぎ問題解決を図る。

スクールカウンセラーもソーシャルワーカーも不登校，いじめなどの未然防止，早期発見・対応，そして問題が生じた場合の援助を，チーム学校の一員として行うことが期待されている。スクールカウンセラー等は，援助サービスのコーディネーション委員会や学校教育のマネジメント委員会にも出席して，チーム学校における横と縦の連携，場づくりの促進に貢献することが求められる（コーディネーション委員会，マネジメント委員会については37ページ参照）。

4. 主な施設と関係機関

教育分野における施設・関係機関として，学校ならびに教育委員会，教育セ

ンター・教育相談所，教育支援センター（適応指導教室），民間のフリースクールなどがある。

　学　校　学校教育法（1条）では，「学校とは，幼稚園，小学校，中学校，義務教育学校，高等学校，中等教育学校，特別支援学校，大学及び高等専門学校とする」としている。現在の学校教育は，6・3・3・4制を基本としながら，児童生徒の個性と能力の多様性に応じた複線型で選択肢のある学校体系になっている。例えば高等学校では，東京都のチャレンジスクールや茨城県のフレックススクールなど，不登校経験者を含めて教育的ニーズの大きい生徒が学びやすい教育（例：午前・午後・夜間の三部の定時制・単位制）を提供する学校もある。また2007年度から特別支援学校は，幼稚園，小学校，中学校，高等学校，又は中等教育学校，保育施設等の要請に応じて，発達障害など教育上特別な支援を必要とする幼児，児童，生徒の教育に関して助言等援助を行う「センター的機能」を果たすものとして位置づけられている（文部科学省，2007）。さらに「学校」という枠組みにとらわれずに自由な生活空間を提供する，民間の「フリースクール」がある。フリースクールは，運営形態も教育方針も多様である。いずれの「学校」も，児童生徒に関わる教職員（大人）がいて，一緒に学校生活を送る仲間がいる場所であり，児童生徒が勉強や遊びという日常生活を通して成長するところであり，心の危機から回復する時間を提供することができる。公認心理師は，スクールカウンセラー等として，学校生活に関わる問題の予防や解決の援助を通して，児童生徒の成長を促進する。

　教育委員会　教育委員会は，都道府県及び市町村の教育に関する行政の基本方針や重要な施策，重要事項などについて審議し，決定する合議制の行政機関である。教育基本法の趣旨にのっとり，地方教育行政の組織及び運営に関する法律（1956年公布，最新の改正は2016年）により，定められたが，2016年に大幅な改正が行われ，2017年に施行されている。教育委員会は，各都道府県や市町村に置かれ，教育長及び4人の教育委員をもって組織される。その事務を処理するため事務局が置かれ，指導主事その他の職員が配置される。教育委員会の職務権限は，①学校やその他の教育機関の設置，管理及び廃止，またその財産の管理，②学校及び教育機関の職員の人事，③幼児，児童，生徒の入学，転学，退学，④学校の組織編制，教育課程，学習指導，生徒指導及び職業指導，⑤校舎その他の施設等の整備，⑥校長，教員，その他の職員の研修などである。次で述べる教育センター・教育相談所や教育支援センター（適応指導教室）は，

教育委員会によって設置・管理される。同法の2016年の改正により，①首長が教育行政の方針を示す教育大綱を策定する，②首長が主宰する総合教育会議を必置とし，首長と教育委員会の協議，調整の場とすることも定められた。公認心理師は，教育委員会・教育機関のプロジェクトや研修事業において，心理学や心理支援の専門家として助言することも期待される。公認心理師は地域の児童生徒の教育の充実と心の健康の促進に貢献できるのである。

教育センター・教育相談所　教育センター（教育研究所）・教育相談所（相談室）は，都道府県や市町村の教育委員会が設置する教育相談機関である。教育センター等は教員研修，教育に関する研究，教育相談等の活動を行う総合的機関であり，教育相談所等は主として教育相談を行う機関である。どちらも，児童生徒の教育や学校生活をめぐる悩みや困りごとについて相談援助を行っており，無料で利用できる公的な相談機関である。教育相談機関の相談員は心理職と教育職（教育職経験者）であり，児童生徒へのカウンセリングや保護者・教師（関係者）へのコンサルテーションなどを行う。主な相談の内容は，不登校，いじめ，発達障害とそれに関連する困難さである。児童生徒の問題が複雑化するにつれ，相談員の専門性が問われている。

　2016年度は，都道府県・指定都市の教育センター（教育研究所），教育相談所（相談室）は合計で172カ所あり，教育相談員は1711名，そのうち常勤が29.8％である。来所相談，電話相談，訪問相談，巡回相談あわせて，相談件数は18万7755件であった。一方市町村の教育相談機関は1406カ所あり，教育相談員は5018名，そのうち常勤1185名，非常勤は23.6％である。来所相談，電話相談，訪問相談，巡回相談あわせて，相談件数は85万5364件であった（文部科学省，2016）。

教育支援センター　教育支援センター（適応指導教室）は，不登校の小学生・中学生を援助する機関として，都道府県や市町村の教育委員会により設置されている。小グループでの活動などを通して，情緒の安定（カウンセリング機能），集団生活への適応や基礎学力の補充（学校教育的機能），生活習慣の改善等を図る。教育支援センターは家庭と学校の中間的な場であり，また地域の援助機関を結ぶ機能もある。2016年度では，都道府県で32カ所，また市町村で1365カ所合計1397カ所設置されている。指導員は都道府県では112名でそのうち常勤が52.7％，市町村では4687名でそのうち常勤が24.0％である。利用者数は合計1万6631名で全国の不登校児童生徒の約1割（12.4％）であり，そのう

ち指導要録上出席扱いとなった人数は1万3757名（82.7％）である（文部科学省，2016）。1人ひとりの子どもの学習面，心理・社会面，進路面，健康面の状況に応じて，特別支援教育の「個別の教育支援計画」のような計画に基づき援助することが求められている。児童生徒の回復の鍵は，保護者，教育支援センターの指導員，学校の担当者の三者によるチーム援助である。公認心理師は，教育支援センターの指導員として，子どもと関わる力とチーム援助を促進する力の双方を発揮して，不登校の子どもの成長を支える。

9 教育分野②
法　律

　教育分野における関係法規について，法の概要と目的，法の主な内容，公認心理師として理解しておくことなどを解説する。

　日本国憲法 26 条に「教育を受ける権利，教育の義務」についての条項がある。これを受け，教育基本法が定められ，さらにその理念や教育制度を具体化するために，多くの法令が制定されている（各法令はおおむね次ページの図のような関係となる）。

1. 教育基本法

　法の概要　教育基本法は，教育の基本理念や制度に関する基本事項を定める教育の基本となる法である。1947 年制定後，一度も改正されていなかったが，2006 年に全面的に改正された。

　法律の主な内容　1 条（教育の目的）では，「教育は，人格の完成を目指し，平和で民主的な国家及び社会の形成者として必要な資質を備えた心身ともに健康な国民の育成を期して行われなければならない」と定められている。2 条（教育の目標）では，「教育は，その目的を実現するため，学問の自由を尊重しつつ，次に掲げる目標を達成するよう行われるものとする」とし，5 つの目標を挙げている。①幅広い知識や教養，豊かな情操や道徳心，健やかな身体を養うこと，②個人の能力を伸ばし，自主及び自律の精神，勤労を重んずる態度を養うこと，③公共の精神に基づき，主体的に社会の形成に参画する態度を養うこと，④生命，自然，環境を大切にする態度を養うこと，⑤伝統と文化を尊重し，わが国と郷土を愛するとともに，他国を尊重し，国際社会の平和と発展に寄与する態度を養うこと，の 5 つである。

　また生涯学習の理念（3 条），教育の機会均等（4 条），義務教育（5 条）という教育の基本的なあり方が示されている。教育の機会均等の確保と，教育上の差別の禁止，障害者に対する教育上必要な支援及び就学困難者に対する奨学について定めており，教育を受ける権利が明確になっている。そして 6 条 2 項では学校教育について，「教育を受ける者の心身の発達に応じて，体系的な教育が組織的に行われなければならない」としている。さらに教員の責務と身分については「教員は，自己の崇高な使命を深く自覚し，絶えず研究と修養に励み，その職責の遂行に努めなければならない」のであり（9 条 1 項），「その使命と職責の重要性にかんがみ，その身分は尊重され」る，と定められている（同条

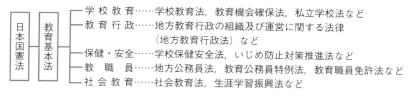

図　教育に関する法令

2項)。

　公認心理師との関係　公認心理師が教育分野で働くとき，教育の基本をしっかりと理解する必要がある。そして1人ひとりの児童生徒の教育を受ける権利を尊重することが重要である。公認心理師は，児童生徒の心身の発達に応じて「人格の完成」を目指すという個に対する支援の意義と同時に，児童生徒が「社会に貢献する形成者」になるという教育の社会的意義も理解することが求められる。

2. 学校教育法

　法の概要と目的　学校教育法は，学校教育の制度の内容と基準など学校教育の基本的事項を定めたものである。1947年に制定され，改正が重ねられてきた。そして2006年の新教育基本法の理念と規定を受けて2007年に改正され，13章146条から構成されている。学校の定義に関し，何度かの改正を経て，小学校，中学校，高等学校などの他に，高等専門学校，中等教育学校，義務教育学校が加えられた。「単線型の学校体系」から「個性と能力の多様性」に依拠した「複線型の学校体系」になったのである。

　法律の主な内容　各学校の共通項目は，1章「総則」に掲げられている。学校の定義（1条）を「この法律で，学校とは，幼稚園，小学校，中学校，義務教育学校，高等学校，中等教育学校，特別支援学校，大学及び高等専門学校とする」としている（この9種類の学校は「一条学校」と総称される）。また学校の設置者（2条），学校設置基準（3条），校長・教員の配置（7条）及び資格（8条）などが定められている。

　11条では，児童，生徒及び学生に対し懲戒できる旨を規定することとともに「ただし，体罰を加えることはできない」と定め，体罰を禁止している。また懲戒を加える場合でも「児童等の心身の発達に応ずる等教育上必要な配慮をしなければならない」（学校教育法施行規則26条1項）。2章「義務教育」では，16条で子どもに9年の義務教育を受けさせる保護者の義務について規定して

おり，19条では経済的理由による就学困難な学齢児童又は学齢生徒の保護者に対する，市町村の就学の援助に関する義務が規定されている。

本法では，3章から11章まで，9種類の学校（一条学校）における，教育目的・教育課程・職員等について規定している（なお小学校に関する規定の多くが中学校等他の学校に準用されている）。小学校・中学校は「心身の発達に応じて，義務教育として行われる普通教育」を施すことを目的とする（29条・45条）。普通教育とは，人間として生きていくために欠かせない教育を意味する。

37条1項では，職員として，「校長，教頭，教諭，養護教諭及び事務職員を置かなければならない」と定めている。同条2項では「副校長，主幹教諭，指導教諭，栄養教諭その他必要な職員を置くことができる」としている。校長は「校務をつかさどり，所属職員を監督する」（同条4項）。したがって校長は公認心理師がスクールカウンセラーとして学校に勤務する場合の監督者になる。副校長は「校長を助け，命を受けて校務をつかさど」り（同条5項），教頭は校長（及び副校長）を「助け，校務を整理し，及び必要に応じ児童の教育をつかさどる」（同条7項）のである。つまり教頭は，学校教育サービスの調整役であり，授業をもつこともある役職である。また43条（情報の提供）には，「当該小学校に関する保護者及び地域住民その他の関係者の理解を深めるとともに，これらの者との連携及び協力の推進に資するため」，小学校の教育活動や運営についての情報を提供することとなっている。「チーム学校」（68ページ参照）の方針における，学校・家庭・地域の組織的連携の根拠となる。

8章「特別支援教育」では，特別支援学校の目的が「視覚障害者，聴覚障害者，知的障害者，肢体不自由者又は病弱者（身体虚弱者を含む。以下同じ）に対して，幼稚園，小学校，中学校又は高等学校に準ずる教育を施すとともに，障害による学習上又は生活上の困難を克服し自立を図るために必要な知識技能を授けること」（72条）としている。また特別支援学級は知的障害者，肢体不自由者，身体虚弱者，弱視者，難聴者，その他障害のある者で，特別支援学級において教育を行うことが適当なものを対象としている（81条2項・3項）。2007年の改正学校教育法施行以降，特別支援教育は通常学級における発達障害のある児童生徒も対象として，教育ニーズに応じる教育になった。2017年度現在の特別支援教育については137ページを参照されたい。また発達障害者支援法および障害者差別解消法を参照されたい（133，134ページ参照）。

公認心理師との関係　学校教育法を学ぶことで，学校教育の目的，活動，そ

して連携する職員について理解できる。

特記すべきは，2017 年に学校教育法施行規則の一部を改正する省令が施行され，小学校，中学校，義務教育学校，高等学校，中等教育学校，特別支援学校における，スクールカウンセラーとスクールソーシャルワーカーの名称及び職務等が法令に明記されたことである。本施行規則 65 条の 2 では「スクールカウンセラーは，小学校における児童の心理に関する支援に従事する」とされた，他の学校の規則もこれを準用する。この改正の通知では，2017 年の「児童生徒の教育相談の充実について（通知）」に示されたスクールカウンセラー及びスクールソーシャルワーカーの職務内容をふまえることが明記されている（139，140 ページ参照）。

3. いじめ防止対策推進法

法の概要と目的　いじめ防止対策推進法は，2013 年に公布され，同年に施行された。2016 年に改正されている。1 章「総則」1 条（目的）では，いじめの防止等のための対策を総合的かつ効果的に推進すること，「いじめが，いじめを受けた児童等の教育を受ける権利を著しく侵害し，その心身の健全な成長及び人格の形成に重大な影響を与えるのみならず，その生命又は身体に重大な危険を生じさせるおそれがあるものである」ことを示し，いじめの防止等のための対策に関して国及び地方公共団体の責務を明らかにしている。なお，11 条に基づき文部科学省大臣が定めた「いじめの防止等のための基本的な方針」（2013 年改正）は法を理解する上で重要である。

法律の主な内容　いじめの定義（2 条）について，いじめとは，「当該児童等と一定の人的関係にある他の児童等が行う心理的又は物理的な影響を与える行為（インターネットを通じて行われるものを含む。）であって，当該行為の対象となった児童等が心身の苦痛を感じているものをいう」と定めている。いじめ防止対策の基本理念（3 条）として，「いじめが全ての児童等に関係する問題であることに鑑み，児童等が安心して学習その他の活動に取り組むことができるよう，学校の内外を問わずいじめが行われなくなるようにすること」としている。

各学校は，「当該学校におけるいじめの防止等のための対策に関する基本的な方針を定める」（13 条）ものとされている。そしていじめの早期発見が重要であることから，「当該学校の教職員がいじめに係る相談を行うことができる」相談体制を整備すること（16 条 3 項），スクールカウンセラーやスクールソー

シャルワーカーなど専門職を含むいじめ防止対策組織を学校に置くこと（22条）及びいじめを発見した場合に「学校への通報その他適切な措置をとること（23条1項：情報共有）などを定めている。そのために，国及び地方公共団体は，「いじめを受けた児童等又はその保護者に対する支援，いじめを行った児童等に対する指導又はその保護者に対する助言その他のいじめの防止等のための対策が専門的知識に基づき適切に行われるよう」，教員の資質向上などを講ずるものとされている。

公認心理師との関係　公認心理師はスクールカウンセラー等心理の専門家として，いじめの予防や事案の組織的対応において，積極的に関わることが求められる。具体的には，いじめの被害児童生徒や「加害児童生徒」を支援するのはもちろん，いじめ対策委員会などの組織のメンバーとして学校のいじめ予防対策に関わることになる。

4. 教育機会確保法

法の概要と目的　不登校の状態にある児童生徒の支援や夜間等での授業を行う学校の支援を支えることを目指し，2016年に「義務教育の段階における普通教育に相当する教育の機会確保等に関する法律」（教育機会確保法）が成立した。1条（目的）では，「教育基本法及び児童の権利に関する条約等の教育に関する条約の趣旨にのっとり，教育機会の確保等に関する施策に関し，基本理念を定め，並びに国及び地方公共団体の責務を明らかにする」とともに，「教育機会の確保等に関する施策を総合的に推進すること」を目的として定めている。

法律の主な内容　1章「総則」2条3項（定義）では，不登校児童生徒は，相当の期間学校を欠席する児童生徒であって，学校における集団の生活に関する心理的な負担その他の事由のために就学が困難である状況として文部科学大臣が定める状況にあるものと定義されている。文部科学省の不登校の調査での「情緒的，身体的，あるいは社会的要因・背景により，児童生徒が登校しないあるいはしたくてもできない状況」という定義と呼応する。この法律は不登校の支援に大きな影響を与える。

また3章では，不登校児童生徒等に対する教育機会の確保等について定めている。まず8条で，「全ての児童生徒が豊かな学校生活を送り，安心して教育を受けられるよう，児童生徒と学校の教職員との信頼関係及び児童生徒相互の良好な関係の構築を図るための取組」など学校における取組を支援するために

必要な措置を，国及び地方公共団体が講ずるよう努めるものとされている。つまり不登校等の予防的支援（37ページの「一次的援助サービス」も参照）を積極的に行うことが，法律で明記された。そして情報の共有の促進等（9条），特別の教育課程に基づく教育を行う学校の整備等（10条），学習支援を行う教育施設の整備等（11条）や学校以外の場における学習活動の状況等の継続的な把握（12条）と学校以外の場における不登校児童生徒に対する支援など，不登校児童生徒に対する措置を，国及び地方公共団体が講ずるものとされている。特に13条では「不登校児童生徒が学校以外の場において行う多様で適切な学習活動の重要性に鑑み，個々の不登校児童生徒の休養の必要性を踏まえ，当該不登校児童生徒の状況に応じた学習活動が行われることとなるよう」，不登校児童生徒及び保護者の支援を行うための措置を講じるとされている。

公認心理師との主な関係　地域における不登校児童生徒への援助において公認心理師が関わることは大きい。公認心理師は，スクールカウンセラーとして，教育相談に関係するセンターの担当者として，あるいはフリースクール等の支援者として，不登校児童生徒の多様な学びを支援する。不登校児童生徒に対する公的支援の今後の展開についても把握していきたい。

5. 学校保健安全法

法の概要と目的　主として学校における保健管理と安全管理に関する法律である。1958年に制定された学校保健法は2008年の改正で安全管理に関する条項が追加され，学校保健安全法と改称された。1章「総則」1条（目的）は，「学校における児童生徒等及び職員の健康の保持増進を図るため，学校における保健管理に関し必要な事項を定め」，「学校における教育活動が安全な環境において実施され，児童生徒等の安全の確保が図られるよう，学校における安全管理に関し必要な事項を定め」ることで，「学校教育の円滑な実施とその成果の確保に資すること」を目的としている。

法律の主な内容　2章では学校保健に関して定められている。7条で「健康診断，健康相談，保健指導，救急措置」等を行うために保健室を設置するとある。8条では「学校においては，児童生徒等の心身の健康に関し，健康相談を行う」ことが明記されている。そして9条では，養護教諭その他の職員が連携して，「健康相談又は児童生徒等の健康状態の日常的な観察により，児童生徒等の心身の状況を把握」すること，そして健康上の問題があると認めるときは，児童生徒等への保健指導や保護者に対して必要な助言を行うこととされている。

つまり日本の学校教育では，養護教諭をリーダーとして心身の健康に関する相談と指導を行うことが法律で定められているのである。これは主として応急処置を行うアメリカ等の学校とは異なる。さらに10条では，応急処置，健康相談，保健指導において，地域医療機関等との連携を図るよう努めることが定められている。

　3章では学校安全に関して定められている。26条では，学校の設置者の責務として，「児童生徒等の安全の確保を図るため，その設置する学校において，事故，加害行為，災害等（以下この条及び第29条第3項において「事故等」という。）により児童生徒等に生じる危険を防止し，及び事故等により児童生徒等に危険又は危害が現に生じた場合（同条第1項及び第2項おいて「危険等発生時」という。）において適切に対処することができるよう，当該学校の施設及び設備並びに管理運営体制の整備充実その他の必要な措置を講ずるよう努める」べきことが明記されている。そして児童生徒等の安全を確保するために，学校では学校安全計画を策定し（27条），校長は学校環境の安全を確保するために施設または設備を必要に応じて改善を図る措置を講ずること（28条）が示されている。さらに危険等発生時において学校の職員がとるべき対処要領を作成するとともに，児童生徒等その他の関係者の心理的外傷その他の心身の健康を回復させるため地域医療機関等との連携を図ること（29条）が明記されている。つまり，児童生徒および職員の心身の健康を保持増進し，学校安全を確保するのは，学校設置者の責務であり，学校・地域の連携によって行われるのである。

　公認心理師との主な関係　公認心理師は，スクールカウンセラーや教育センターの相談員などとして，学校現場で児童生徒等の心身の健康や学校安全に深く関わることが考えられる。特に学校の危機においては，児童生徒等や職員の心身の健康の回復を担う役割をもつ。公認心理師は，チーム学校の一員として，日頃から児童生徒等の心身の健康を中心的に支援する養護教諭，および学校保健の維持増進・学校安全の確保のマネジメントを行う管理職等との連携を図るとともに，地域の医療機関等とのネットワークづくりにおいても貢献することが求められる。

6. 社会教育法

　法の概要と目的　教育基本法3条および12条に基づき，「社会教育に関する国及び地方公共団体の任務を明らかにする」ことを目的とした法律である（1

条）。1949 年の制定後，2017 年までに改正が重ねられている。

法律の主な内容　3 条において，国及び地方公共団体は「社会教育の奨励に必要な施設の設置及び運営，集会の開催，資料の作製，頒布その他の方法により，すべての国民があらゆる機会，あらゆる場所を利用して，自ら実際生活に即する文化的教養を高め得るような環境を醸成する」ことが明記されている。具体的には 5 条で，市町村の教育委員会は，①公民館，図書館，博物館，青年の家等の設置及び管理，②学校の行う社会教育のための講座の開設及びその奨励，③講座の開設や講習会等の開催及びこれらの奨励，④家庭教育や職業教育に関する講座の開設や集会の開催及びその奨励，⑤放課後，休日等の学習活動実施及びその奨励，そして⑥ボランティア活動など社会奉仕活動，自然体験活動等の実施及びその奨励などに関する事務を行うとされている。そして都道府県及び市町村の教育委員会の事務局に社会教育の専門職として社会教育主事が置かれているとともに（9 条の 2），教育委員会は，地域学校協働活動の円滑かつ効果的な実施を図るため，地域学校協働活動推進員を委嘱することができる（9 条の 7）。地域学校協働活動推進員は，子どもの教育に関して地域と学校をつなぐコーディネーターとして期待されている。

公認心理師との主な関係　公認心理師はスクールカウンセラーや教育センターの相談員などとして，社会教育主事等と連携し，心の健康教育に関する講座や研修会を企画および実施することが期待される。地域における社会教育は，教育・医療・福祉・司法・産業等幅広い領域の専門家が連携して，心の健康教育の促進に寄与しながら地域の支援ネットワークを構築する機会である。

9

教育分野②　法　律

10 司法・犯罪分野① 刑事司法に関わる法律と制度

◀藤岡 淳子

犯罪と刑罰に関わる刑事司法制度は，法に基づいて運営されており，制度内において働く公認心理師は，制度が基づいている法律の趣旨を理解し，法令（法律と行政機関の定める命令）に基づいて実務を行う必要がある。日本では，20歳以上の（成人）犯罪者と20歳未満の非行少年とでは，基本とする法律や処遇制度が異なっている。この10章および11章では，おのおの基本となる刑法と少年法の基本理念にふれた上で，成人に対する刑事司法制度と少年司法制度について，各機関における基本となる法律と役割などについて述べる。

1. 刑 法

刑法は，何を犯罪とし，犯罪を行った人にはどのような刑罰が科せられるかという犯罪と刑罰に関する基本を定めていて，第1編「総則」と第2編「罪」からなる。ただし，すべての刑罰が刑法に規定されているわけではなく，覚せい剤取締法や道路交通法など，特別法に規定されている犯罪も多い。『犯罪白書』の統計も刑法犯と特別法犯に分けて記載されている。成人の刑事司法制度における心理職の役割は，現在のところほぼ刑の確定後に限られているが，弁護士などから情状立証のための意見書作成を求められることも増えてきている。また，刑の確定後に会う対象者たちは，捜査と裁判の過程を経てきているので，公認心理師は，制度の枠組みとして知っておく必要がある。

「総則」には，刑の種類，期間計算，刑の執行猶予，仮釈放，刑の時効及び消滅，犯罪の不成立及び刑の減免，未遂罪，併合罪，累犯，共犯などが定められている。刑法9条に定められているように，現在の日本の刑の種類は，死刑，懲役，禁錮，罰金，拘留及び科料の6種類が主刑であり，主刑の言渡しに付加してのみ言い渡すことができる没収がある。欧米では，刑事施設に拘置して自由権を制限する禁錮刑が主流であるが，日本では，「刑事施設に拘置して所定の作業を行わせる」と規定されている懲役刑の受刑者が多い。

「罪」には，内乱，外患，国交，公務執行妨害，逃走，犯人蔵匿及び証拠隠滅の罪といった国家の治安に対する罪から，騒乱，放火及び失火，出水及び水利，往来妨害など社会への悪影響が甚大な罪とそれに対する罰が定められ，続いて住居侵入，秘密の侵害，あへん，飲料水，通貨偽造，文書偽造，有価証券偽造，印章偽造，偽証，偽証告訴，わいせつ・姦淫及び重婚，賭博及び富くじ，

礼拝所及び墳墓，汚職，殺人，傷害，過失傷害，堕胎，遺棄，逮捕及び監禁，脅迫，略取・誘拐及び人身売買，名誉毀損，信用及び業務，窃盗及び強盗，詐欺及び恐喝，横領，盗品，毀棄及び隠匿に関する罪と罰が定められている。日本の刑法は，罪刑法定主義といわれる，いかなる行為が犯罪となり，いかなる刑罰が科せられるのか，それをあらかじめ成文の法律をもって規定していなければならないという考え方に基づいているためである。

すなわち，刑法には法益保護機能と人権保障機能の2つがあって，前者は，国民の生活を脅かす犯罪者を処罰して国民の利益を守る機能であり，後者は，法律に書いてある以外は，国家は刑罰を科してはならず，国民の自由を保障する機能である。法律は対立する利益をいかに調整するかに本質があり，刑法においても両者の調和を図ることが要点となる。犯罪とは，刑法，特別法に規定された犯罪構成要件に該当する，違法，有責な行為である。

2. 刑事司法制度

犯罪者に対する刑事司法手続の流れを図に示した。犯罪者の処遇制度は，3段階に分けられる。必要に応じて被疑者の身体を拘束し，証拠を収集する「捜査段階」，事実を認定して量刑を決定する「刑事裁判段階」，裁判に基づく刑の「執行段階」である。捜査及び裁判段階においては，刑事訴訟法・同規則によって，刑の執行段階においては，「刑事収容施設及び被収容者等の処遇に関する法律」（刑事収容施設法）及び更生保護法によって具体的な処遇に関する事項が規定されている。

捜査段階 捜査機関である警察あるいは検察は，被害届が警察に提出されるなどにより犯罪が発生したと思われるときは，捜査を開始する。その結果警察が検挙した事件については，軽微な事件である微罪処分と交通反則金以外，すべての事件が検察官に送致される。検察官は，警察官と協働して，送致事件について罪を犯した疑いを受けて捜査対象となっている被疑者，被害者，その他参考人を取り調べ，現場や被疑者宅などを捜索し，証拠物品を押収し，実況見分や検証，鑑定などを行う。

被疑者は，証拠隠滅や逃亡のおそれなどがあるために逮捕・勾留されている場合と身体拘束されない場合（在宅）がある。身体拘束する場合は，現行犯逮捕を除き，逮捕には裁判官が出す逮捕状が必要であり，それに続く勾留は，原則10日間，事情が認められる場合にはさらに最大10日間の勾留延長がなされるが，裁判官の出す勾留状が必要である。きわめて軽微な事件を除き，勾留さ

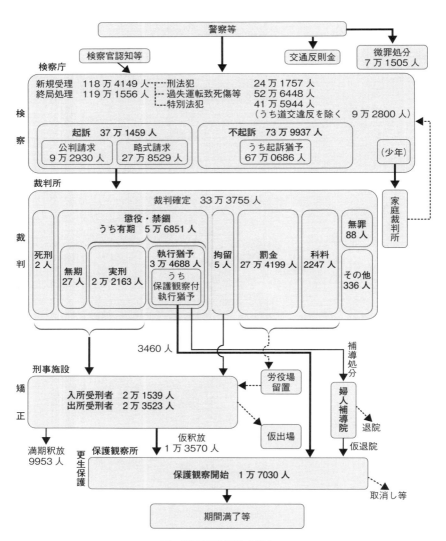

図　刑事司法手続の流れ

（注）　1．警察庁の統計，検察統計年報，矯正統計年報及び保護統計年報による。
　　　　2．各人員は2015年の人員であり，少年を含む。
　　　　3．「検察庁」の人員は，事件単位の延べ人数である。例えば，1人が2回送致された場合には，2人
　　　　　　として計上している。
　　　　4．「出所受刑者」の人員は，出所事由が仮釈放又は満期釈放の者に限る。
　　　　5．「保護観察開始」の人員は，仮釈放者，保護観察付執行猶予者及び婦人補導員仮退院者に限る。
　　　　6．「その他」は，免訴，公訴棄却，管轄違い及び刑の免除である。
（出所）　法務省法務総合研究所，2016より。

れると国選弁護人が選任される。本人や家族が弁護人を依頼することもできる。勾留場所は，法律上は原則として拘置所・拘置支所とされているが，実際には大多数が警察の留置場（代用監獄）に勾留されている。

　捜査の結果，検察官は，処罰の要否，証拠の程度などを考慮して刑事裁判手続の開始を求める起訴処分とするか，起訴せず何の刑罰も要求しない不起訴処分とするかを決める（起訴便宜主義）。起訴猶予を含め，不起訴になる割合はかなり多い。起訴する場合も，簡易裁判所で書面審理のみで 100 万円以下の罰金または科料を科する略式請求が多い。そのうちでは交通事犯が大半を占めている。

　刑事裁判段階　起訴後は，被疑者は被告人と呼ばれ，勾留中の被告人は起訴後も自動的に勾留が継続される。勾留場所は，多くは警察の留置場から拘置所・拘置支所へと移される。起訴後は，一定の保釈保証金の納付により裁判への出頭まで釈放される保釈が許される場合もある。

　公判請求（正式起訴）がなされると公開の法廷で裁判が開かれるが，きわめて軽微な事件を除き，必ず弁護士たる弁護人が立ち会い，被告人を弁護する。公判手続では，裁判官が有罪かどうかという事実認定を行い，情状などをふまえて量刑を決めるため，書類等の提出，被告人質問，証人尋問などの証拠調べが行われる。有罪と認定された場合は，死刑，懲役，禁錮，拘留または科料の判決が言い渡される。

　簡易または地方裁判所による第 1 審の判決に不服がある場合は，判決言渡しの日から 2 週間以内に高等裁判所に控訴することができる。さらに第 2 審の判決に不服があるときは，判決言渡しの日から 2 週間以内に最高裁判所へ上告することができる。これを三審制という。

　判決確定後の事後救済手続としては，事実認定に誤りがあった場合に判決を言い渡した裁判所に対しやりなおし裁判を求める再審制度がある。

　2004 年に「裁判員の参加する刑事裁判に関する法律」が成立し，09 年から裁判員制度が始まった。死刑または無期の懲役，禁錮にあたる罪に係る事件について，裁判官 3 人及び国民から選ばれた裁判員 6 名の合議体によって審議を行う制度であり，国民が刑事裁判に参加することによって，裁判が身近でわかりやすいものとなり，司法に対する国民の信頼の向上につながることが期待されている。

執 行 段 階

A 矯正機関 裁判の結果，懲役，禁錮，拘留が確定した者を収容し，必要な処遇を行う施設を刑務所，少年刑務所と称し，刑事訴訟法の規定により判決確定前に勾留される者及び死刑の言渡しを受けて拘置される者を収容する拘置所と合わせて刑事施設という。2006 年に施行された刑事収容施設法に基づいている。この法律は，①行刑行政の透明性の確保，②被収容者の権利・義務，職員の権限の明確化，③受刑者に対する矯正処遇の充実，④被収容者の生活水準の保障，⑤外部交通の拡充，⑥不服申立制度の整備が主たる柱として挙げられている。

刑事施設は，2017 年 11 月現在，刑務所 62，少年刑務所 7，拘置所 8，刑務支所 8，拘置支所 103 の合計 188 カ所がある。これらの刑事施設は，法務省が所管しており，内部部局である矯正局と，全国 8 カ所に設置されている地方支分部局である矯正管区とが指導監督に当たっている。また，刑事施設には第三者からなる視察委員会が設けられ，刑事施設の視察や被収容者との面接などにより刑事施設の運営状況を的確に把握し，刑事施設の長に対して意見を述べるとされている。

受刑者の処遇は，刑事収容施設法 30 条において，「その者の資質及び環境に応じ，その自覚に訴え，改善更生の意欲の喚起及び社会生活に適応する能力の育成を図ることを旨として行うもの」と規定されている。この処遇の原則を達成するため受刑者には，作業，改善指導及び教科教育を柱とする矯正処遇が行われる。日本の刑務所においては，規律秩序の維持と刑務作業が二本柱であるが，改善指導及び教科教育といった教育が，少しずつ求められるようになってきている。

刑務所や拘置所などの刑事施設の運営や警備に携わり，受刑者が更生し社会復帰するための指導を行うものは，刑務官と呼ばれる法務省矯正局に所属する国家公務員で，主として刑務官採用試験により採用される。刑務官には階級があり，制服と階級章を身につけていて，被収容者が刑事施設内の規律・秩序を著しく害する行為をとる場合には，合理的に必要と判断される限度で，その行為を制止するために必要な措置をとることができる。

法務省専門職員（人間科学）採用試験矯正心理専門職区分により採用された法務技官と呼ばれる職についた場合，刑事施設では私服を着て，確定後の受刑者の入所から出所に向けて考査，審査，保護業務を実施する「分類」と呼ばれ

る部門で勤務することが多い。特に，受刑者が入所した際に，考査面接と呼ばれる面接を行い，必要な知能検査，性格検査等の心理検査を行って，出所に向けて保護観察所に送る身上調査書と，施設内に向けてどのような作業が向いているか，保安上・健康上の留意点は何かといったことを記載した処遇指針と呼ばれる書類を作成することが主たる業務となる。

　B　更生保護機関　更生保護法は，2007 年に成立した更生保護に関する基本法である。懸案であった犯罪者予防更生法と執行猶予者保護観察法の整理・統合を果たし，新たな 1 つの法令として整備された。刑務所を仮出所または満期出所した元受刑者の順調な社会復帰を図ることを主な目的として，仮出所者に対する監督権限を強化するとともに，社会復帰のための環境調整の強化を図っている。

　保護観察所は，保護観察，犯罪予防活動を行う法務省保護局の地方支分部局であり，2014 年末現在，全国に 50 庁と支部 3 カ所，駐在官事務所 29 カ所が設置されている。保護観察は，保護観察処分を受けた少年（1 号観察），少年院から仮退院を許された少年（2 号観察），仮釈放を許された受刑者（3 号観察）と保護観察に付された執行猶予者（4 号観察）及び保護観察に付された刑の一部執行猶予者に対して行われる社会内処遇であり，いわば専門家である保護観察所の保護観察官と非専門家で民間の篤志家である保護司（非常勤の国家公務員であるが無給であり，あくまでボランティアである）が行う。

　地方更生保護委員会は，仮釈放や仮出場の許可，仮釈放の取消し，仮退院と退院の許可，戻し収容決定の（家庭裁判所への）申請，不定期刑の終了処分，保護観察処分の仮解除と取り消し，保護観察所の事務の監督などを司る法務省の部局たる行政委員会である。全国に 8 つの委員会が設置され，各委員会は 3 人以上の委員で構成されている。このほか中央には，恩赦について法務大臣に申出を行い，地方更生保護委員会による仮釈放取消しなどの決定について行政不服審査や裁決を行うなどの権限と事務を司る中央更生保護審査会が設置され，委員長と 4 名の委員が任命されている。

11 司法・犯罪分野②
少年司法に関わる法律と制度

◀藤岡 淳子

◀藤岡 淳子

日本の少年非行対策は，少年法などによる司法と児童福祉法などによる福祉の二本立てとなっているが，ここでは少年司法を中心に学ぶ。非行少年に対する手続の流れを右図に示しているので参照されたい。

1. 少 年 法

少年は，成長の途上にあり，教育的働きかけによって大きく変化する可能性が高いため，その刑事事件についても刑罰を科すよりもむしろ少年の健全育成を期し性格の矯正及び環境の調整を行うとして少年法が制定されている。

非行少年とは，①犯罪少年：刑法に該当する行為をした14歳以上20歳未満の少年，②触法少年：刑法で定められた犯罪に該当する行為をした14歳未満の少年，③ぐ犯少年：「保護者の正当な監督に服しない性癖のあること」「正当の理由がなく家庭に寄り附かないこと」「犯罪性のある人若しくは不道徳な人と交際し，又はいかがわしい場所に出入すること」「自己又は他人の徳性を害する行為をする性癖のあること」のいずれかの事由があって，「その性格又は環境に照して，将来，罪を犯し，又は刑罰法令に触れる行為をする虞のある少年」をいう。

警察と検察，すなわち捜査機関は，嫌疑がある限りすべての事件を家庭裁判所に送致しなければならない（全件送致主義）。すべての少年事件を専門性のある家庭裁判所が扱い，少年の問題点の早期発見，適切な対応を図ろうとしている。

2. 家庭裁判所と家庭裁判所調査官の業務

事件を受理した家庭裁判所は，家庭裁判所調査官に命じて，少年，保護者，関係者の行状，経歴，素質，環境等について，必要な調査を行わせる（調査命令）ほか，審判（裁判官が少年の処遇を決定し言い渡す手続のこと）を行うのに必要があるときは，観護措置の決定により，少年を少年鑑別所に送致して原則2週間，通常延長して4週間，最長で8週間収容し，資質鑑別を求めることができる。

家庭裁判所調査官　家庭裁判所調査官は，家庭裁判所で取り扱っている家事事件（家庭内の紛争や法律で定める家庭に関する事件），少年事件などについて，調査を行う（裁判所法61条2項）。家事事件では，紛争の当事者や親同士の紛

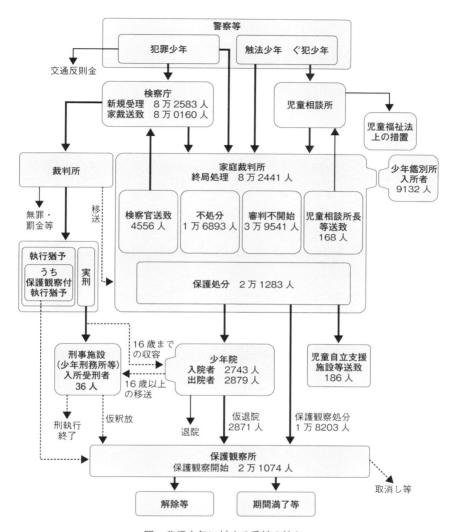

図　非行少年に対する手続の流れ

（注）　1. 検察統計年報，司法統計年報，矯正統計年報及び保護統計年報による。
　　　　2.「検察庁」の人員は，事件単位の延べ人数である。例えば，1人が2回送致された場合には，2人
　　　　　として計上している。
　　　　3.「児童相談所長等送致」は，知事・児童相談所長送致である。
　　　　4.「児童自立支援施設等送致」は児童自立支援施設・児童養護施設送致である。
　　　　5.「出院者」の人員は，出院事由が退院又は仮退院の者に限る。
　　　　6.「保護観察開始」の人員は，保護観察処分少年及び少年院仮退院者に限る。
（出所）　法務省法務総合研究所，2016より。

争のさなかに置かれている子どもに面接をして，問題の原因や背景を調査し，必要に応じ社会福祉や医療などの関係機関との連絡や調整などを行いながら当事者や子にとって最もよいと思われる解決方法を検討し，裁判官に報告する。少年事件では，非行を犯したとされる少年とその保護者に会って事情を聴くなどして，少年が非行に至った動機，原因，生育歴，性格，生活環境などの調査を行う。少年鑑別所，保護観察所，児童相談所などの関係機関と連携を図りながら，少年が立ち直るために必要な方策を検討し，裁判官に報告する。また，裁判官が最終処分を決めるため必要があるときに，少年の様子を見守る「試験観察」という決定をすることがあるが，その場合には，継続的に少年を指導したり，援助しながら少年の行動や生活状況を観察する。

　家庭裁判所調査官になるには，裁判所職員採用総合職試験（家庭裁判所調査官補）を受験して採用された後，裁判所職員総合研修所において2年間研修を受けて必要な技能等を修得することになる。

　審　判　家庭裁判所は，調査の結果，審判に付すことができない，あるいは相当でないときは，審判不開始の決定により事件を終結させる。また，審判の結果非行事実が認められなかった（刑事裁判の無罪に当たる場合）などの理由により保護処分に付すことができない，あるいは付す必要がないと認めるときは，不処分の決定をする。実際，かなり多くが，不開始・不処分となっている。少年審判は，非行事実に加えて，将来再び非行を行う可能性（要保護性）も重視される。少年に対しての指導助言，被害体験講習会，社会奉仕活動などの保護的措置を経て少年の要保護性が解消された場合に，審判不開始や不処分の決定がなされる。

　成人の刑事裁判は，検察官と弁護人・被告人が対立する当事者として事実や量刑等を争い，裁判官が判決を下すという対審構造（当事者主義構造）になっているのに対し，少年審判は，職権主義構造となっている。これは裁判所自らが主体となって事実を解明し，それに基づいて非行事実の有無及び少年の処遇についての判断を下す手続である。少年審判は，その手続自体が1つの保護，教育の場として位置づけられる。したがって，審判は，非公開で，懇切を旨として和やかに行うとともに，少年に対し非行についての内省を促すものとしなければならない。審判には，裁判官と少年の他，少年の保護者，付添人（弁護士；刑事裁判では弁護人と呼ばれるが，少年事件では付添人という），原則として家庭裁判所調査官が出席するが，親類や教員，雇用主等相当と認められる者の

在席が許されることもある。また，2008年の少年法改正によって一定の重大事件の被害者等が裁判官の許可を得て少年審判を傍聴できるようになった。

保護処分　家庭裁判所は，審判の結果，保護処分に付することを相当と判断したときは，保護観察，児童自立支援施設等送致，少年院送致のいずれかの決定を行う。また，保護処分を決定するために必要があると認めるときは，相当の期間，家庭裁判所調査官に少年を直接観察させるなどの試験観察に付すことができる。

調査または審判の結果，児童福祉法の規定による措置を相当と認めるときは，児童相談所長送致を行う。

死刑，懲役または禁錮に当たる罪の事件について，刑事処分を相当と認めるときは，事件を検察官に送致する。また犯罪行為時に16歳以上の少年による故意の被害者死亡事件は原則として検察官に事件を送致しなければならない（原則逆送）。

3. 少年鑑別所と法務（鑑別）技官の業務

少年鑑別所は，①家庭裁判所の求めに応じ，鑑別対象者の鑑別を行うこと，②観護措置を執られて収容される者等に対し，健全育成のための支援を含む観護処遇を行うこと，③地域社会における非行及び犯罪の防止に関する援助を行うことを業務とする法務省所管の施設である。

1949年の少年法及び少年院法の施行により発足し，現在は2015年に施行された少年鑑別所法に基づいて運営されている。各都道府県庁所在地など全国で52カ所（うち分所1）が設置されている。

鑑別とは，医学，心理学，教育学，社会学などの専門的知識や技術に基づき，鑑別対象者について，その非行等に影響を及ぼした資質上及び環境上問題となる事情を明らかにした上，その事情の改善に寄与するため，適切な指針を示すことである。家庭裁判所の求めに応じて行う審判鑑別（うち観護措置の決定により少年鑑別所に収容されている者に対する鑑別を収容審判鑑別という）及び関係機関の求めに応じて行う処遇鑑別がある。

法務省専門職員（人間科学）採用試験矯正心理専門職区分あるいは国家公務員採用総合職試験により法務省矯正局に採用された法務技官は，鑑別業務につくことが多い。技官は私服を着て勤務し，夜間に寮勤務当直はなく，制圧権をもたない。

収容審判鑑別では，担当となった技官は，少年の入所翌朝初回面接を行い，

面接，心理検査を実施するとともに，医務からの健康に関する情報，観護からの行動観察，調査官との情報交換による外部資料などを収集し，処分に関する意見についての判定会議を経て，鑑別結果通知書を書いて家庭裁判所裁判官に提出する。審判の結果，少年院送致が決まれば，少年院あてに処遇指針を作成する。これらの書類は，家庭裁判所調査官の作成する社会調査結果とともに，少年院と保護観察所など，処遇を実施する機関の基本資料となる。

　従来，技官は心理的アセスメントを主たる業務としてきたが，少年院や刑務所などの処遇施設への配置換えや，少年鑑別所に併設されている法務少年支援センターでの地域援助業務など，治療的な関わりも求められるようになりつつある。

4. 少年院と法務教官の業務

　少年院における在院者の処遇に関しては，2014年に制定された新たな少年院法に規定されている。少年院は，家庭裁判所から保護処分として送致された少年に対し，その健全育成を図ることを目的として，矯正教育，社会復帰支援等を行う法務省所管の施設である。少年院には，おおむね12歳から20歳までの少年が収容される。

　少年院の種類は，入院時の年齢，犯罪傾向の程度及び心身の状況に応じて4つあり，以下の者を収容している。①第一種：保護処分の執行を受ける者であって，心身に著しい障害がない，おおむね12歳以上23歳未満のもの，②第二種：保護処分の執行を受ける者であって，心身に著しい障害がない犯罪的傾向が進んだ，おおむね16歳以上23歳未満のもの，③第三種：保護処分の執行を受ける者であって，心身に著しい障害がある，おおむね12歳以上26歳未満のもの，④第四種：少年院において刑の執行を受けるもの。

　少年院における処遇の中核となるのは矯正教育であり，生活指導，職業指導，教科指導，体育指導及び特別活動指導の5つの分野での指導が行われる。少年院では，入院時に，今後行うべき矯正教育の目標，内容，方法及び期間を定めた個人別矯正教育計画を作成し，それに基づいて矯正教育が級別に実施される。少年は入院すると3級に編入され，改善意欲の喚起を図ることが目標とされる。その後，個人別矯正教育計画に基づいて改善更生の状況に応じて定期的に成績評価され，2級では問題改善への具体的指導，1級では社会生活への円滑な移行を図る指導と，進級するにつれて教育目標と内容とが展開する。1級になると仮退院が見えてくる。

少年院の矯正教育と運営を担っているのは法務教官である。制服を着て，当直と非番があり，勤務表と呼ばれる職員配置に従って動く。法務教官になるには，法務省専門職員（人間科学）法務教官区分か国家公務員採用総合職試験に合格して法務省矯正局に採用される必要がある。

5. 保護観察と保護観察官の業務

少年の保護観察も，刑事司法と同じ更生保護法に基づき保護観察所によって執行される。少年に対しては，家庭裁判所の決定による保護処分としての保護観察（1号観察）と，地方更生保護委員会により少年院からの仮退院を許された者に対する保護観察（2号観察）とがある。前者は20歳まで又は2年間，後者は原則として20歳に達するまでの期間，保護観察官及び保護司の指導監督，補導援護を受ける。ただし，経過良好の場合，期間満了の前に良好措置（保護観察の終了）が執られ保護観察が終了することもある。

保護観察官は，地方更生保護委員会や保護観察所に勤務し，心理学，教育学，社会福祉等の更生保護に関する専門的知識に基づいて，非行・犯罪を行った者の改善更生を社会の中で図る業務に従事する。地方更生保護委員会に勤務する保護観察官は，刑務所や少年院からの仮釈放・仮退院に関する審理のための調査を行う。保護観察所では，保護司と協働して面接や医療・福祉・教育との連携など保護観察による指導や，出所後の生活環境の調整を担っている。

保護観察官になるには，法務省専門職員（人間科学）保護観察官区分か国家公務員採用総合職試験に合格して法務省保護局又は更生保護官署（地方更生保護委員会又は保護観察所）に採用される必要がある。

6. 犯罪被害者等基本法と被害者支援

犯罪被害者等のための基本理念と施策は，2004年に成立した犯罪被害者等基本法に定められている。基本的施策としては，①相談及び情報の提供等，②損害賠償の請求についての援助等，③給付金の支給に係る制度の充実等，④保健医療サービス，福祉サービスの提供，⑤犯罪被害者の二次被害の防止・安全確保，⑥居住・雇用の安定，⑦刑事に関する手続への参加の機会を拡充するための制度の整備等，が掲げられている。なお，内閣府に犯罪被害者等基本計画案を作成するための犯罪被害者等施策推進会議が置かれている。

12 産業・労働分野① 法律

◀ 金井 篤子

　産業・労働分野に関わる法律や国の施策は多様である。公認心理師の業務は要支援者の利益を第一に考えるが，公認心理師の立場からよかれと思って支援したことでも，万が一法律に抵触した場合は，最終的に要支援者の不利益に結びつく。このことから，実際の業務においては，事業場内の法務室や労働基準監督署などに相談しつつ，適切な対応をとることが求められる。また，これらの法律や国の施策は社会情勢の変動に合わせ，改正が頻繁に行われているので，実際の活動時には改正点をよく確認するようにしたい。なお，2018 年 7 月に働き方改革を推進するための関係法律の整備に関する法律（働き方改革法）が公布されたのに伴い，労働関連法とそれに関連する計 36 の法律が改正されたことをふまえて，主な改正点を，以下の各法の該当箇所および 13. として示した。

1. 労働基準法

　労働者と使用者は基本的には契約自由の原則に基づき，当事者の自由な意思によって契約を行うが，しかし，使用者の方が労働者よりも強い立場であることが当然予想されるため，労働者を守るため，労働条件の最低基準を定めた法律が労働基準法（1947 年）である。

　1 条 1 項に，「労働条件は，労働者が人たるに値する生活を営むための必要を充たすべきものでなければならない」とあるように，労働は人たるに値する生活を営むためのものであることに言及している。さらに 1 条 2 項には，「この法律で定める労働条件の基準は最低のものであるから，労働関係の当事者は，この基準を理由として労働条件を低下させてはならないことはもとより，その向上を図るように努めなければならない」と明記されている通り，この法律で定められたことは最低基準であり，当事者の努力により，これ以上の条件が模索されるべきであることが示されている。また，最低基準であることから，この法律に違反した場合には，多くは刑事罰が定められている。

　具体的には，賃金については，国籍や性別を理由に差別して賃金を決めることの禁止（3 条・4 条），賃金の支払い方法（24 条），最低額の決定（28 条；最低賃金法という特別の法律による。最低賃金は，毎年，地域ごとに決定され，最低賃金より低い賃金としている場合には罰則が科される）などの定めがある。解雇についても，使用者が労働者を解雇する場合，少なくとも 30 日前に予告しな

ければならず，予告をしない使用者は30日分以上の平均賃金を支払わなければならないと定められている（20条1項）。

　また，1日及び1週の最長労働時間の規制を「法定労働時間」といい，法定労働時間の原則は，1日8時間，1週40時間である（32条1項・2項）。法で定める場合を除き，この法定労働時間を超えて労働させることはできない。時間外・休日労働については，原則として，法定労働時間を超えて時間外労働させたり，法定休日に休日労働をさせることはできない（32条・35条）が，例外的に，時間外労働・休日労働をさせることができる主な場合として，労使協定（36条。いわゆるサブロク協定）によるものがある。使用者は，事業場において労使協定を結び，それを行政官庁（所轄労働基準監督署）に届け出た場合は，その協定に定めるところにより労働時間を延長し，または休日に労働させることができる。

　2018年7月公布の働き方改革法により，時間外労働の上限については，月45時間，年360時間を原則とし，臨時的な特別な事情がある場合でも年720時間，単月100時間未満（休日労働含む），複数月平均80時間（休日労働含む）が限度となった。

　同じく，39条の改正により，使用者は，10日以上の年次有給休暇が付与される労働者に対し，5日について，毎年，時季を指定して与えなければならないこととされた。また，41条の改正では，職務の範囲が明確で一定の年収（少なくとも1000万円以上）を有する労働者が，高度の専門的知識を必要とする等の業務に従事する場合に，年間104日の休日を確実に取得させること等の健康確保措置を講じること，本人の同意や労使委員会の決議等を要件として，労働時間，休日，深夜の割増賃金等の規定を適用除外とすることができるとされた（高度プロフェッショナル制度の創設）。以上の点に関する働き方改革法の施行日は2019年4月1日となっている（中小企業を除く）。

2. 労働契約法

　労働契約法は2007年に成立した法律で，就業形態が多様化し，労働者の労働条件が個別に決定・変更されるようになり，個々の労働者と使用者間の争い（個別労働紛争）が増えていることに対応したものである。その目的は1条に以下のように明記されている。「この法律は，労働者及び使用者の自主的な交渉の下で，労働契約が合意により成立し，又は変更されるという合意の原則その他労働契約に関する基本的事項を定めることにより，合理的な労働条件の決

定又は変更が円滑に行われるようにすることを通じて，労働者の保護を図りつつ，個別の労働関係の安定に資することを目的とする」。

3条各項においては，労働契約の原則として，「労働契約は，労働者及び使用者が対等の立場における合意に基づいて締結し，又は変更すべきもの」であること，「就業の実態に応じて，均衡を考慮しつつ締結し，又は変更すべきもの」であること，「仕事と生活の調和にも配慮しつつ締結し，又は変更すべきもの」であること，「労働者及び使用者は，労働契約を遵守するとともに，信義に従い誠実に，権利を行使し，及び義務を履行しなければならない」こと，「労働者及び使用者は，労働契約に基づく権利の行使に当たっては，それを濫用することがあってはならない」ことが明記されている。ここで，仕事と生活の調和への配慮を立法上明らかにしている点が注目される。

また，5条では，「使用者は，労働契約に伴い，労働者がその生命，身体等の安全を確保しつつ労働することができるよう，必要な配慮をするものとする」と，いわゆる安全配慮義務について立法上明らかにしている。

3. 労働安全衛生法

労働安全衛生法に関しては，かつては労働基準法に「安全及び衛生」（第5章）として，安全衛生教育などの規定を置いていたが，増加する労働災害に対応するため，1972年に労働災害の防止を目的とする労働安全衛生法が制定された。その目的は1条に以下のように明記されている。「この法律は，労働基準法（1947年）と相まって，労働災害の防止のための危害防止基準の確立，責任体制の明確化及び自主的活動の促進の措置を講ずる等その防止に関する総合的計画的な対策を推進することにより職場における労働者の安全と健康を確保するとともに，快適な職場環境の形成を促進することを目的とする」。

2014年には，精神障害の労災認定件数が3年連続で過去最高を更新するなど増加していることをふまえ，一部改正により，ストレスチェック制度を創設し（66条の10），医師，保健師などによるストレスチェックの実施を事業者に義務づけること（ただし，従業員50人未満の事業場については当分の間努力義務とする），事業者は，ストレスチェックの結果を通知された労働者の希望に応じて医師による面接指導を実施し，その結果，医師の意見を聴いた上で，必要な場合には，適切な就業上の措置を講じなければならないこととした。

4. 労働者災害補償保険法

労働者災害補償保険法（1947年）は，労働者災害補償保険について定めたも

のであり，「労働者災害補償保険は，業務上の事由又は通勤による労働者の負傷，疾病，障害，死亡等に対して迅速かつ公正な保護をするため，必要な保険給付を行い，あわせて，業務上の事由又は通勤により負傷し，又は疾病にかかった労働者の社会復帰の促進，当該労働者及びその遺族の援護，労働者の安全及び衛生の確保等を図り，もって労働者の福祉の増進に寄与することを目的とする」（1条）。さらに，「労働者災害補償保険は，第1条の目的を達成するため，業務上の事由又は通勤による労働者の負傷，疾病，障害，死亡等に関して保険給付を行うほか，社会復帰促進等事業を行うことができる」（2条の2）。労災補償制度は，社会保障制度の一環として，政府が制度を運営し，使用者は保険に加入し保険料を納める義務を負い，労働災害にあった労働者が保険により補償を受けるものとなっている。

過労死やうつなど精神疾患の発症について，長時間労働など業務上の事由によるものか（業務に原因があるか）否かが問題となるケースが増えている。

5. 過労死等防止対策推進法

2014年に施行された過労死等防止対策推進法は，「近年，我が国において過労死等が多発し大きな社会問題となっていること及び過労死等が，本人はもとより，その遺族又は家族のみならず社会にとっても大きな損失であることに鑑み，過労死等に関する調査研究等について定めることにより，過労死等の防止のための対策を推進し，もって過労死等がなく，仕事と生活を調和させ，健康で充実して働き続けることのできる社会の実現に寄与することを目的とする」（1条）。この法律では，過労死等について，「業務における過重な負荷による脳血管疾患若しくは心臓疾患を原因とする死亡若しくは業務における強い心理的負荷による精神障害を原因とする自殺による死亡又はこれらの脳血管疾患若しくは心臓疾患若しくは精神障害」（2条）と定義し，政府が防止のための大綱を定めること，過労死等の防止のための対策として，①調査研究等，②啓発，③相談体制の整備等を行うことを定めている。また，事業主に対しては，対策に協力する努力義務が明記されている。

6. 男女雇用機会均等法

「雇用の分野における男女の均等な機会及び待遇の確保等に関する法律」（男女雇用機会均等法：1972年）においては，「法の下の平等を保障する日本国憲法の理念にのっとり雇用の分野における男女の均等な機会及び待遇の確保を図るとともに，女性労働者の就業に関して妊娠中及び出産後の健康の確保を図る等

の措置を推進することを目的」（1条）として，募集・採用，配置・昇進等における性別を理由とする差別の禁止や，婚姻，妊娠・出産等を理由とする不利益取扱いの禁止等が定められている。

法律の成立当時は女性労働者の保護を目的とするものであったが，1979年に国連総会で女子差別撤廃条約が採択されたことを受けて，1985年に女性への差別の撤廃を目的として改正が行われた。また，2006年の改正を経て，男性への差別も禁止となった。また11条1項は，セクシャル・ハラスメントの防止等につき，事業主に一定の措置を義務づけている。さらに2017年からは，上司・同僚からの職場における妊娠・出産等に関するハラスメント（いわゆるマタニティ・ハラスメント）防止対策の措置が義務づけられた。なお，女性の活躍をいっそう進めるため，「女性の職業生活における活躍の推進に関する法律」（女性活躍推進法：2015年）が10年の時限立法として成立し，2016年から，常時雇用する労働者数が301人以上の企業については，一般事業主行動計画の策定や届出等が義務化されている。

7. 育児・介護休業法

「育児休業，介護休業等育児又は家族介護を行う労働者の福祉に関する法律」（育児・介護休業法：1991年）においては，「育児休業及び介護休業に関する制度並びに子の看護休暇及び介護休暇に関する制度を設けるとともに，子の養育及び家族の介護を容易にするため所定労働時間等に関し事業主が講ずべき措置を定めるほか，子の養育又は家族の介護を行う労働者等に対する支援措置を講ずること等により，子の養育又は家族の介護を行う労働者等の雇用の継続及び再就職の促進を図り，もってこれらの者の職業生活と家庭生活との両立に寄与することを通じて，これらの者の福祉の増進を図り，あわせて経済及び社会の発展に資することを目的とする」（1条）。

2016年の改正により，対象家族1人につき，3回を上限として，通算93日まで，介護休業を分割取得することができるようになり，介護休暇の半日単位の取得も可能となった。また，17年の改正により，育児休業は子が最長2歳に達するまで取得可能となった。

8. 個人情報保護法

「個人情報の保護に関する法律」（個人情報保護法：2003年）は，「高度情報通信社会の進展に伴い個人情報の利用が著しく拡大していることに鑑み，個人情報の適正な取扱いに関し，基本理念及び政府による基本方針の作成その他の

個人情報の保護に関する施策の基本となる事項を定め，国及び地方公共団体の責務等を明らかにするとともに，個人情報を取り扱う事業者の遵守すべき義務等を定めることにより，個人情報の適正かつ効果的な活用が新たな産業の創出並びに活力ある経済社会及び豊かな国民生活の実現に資するものであることその他の個人情報の有用性に配慮しつつ，個人の権利利益を保護することを目的とする」（1条）。

2015年の改正では，要配慮個人情報として，病歴等が含まれる個人情報については，本人同意を得て取得することを原則義務化し，本人同意を得ない第三者提供の特例（オプトアウト）を禁止（2条3項，17条2項）しており，これらの情報の扱いには十分留意しなければならない。

9. パート労働法

「短時間労働者の雇用管理の改善等に関する法律」（パート労働法：1993年）は，「我が国における少子高齢化の進展，就業構造の変化等の社会経済情勢の変化に伴い，短時間労働者の果たす役割の重要性が増大していることにかんがみ，短時間労働者について，その適正な労働条件の確保，雇用管理の改善，通常の労働者への転換の推進，職業能力の開発及び向上等に関する措置等を講ずることにより，通常の労働者との均衡のとれた待遇の確保等を図ることを通じて短時間労働者がその有する能力を有効に発揮することができるようにし，もってその福祉の増進を図り，あわせて経済及び社会の発展に寄与することを目的とする」（1条）。

2014年の改正においては，短時間労働者と正規労働者間における賃金や処遇の格差是正を目的として，「事業主が，その雇用する短時間労働者の待遇を，当該事業所に雇用される通常の労働者の待遇と相違するものとする場合においては，当該待遇の相違は，当該短時間労働者及び通常の労働者の業務の内容及び当該業務に伴う責任の程度……，当該職務の内容及び配置の変更の範囲その他の事情を考慮して，不合理と認められるものであってはならない」（8条）と規定された。

2018年の働き方改革法の改正によって，有期雇用労働者を法の対象に含めることに伴い，題名が「短時間労働者及び有期雇用労働者の雇用管理の改善等に関する法律」と改正された。主な改正点は，短時間・有期雇用労働者に関する同一企業内における正規雇用労働者との不合理な待遇の禁止（いわゆる同一労働同一賃金）に関し，個々の待遇ごとに，当該待遇の性質・目的に照らして

適切と認められる事情を考慮して判断されるべき旨を明確化したこと，併せて有期雇用労働者の均等待遇規定を整備したことである。

10．労働者派遣法

「労働者派遣事業の適正な運営の確保及び派遣労働者の保護等に関する法律」（労働者派遣法：1985 年）は，「職業安定法……と相まって労働力の需給の適正な調整を図るため労働者派遣事業の適正な運営の確保に関する措置を講ずるとともに，派遣労働者の保護等を図り，もって派遣労働者の雇用の安定その他福祉の増進に資することを目的とする」（1 条）。

2015 年の改正では，いっそうの派遣労働者の正社員化を含むキャリアアップ，雇用継続を推進するため，①派遣労働者に対する計画的な教育訓練や，希望者へのキャリアコンサルティングを派遣元に義務づけ，②派遣期間終了時の派遣労働者の雇用安定措置（雇用を継続するための措置）を派遣元に義務づけた（3 年経過時は義務，1 年以上 3 年未満は努力義務）。

2018 年の働き方改革法の改正により，派遣労働者について，①派遣先の労働者との均等・均衡待遇，②一定の要件を満たす労使協定による待遇のいずれかを確保することが義務化された（いわゆる同一労働同一賃金，30 条）。

11．高年齢者雇用安定法

「高年齢者等の雇用の安定等に関する法律」（高年齢者雇用安定法：1971 年）は，「定年の引上げ，継続雇用制度の導入等による高年齢者の安定した雇用の確保の促進，高年齢者等の再就職の促進，定年退職者その他の高年齢退職者に対する就業の機会の確保等の措置を総合的に講じ，もって高年齢者等の職業の安定その他福祉の増進を図るとともに，経済及び社会の発展に寄与することを目的とする」（1 条）。

また，「事業主がその雇用する労働者の定年……の定めをする場合には，当該定年は，60 歳を下回ることができない」（8 条）。公的年金支給年齢の引上げに関連して，65 歳までの安定した雇用を確保するため，定年の引上げ，継続雇用制度，定年の定めの廃止のいずれかの「高年齢者雇用確保措置」を講じなければならない（9 条）としている。

12．障害者雇用促進法

「障害者の雇用の促進等に関する法律」（障害者雇用促進法：1960 年）は，「身体障害者又は知的障害者の雇用義務等に基づく雇用の促進等のための措置，雇用の分野における障害者と障害者でない者との均等な機会及び待遇の確保並び

に障害者がその有する能力を有効に発揮することができるようにするための措置，職業リハビリテーションの措置その他障害者がその能力に適合する職業に就くこと等を通じてその職業生活において自立することを促進するための措置を総合的に講じ，もって障害者の職業の安定を図ることを目的とする」（1条）。

この法律では，労働者の一定割合（法定雇用率は現行2％，2018年4月より2.2％に引上げ）まで障害者の雇用を一般企業に義務づけている。現在の法定雇用率は身体障害者・知的障害者を算定基礎としているが，2018年4月より5年間の猶予期間を経て，この算定基礎に精神障害者が加わることとなっている。

さらに「障害者の権利に関する条約」を日本が批准したことに伴い，2016年4月以降，すべての事業主を対象に，障害者であることを理由とする差別が禁止され，合理的配慮の提供義務が課されている。

また，この法律に規定された広域障害者職業センター，地域障害者職業センターまたは障害者就業・生活支援センターは，公認心理師養成のための実習施設とされている。

13. 働き方改革法

2018年7月に公布された「働き方改革を推進するための関係法律の整備に関する法律」（働き方改革法）により，労働関連法および関連する36の法律が改正された。①働き方改革の総合的かつ継続的な推進（施行期日2018年7月6日〔公布日〕），②長時間労働の是正，多様で柔軟な働き方の実現等（施行期日2019年4月1日，中小企業を除く），③雇用形態にかかわらない公正な待遇の確保（施行期日2020年4月1日，中小企業を除く），の3つの柱からなる。主な改正点は，ここまでにすでに述べてきた通りだが，そのほかの改正点を以下に示す。

①の柱として，「雇用対策法」（1966年）の題名を「労働施策の総合的な推進並びに労働者の雇用の安定及び職業生活の充実等に関する法律」と改正し，働き方改革に係る基本的考え方を明らかにするとともに，国は，改革を総合的かつ継続的に推進するための「基本方針」（閣議決定）を定めることとした。

②の柱として，「労働時間等の設定の改善に関する特別措置法」（労働時間等設定改善法：1992年）の改正において，事業主は，前日の終業時刻と翌日の始業時刻の間に一定時間の休息の確保に努めなければならないこととした（2条：勤務間インターバル制度の普及促進等）。

13 産業・労働分野② 施策

◀ 金井 篤子

産業労働分野においては，多くの施策が実施されている。これらはこの分野における公認心理師活動のガイドラインとなるもので，より有効な支援のため，これらの施策についての基本的な知識をもち，適切な運用を行いたい。ここではすべての施策を取り上げることはできないが，主だったものを取り上げる。

1. 第12次労働災害防止計画

労働災害防止計画は，労働災害を減少させるため，国の中期計画として，1958年からこれまで12次にわたって策定されており，現在は第12次労働災害防止計画（2013～17年度）が進められている。この計画は，労働安全衛生法の6条に「厚生労働大臣は，労働政策審議会の意見をきいて，労働災害の防止のための主要な対策に関する事項その他労働災害の防止に関し重要な事項を定めた計画（以下「労働災害防止計画」という。）を策定しなければならない」とされていることによる。第12次計画は，2011年における労働災害による被災者数（死亡者数1024人〔過去最少〕，死傷者数11万7958人〔2年連続増加〕）の現状をふまえ，労働災害による死亡者数と死傷者数をそれぞれ15％以上減少させることを目標に計画されたものである。

第12次労働災害防止計画の冒頭には，本計画が目指す社会について，以下のように明記されている。「誰もが安心して健康に働くことができる社会を実現するためには，国や労働災害防止団体などだけでなく，労働者を雇用する事業者，作業を行う労働者，仕事を発注する発注者，仕事によって生み出される製品やサービスを利用する消費者など，全ての関係者が，働くことで生命が脅かされたり，健康が損なわれたりするようなことは，本来あってはならないという意識を共有し，安全や健康のためのコストは必要不可欠であることを正しく理解し，それぞれが責任ある行動を取るような社会にしていかなければならない」。

この計画におけるメンタルヘルス対策（心の健康確保対策）と過重労働対策（過労死等予防対策）に関連する主な記述は，以下の通り。まず，職場のメンタルヘルス対策に関しては，2017年までにメンタルヘルス対策に取り組んでいる事業場の割合を80％以上とすることを目標に掲げ，講ずべき施策として，

①メンタルヘルス不調予防のための職場改善の取組，②ストレスへの気づきと対応の促進，③取り組み方がわからない事業場への支援，④職場復帰対策の促進を挙げている。また，過重労働対策に関しては，2011年と比較して，17年までに週労働時間60時間以上の雇用者の割合を30％以上減少させることを目的とし，講ずべき施策として，①健康管理の徹底による労働者の健康障害リスクの低減，②働き方・休み方の見直しの推進を挙げている。

2. 労働者の心の健康の保持増進のための指針

近年，労働者の受けるストレスは増大する傾向にあり，仕事に関して強い不安やストレスを感じている労働者が6割を超える状況にあること，また，精神障害等に係る労災補償状況を見ると，請求件数，認定件数とも増加傾向にあり，事業場においてより積極的に労働者の心の健康の保持増進を図ることはますます重要な課題となっていることから，厚生労働省は2000年に策定した「事業場における労働者の心の健康づくりのための指針」を見直し，労働安全衛生法70条の2第1項に基づく指針として，06年，新たに「労働者の心の健康の保持増進のための指針」（メンタルヘルス指針）を策定した。

この指針においては，メンタルヘルスケアの基本的考え方として，「事業者は，事業場におけるメンタルヘルスケアを積極的に推進するため，衛生委員会等において十分調査審議を行い，『心の健康づくり計画』を策定するとともに，その実施に当たっては，関係者に対する教育研修・情報提供を行い，『4つのケア』を効果的に推進し，職場環境等の改善，メンタルヘルス不調への対応，職場復帰のための支援が円滑に行われるようにする必要がある。また，事業者は，心の健康問題の特性，個人の健康情報の保護への配慮，人事労務管理との関係，家庭・個人生活等の職場以外の問題等との関係に留意する必要がある」と述べている。4つのメンタルヘルスケアとは，「セルフケア」「ラインによるケア」「事業場内産業保健スタッフ等によるケア」および「事業場外資源によるケア」をさしている。

メンタルヘルスケアの具体的進め方としては，①メンタルヘルスケアを推進するための教育研修・情報提供，②職場環境等の把握と改善，③メンタルヘルス不調への気づきと対応，④職場復帰における支援を挙げている。また，これらの施策を進める際のメンタルヘルスに関する個人情報の保護への配慮の必要性にも言及している。この指針は，2015年に改正され，ストレスチェック制度に関する事項が明記された。

3. 心理的な負担の程度を把握するための検査及び面接指導の実施並びに面接指導結果に基づき事業者が講ずべき措置に関する指針

　この指針は，「労働安全衛生法第 66 条の 10 第 7 項の規定に基づき，ストレスチェック及び面接指導の結果に基づき事業者が講ずべき措置が適切かつ有効に実施されるため，ストレスチェック及び面接指導の具体的な実施方法又は面接指導の結果についての医師からの意見の聴取，就業上の措置の決定，健康情報の適正な取扱い並びに労働者に対する不利益な取扱いの禁止等について定め」ており，2015 年 4 月に公示され，さらに 11 月に改正されている。

　ストレスチェック制度の基本的な考え方 としては，労働者のメンタルヘルス不調の未然防止（一次予防）が目的で，事業場におけるメンタルヘルスケアの総合的な取組の中に位置づけることが望ましいとされており，その他，以下の通り具体的な指針が示されている。

- ・ストレスチェック制度の実施に当たっては，規程を定めること
- ・ストレスチェックに用いる調査票は，事業者の判断により選択することができるものとするが，「職業性ストレス簡易調査票」（57 項目）を用いることが望ましい
- ・医師による面接指導が必要とされた者に対して，実施者が申し出の勧奨を行うとともに，結果の通知を受けた労働者が相談しやすい環境を作るため，保健師，看護師または心理職が相談対応を行う体制を整備することが望ましい
- ・分析結果に基づく措置は，管理監督者による日常の職場管理，労働者の意見聴取，産業医などの職場巡視などで得られた情報も勘案し，勤務形態または職場組織の見直しなどの観点から講ずることが望ましい
- ・労働者に対する不利益な取扱いを防止すること
- ・集団ごとの集計・分析の単位が 10 人を下回る場合には，全ての労働者の同意を取得しない限り，事業者に結果を提供してはならない

4. 心の健康問題により休業した労働者の職場復帰支援の手引き

　厚生労働省は，メンタルヘルス不調により休業した労働者に対する職場復帰を促進するため，事業場向けマニュアルとして，「心の健康問題により休業した労働者の職場復帰支援の手引き」（2004 年）を作成し，09 年には，その後の新たな経験や知見をふまえて，改訂を行っている。この手引きでは，復職支援の 5 つのステップに沿って支援活動の進め方を示している（表）。

表　復職支援の5つのステップ

第1ステップ	病気休業開始及び休業中のケア
第2ステップ	主治医による職場復帰可能の判断
第3ステップ	職場復帰の可否の判断及び職場復帰支援プランの作成
第4ステップ	最終的な職場復帰の決定
第5ステップ	職場復帰後のフォローアップ

5. 職場における自殺の予防と対応

　厚生労働省は，自殺予防の観点から，2001年に「職場における自殺の予防と対応」というマニュアルを公表し，その後改訂を加えて，現在では2010年のマニュアルが最新である。うつ病の症状や早期発見のための方法，産業医や専門医へうつ病等の疑いがある労働者をつなぐタイミング，自殺後に遺された人への対応として，職場でのポストベンション（postvention：事後対応）などが取り上げられている。

6. 事業場における治療と職業生活の両立支援のためのガイドライン

　厚生労働省は，疾病を抱える人が治療と職業生活が両立できるような環境整備を目的として，2016年に，「事業場における治療と職業生活の両立支援のためのガイドライン」を公表し，事業場が，がん，脳卒中などの疾病を抱える従業員に対して，適切な就業上の措置や治療に対する配慮を行い，治療と職業生活が両立できるようにするため，職場における意識啓発のための研修や治療と職業生活を両立しやすい休暇制度・勤務制度の導入などの環境整備，治療と職業生活の両立支援の進め方に加え，特に「がん」について留意すべき事項をとりまとめている。

7. こころの耳 働く人のメンタルヘルス・ポータルサイト

　厚生労働省は，心の不調や不安に悩む働く人や，家族，職場のメンタルヘルス対策に取り組む事業者や支援者を対象に，相談先や関連法規等の情報提供，セルフチェックのツールの提供などを目的に，「こころの耳 働く人のメンタルヘルス・ポータルサイト」（https://kokoro.mhlw.go.jp/）を作成している。必要に応じて活用したい。

8. 仕事と生活の調和（ワーク・ライフ・バランス）憲章

　「仕事と生活の調和（ワーク・ライフ・バランス）憲章」および「仕事と生活の調和推進のための行動指針」は，2007年，関係閣僚，経済界・労働界・地方公共団体の代表等からなる「官民トップ会議」において策定され，さらに

2010年に新たな合意が結ばれた。

「憲章」では、その前文において、次のように述べられている。「我が国の社会は、人々の働き方に関する意識や環境が社会経済構造の変化に必ずしも適応しきれず、仕事と生活が両立しにくい現実に直面している。誰もがやりがいや充実感を感じながら働き、仕事上の責任を果たす一方で、子育て・介護の時間や、家庭、地域、自己啓発等にかかる個人の時間を持てる健康で豊かな生活ができるよう、今こそ、社会全体で仕事と生活の双方の調和の実現を希求していかなければならない。仕事と生活の調和と経済成長は車の両輪であり、若者が経済的に自立し、性や年齢などに関わらず誰もが意欲と能力を発揮して労働市場に参加することは、我が国の活力と成長力を高め、ひいては、少子化の流れを変え、持続可能な社会の実現にも資することとなる。そのような社会の実現に向けて、国民1人ひとりが積極的に取り組めるよう、ここに、仕事と生活の調和の必要性、目指すべき社会の姿を示し、新たな決意の下、官民一体となって取り組んでいくため、政労使の合意により本憲章を策定する」。

その上で、仕事と生活の調和が実現した社会について、「国民1人ひとりがやりがいや充実感を感じながら働き、仕事上の責任を果たすとともに、家庭や地域生活などにおいても、子育て期、中高年期といった人生の各段階に応じて多様な生き方が選択・実現できる社会」であると定義し、①就労による経済的自立が可能な社会、②健康で豊かな生活のための時間が確保できる社会、③多様な働き方・生き方が選択できる社会を目指す、としている。また、関係者が果たすべき役割として、労使を始め国民による積極的取組、国や地方公共団体による支援を挙げ、「行動指針」では、2010年時点の合意として、2020年までに、フリーター数約178万人→124万人、週労働時間60時間以上の雇用者の割合10.0%→5割減、年次有給休暇取得率47.4%→70%、第1子出産前後の女性の継続就業率38.0%→55%、男性の育休取得率1.23%→13%などの具体的な目標値を提示している。

9. ジョブ・カード制度

ジョブ・カード制度とは、厚生労働省による国民のキャリア形成支援施策の1つであり、個人のキャリアアップや、多様な人材の円滑な就職等を促進することを目的として、ジョブ・カードを「生涯を通じたキャリアプランニング」および「職業能力証明」のツールとして、キャリアコンサルティング等の個人への相談支援のもと、求職活動、職業能力開発などの各場面において活用する

制度である。2008 年に，主に「職業能力の形成機会に恵まれない人」に対する支援策として創設されたが，その後，11 年には，キャリアコンサルティング等による職業能力証明のツールとして，職業能力形成の機会に恵まれない者に限らず，広く求職者・在職者・学生等を対象とした。しかし，こういった趣旨にもかかわらず，JIS 規格の履歴書や企業独自のエントリーシート，各大学独自のポートフォリオなどの普及により，ジョブ・カード自体の普及はあまり進んでいない。しかし，15 年より，上記のように，コンセプトが整理されたことに伴ってより普及を目指した新様式が提供され，日本国民のキャリア形成を支援する総合ツールとして，今後の展開が期待されている。厚生労働省は普及を目的に，「ジョブ・カード制度総合サイト」（http://jobcard.mhlw.go.jp/）を作成している。個々人のキャリア支援のためのツールとして活用したい。

column **3**　コラム **3**　アメリカとイギリスの心理師の資格

丹野　義彦

　公認心理師の今後を考えるため，米英の心理師の資格に目を向けてみよう。

▶アメリカの心理師の免許

　アメリカのサイコロジスト（psychologist）のライセンスは，州ごとに定められた名称独占の国家資格であり，活動分野や職務内容を特定しない汎用資格である点で，日本の公認心理師と似ている。この免許の取得には，大学で基礎的な心理学を学び，博士課程で科学的な博士論文を書いて博士号を取得する必要がある。これを科学者―実践家モデルという（コラム2参照）。その後，臨床現場でインターンシップによる業務経験を積む必要がある。国家試験として全米共通の筆記試験（Examination for Professional Practice of Psychology：EPPP）が行われ，その合格率は50％であり，かなり難関である。EPPPの出題内容の割合は，基礎的心理学が約50％，実務が約30％となっており，心理学的知識にかなりの比重が置かれている。厳しい国家試験があることでサイコロジストの社会的ステータスが高められている。アメリカのサイコロジストの資格は，その社会的ステータスや競争率から見て，弁護士資格に匹敵するという。

▶イギリスの認定心理師の制度

　イギリスの認定サイコロジスト（chartered psychologist）の資格は，名称独占の国家資格である点では公認心理師と似ているが，汎用資格ではなく，活動分野や職務内容が細かく分かれている。この資格を取得するためには，大学において，イギリス心理学会が認定した心理学の学科を卒業しなければならない。その上で，イギリス心理学会が認定した大学院のコースを修了しなければならない。大学院のコースは，臨床心理学，産業心理学，カウンセリング学，教育心理学，健康心理学，司法心理学，神経心理学，教員・研究者などの分野に分かれている。そこを修了し，イギリス心理学会の各部会の正式のメンバーに申請して，認められれば，保健医療や産業などの分野別の専門資格が得られる。大学院での修了によってこうした資格が得られるので，国家試験の制度はない。この分野別の専門資格をとれば，自動的に「認定サイコロジスト」と名のることができる。認定サイコロジストは，各分野別専門資格を一般化した統一資格である。認定（chartered）という名称は，ロイヤル・チャーター制度というイギリスの国家資格制度に基づいており，イギリス政府から職能者団体であることを正式に認められることを示している。この認定サイコロジストの資格も競争率が高く，社会的ステータスは高い。

　欧米の資格は長い歴史を経て形成されたものであり，日本の公認心理師の将来を考える上で大いに参考になる。

第Ⅳ部　心理学関連団体

心理学関連団体

◀ 子安 増生

　公認心理師は，文部科学省と厚生労働省が共同で管轄する国家資格であり，その実現に当たっては，厚生労働省社会・援護局の障害保健福祉部精神・障害保健課に設置された「公認心理師制度推進室」が文科省の担当官も交えて各種の作業を行っている。現任者講習会の開催，国家試験の実施，公認心理師の登録といった作業は，両省の指定を受けた機関しか行うことができない。そのような機関として，まず2つの機関（一般財団法人 日本心理研修センターおよび公益財団法人 日本精神科病院協会）を紹介し，次いで心理学に関連する学会を束ねる連合体の一般社団法人 日本心理学諸学会連合とその加盟団体（2018年12月現在53学会）について見ていく。

1　一般財団法人 日本心理研修センター

　一般財団法人 日本心理研修センター（以下，センター）は，公認心理師の国家試験の実施とその合格者の公認心理師としての登録を行う機関である。

　センターの設立経緯は，「わが国初の心理職の国家資格である公認心理師の資格試験を運営するほか，有資格者への教育と研修を通じて，時代の変化に応じた知識や技能の向上を図り，心の生活に関わる適切なシステムを社会にご提供するために設立されました」（http://shinri-kenshu.jp/outline/index.html）とそのホームページに記されている。

　センターは，2013年4月に設立され，その事務局は東京都文京区小日向に置かれている。センターは，2016年4月に指定試験機関，2017年10月に現任者講習会実施機関，2017年11月に指定登録機関にそれぞれ指定されている。この指定は，所管省庁である文部科学省と厚生労働省が行うものである。

ブックガイド　一般財団法人 日本心理研修センター編（2016）．公認心理師（臨床心理学臨時増刊号）．金剛出版．

2　公益社団法人 日本精神科病院協会

　公益財団法人 日本精神科病院協会（以下，日精協）は，公認心理師法の実現に協力し，公認心理師の現任者講習会実施機関に指定された団体である。日精協の事務局は，東京都港区芝浦に置かれている。

　その沿革としては，1949年に設立された日本精神病院協会が2001年に日本

精神科病院協会に改称し，現在に至っている。日精協は，精神科医療の発展，精神障害者の人権の擁護と社会復帰の促進，国民の精神保健・医療福祉の向上などについて，広く日本国民へ普及啓発活動を精力的に行い，精神保健福祉法や精神保健福祉士の国家資格化など関係法規の成立・改正に尽力してきた。なお，日精協の会員病院の精神病床総数は，全国の85％以上を占めているとされる（https://www.nisseikyo.or.jp/about/mokuteki.php）。

③ 一般社団法人 日本心理学諸学会連合および同連合加盟53学会

　公認心理師法は，わが国の心理学界が総力をあげて実現に取り組んだ結果，2015年9月制定されたものである（56ページの「1. 公認心理師法成立の経緯」を参照）。一般社団法人 日本心理学諸学会連合（以下，日心連）は，心理職の国家資格化を推進する3団体の1つとして活動してきた，心理学系学会53団体の連合体である。

　日心連は，1996年設立の日本心理学界協議会を前身とし，1999年に現在の日本心理学諸学会連合の名称となった。2016年4月に一般社団法人格を取得している。日心連の事務局は，東京都文京区本郷に置かれている。

　日心連の設置目的は，その定款3条に「当法人は，心理学及びその関連分野の調和ある発展を期し，心理学諸学会独自の活動を尊重しそれを支援しつつ加入学会間の連携を強化して，国際的協力関係を深めるとともに，社会的諸問題の解決方策を総合的・持続的に立案・提言して，多面的に貢献することを目的とする」とうたわれている。また，日心連の事業（定款4条）は多岐にわたるが，「大学・大学院における心理学教育の高度化とそのためのカリキュラム整備の提言」「心理学検定等基礎資格制度の制定と運営」「心理職支援活動」などの事業目的は，公認心理師制度と密接に関わるものである。

　公認心理師を目指す者は，学部科目として基礎心理学と実践心理学の両方を体系的に学ぶことが期待されているが，受験資格を得て国家試験に合格し，公認心理師として登録された後も，心理学をさらにより深く学び続ける生涯学習に取り組む姿勢が不可欠である（81ページの「3. 生涯にわたる学び」を参照）。そのためには，公認心理師あるいは公認心理師を目指す者は，さまざまな学会等の活動に必要に応じて参加し，種々の情報を得たり情報を発信したりすることも重要となる。

表　心理学検定と公認心理師科目の対応

心理学検定	公認心理師（学部科目）	
A領域		
原理・研究法・歴史	④心理学研究法	⑥心理学実験
学習・認知・知覚	⑧学習・言語心理学	⑦知覚・認知心理学
発達・教育	⑫発達心理学	⑱教育・学校心理学
社会・感情・性格	⑨感情・人格心理学	⑪社会・集団・家族心理学
臨床・障害	③臨床心理学概論	⑬障害者・障害児心理学
B領域		
神経・生理	⑩神経・生理心理学	
統計・測定・評価	⑤心理学統計法	⑭心理的アセスメント
産業・組織	⑳産業・組織心理学	
健康・福祉	⑯健康・医療心理学	⑰福祉心理学
犯罪・非行	⑲司法・犯罪心理学	

（注）　②心理学概論は全体に，⑮心理学的支援法は「臨床・障害」に関連。

1. 心理学検定

　日心連は，設立当初から心理職の国家資格化を目指してきたが，その前段階として学部レベルの心理学の基礎資格を認定する制度の導入を検討し，2005年4月に心理学検定局を設置して規程等を整備した後，2008年9月に第1回の日本心理学諸学会連合認定心理学検定（略称「心理学検定」）が実施された。その後，毎年1回検定試験が実施され，2018年8月には第11回検定試験が全国14会場と18団体会場，申込者数5683名で実施された。

　心理学検定試験には特定の受検資格の定めはなく，これまでの実際の受検者には中学生も含まれる。試験は表に示す心理学の10科目（A領域5科目，B領域5科目）について行われ，各科目から20問（10科目で200問）が4肢選択形式で出題される。A領域5科目およびB領域5科目の10科目すべてに合格すると「心理学検定特1級」，A領域4科目を含む合計6科目に合格すると「心理学検定1級」，A領域2科目を含む合計3科目に合格すると「心理学検定2級」を取得することができる。

　上記の表に示すように，心理学検定の10科目は公認心理師の学部科目25科目のうち，「①公認心理師の職責」と心理学関連科目3科目，実習演習科目2科目を除く19科目と内容が密接に関連している。その意味で心理学検定試験は，公認心理師を目指す者が自身の心理学の学習進度を知るためや，公認心理師試験の模擬試験として活用することも考えられる。

2. 日心連加盟団体

心理学に関連する学会のうち，日心連に加盟を希望する学会は，審査を受けて加盟が承認される。加盟の審査は，学会の運営体制，会員数，学会誌の発行，毎年の大会開催などの条件を満たす必要があり，日心連加盟学会は学会としての基準を満たした学会といえる。もちろん，日心連に加盟していない学会でも，基準を満たしている学会は存在する。

現在日心連に加盟する 53 学会の名称，会員数，事務局，ホームページ URL は，以下の通りである（掲載の順序は，法人名称のあるものはその部分を除き，団体名称の五十音順による。また，以下，2018 年 11 月時点の情報である）。

1　産業・組織心理学会（会員数 1110）
〒 161-0033　東京都新宿区下落合 4-9-22 日東印刷株式会社内
http://www.jaiop.jp/

2　日本 EMDR 学会（会員数 1185）
〒 673-1494　兵庫県加東市下久米 942-1
　兵庫教育大学発達心理臨床研究センター　市井研究室
https://www.emdr.jp/

3　一般社団法人　日本 LD 学会（会員数 9513）
〒 108-0074　東京都港区高輪 3-24-18 高輪エンパイヤビル 8F
http://www.jald.or.jp/

4　日本応用教育心理学会（会員数 311）
〒 559-0033　大阪府大阪市住之江区南港中 4-4-1
　相愛大学人間発達学部　岩口研究室内
http://www.jscep.com/

5　日本応用心理学会（会員数 1220）
〒 162-0041　東京都新宿区早稲田鶴巻町 518 司ビル 3F
　（株）国際ビジネス研究センター内
https://j-aap.jp/

6　一般社団法人　日本カウンセリング学会（会員数 4243）
〒 112-0012　東京都文京区大塚 3-5-2 佑和ビル 2F
http://www.jacs1967.jp/

7　日本学生相談学会（会員数 1292）
〒 180-0013　東京都武蔵野市西久保 1-1-9-203
http://www.gakuseisodan.com/

8 一般社団法人 日本家族心理学会（会員数 897）

〒 113-0033 東京都文京区本郷 2-40-7 YG ビル 5 階

http://www.jafp-web.org/

9 日本学校心理学会（会員数 930）

〒 162-0801 東京都新宿区山吹町 358-5 アカデミーセンター

http://schoolpsychology.jp/

10 日本感情心理学会（会員数 414）

〒 162-0801 東京都新宿区山吹町 358-5 アカデミーセンター

http://jsre.wdc-jp.com/

11 日本基礎心理学会（会員数 705）

〒 162-0801 東京都新宿区山吹町 358-5 アカデミーセンター （株）国際文献社内

http://psychonomic.jp/

12 日本キャリア教育学会（会員数 1110）

〒 162-0801 東京都新宿区山吹町 358-5 アカデミーセンター （株）国際文献社内

http://jssce.wdc-jp.com/

13 一般社団法人 日本教育心理学会（会員数 6433）

〒 113-0033 東京都文京区本郷 5-24-6 本郷大原ビル 7 階

https://www.edupsych.jp/

14 日本グループ・ダイナミックス学会（会員数 590）

〒 631-8502 奈良県奈良市山陵町 1500

奈良大学社会学部 西道研究室

http://www.groupdynamics.gr.jp/

15 日本 K-ABC アセスメント学会（会員数 739）

〒 112-0012 東京都文京区小石川五郵便局留

http://www.k-abc.jp/

16 一般社団法人 日本健康心理学会（会員数 1811）

〒 162-0801 東京都新宿区山吹町 358-5 アカデミーセンター

http://jahp.wdc-jp.com/

17 日本交通心理学会（会員数 904）

〒 160-0004 東京都新宿区四谷 4-32-8 YKB サニービル

https://www.jatp-web.jp/

18 日本行動科学学会（会員数177）

〒739-8521　広島県東広島市鏡山1-7-1

広島大学大学院総合科学研究科 坂田省吾研究室

http://www.jabs.jp/

19 一般社団法人 日本行動分析学会（会員数997）

〒540-0021　大阪府大阪市中央区大手通2-4-1 リファレンス内

http://www.j-aba.jp/

20 日本コミュニティ心理学会（会員数498）

〒162-0801　東京都新宿区山吹町358-5 アカデミーセンター

http://jscp1998.jp/

21 日本コラージュ療法学会（会員数197）

〒840-0806　佐賀県佐賀市神園3-18-5

西九州大学（佐賀キャンパス）臨床心理相談センター内

http://www.kinjo-u.ac.jp/collage/

22 日本催眠医学心理学会（会員数500）

〒162-0801　東京都新宿区山吹町358-5 アカデミーセンター （株）国際文献社内

http://www.jshypnosis.com/

23 一般社団法人 日本産業カウンセリング学会（会員数1197）

〒162-0822　東京都新宿区下宮比町2-28 飯田橋ハイタウン1020

https://www.jaic.jp/

24 日本質的心理学会（会員数1110）

〒162-0801　東京都新宿区山吹町358-5 アカデミーセンター （株）国際文献社内

http://www.jaqp.jp/

25 一般社団法人 日本自閉症スペクトラム支援協会 日本自閉症スペクトラム
学会（会員数3003）

〒273-0866　千葉県船橋市夏見台3-15-18

http://www.autistic-spectrum.jp/

26 日本社会心理学会（会員数1777）

〒162-0801　東京都新宿区山吹町358-5 アカデミーセンター （株）国際文献社内

http://www.socialpsychology.jp/

27　日本自律訓練学会（会員数 1009）

〒 305-8574　茨城県つくば市天王台 1-1-1
筑波大学体育系　坂入研究室内

https://www.jsoat.jp/

28　公益社団法人　日本心理学会（会員数 7855）

〒 113-0033　東京都文京区本郷 5-23-13 田村ビル内

https://www.psych.or.jp/

29　一般社団法人　日本心理臨床学会（会員数 2 万 8497）

〒 100-0006　東京都千代田区有楽町 2-10-1 東京交通会館 5 階

https://www.ajcp.info/

30　日本ストレスマネジメント学会（会員数 347）

〒 194-0294　東京都町田市常磐町 3758
桜美林大学　小関俊祐研究室　気付

http://jassma.org/

31　日本青年心理学会（会員数 361）

〒 606-8501　京都府京都市左京区吉田二本松町
京都大学高等教育研究開発推進センター　溝上研究室　気付

http://www.gakkai.ac/jsyap/

32　日本生理心理学会（会員数 582）

〒 162-0801　東京都新宿区山吹町 358-5　アカデミーセンター

http://www.seirishinri.com/

33　日本動物心理学会（会員数 387）

〒 112-0005　東京都文京区本郷 2-13-4　ビクセル文京 207 号

http://plaza.umin.ac.jp/dousin/

34　一般社団法人　日本特殊教育学会（会員数 3759）

〒 650-0034　兵庫県神戸市中央区京町 83 三宮センチュリービル 3 階
（株）プロアクティブ内

http://www.jase.jp/

35　日本乳幼児医学・心理学会（会員数 300）

〒 603-8148　京都府京都市北区小山西花池町 1-8　（株）土倉事務所内

https://www.jampsi.org/

36　日本人間性心理学会（会員数 972）

〒 541-0047　大阪府大阪市中央区淡路町 4-3-6（有）新元社内

https://www.jahp.org/

37　一般社団法人　日本認知・行動療法学会（会員数 2167）

〒 100-0003　東京都千代田区一ツ橋 1-1-1 パレスサイドビル

（株）毎日学術フォーラム内

http://jabt.umin.ne.jp/

38　日本認知心理学会（会員数 812）

〒 819-0395　福岡県福岡市西区元岡 744

九州大学大学院人間環境学研究院内

http://cogpsy.jp/

39　日本パーソナリティ心理学会（会員数 928）

〒 162-0801　東京都新宿区山吹町 358-5 アカデミーセンター

https://jspp.gr.jp/

40　日本バイオフィードバック学会（会員数 250）

〒 113-0033　東京都文京区本郷 4-1-5 石渡ビル 5F（株）アクセライト内

http://www.jsbr.jp/

41　一般社団法人　日本箱庭療法学会（会員数 2032）

〒 541-0047　大阪府大阪市中央区淡路町 4-3-6 新元社内

http://www.sandplay.jp/

42　一般社団法人　日本発達心理学会（会員数 4186）

〒 113-0033　東京都文京区本郷 7-2-5 平清ビル 401

http://www.jsdp.jp/

43　日本犯罪心理学会（会員数 1395）

〒 162-0801　東京都新宿区山吹町 358-5

http://www.wdc-jp.com/jacp2/

44　日本福祉心理学会（会員数 443）

〒 173-8602　東京都板橋区加賀 1-18-1

東京家政大学 金城悟研究室 気付

https://www.janphs.jp/

45 日本ブリーフサイコセラピー学会（会員数 739）

〒 162-0801 東京都新宿区山吹町 358-5 アカデミーセンター（株）国際文献社内
https://www.jabp.jp/

46 日本マイクロカウンセリング学会（会員数 130）

〒 102-0083 東京都千代田区麹町 3-5-2 ビュレックス麹町 302
http://www.microcounseling.com/

47 日本森田療法学会（会員数 724）

〒 201-8601 東京都狛江市和泉本町 4-11-1
東京慈恵会医科大学第三病院精神神経科内
http://www.jps-morita.jp/

48 日本遊戯療法学会（会員数 775）

〒 100-0003 東京都千代田区一ツ橋 1-1-1 パレスサイドビル 9F 東コア
http://playtherapy.jp/

49 日本リハビリテイション心理学会（会員数 1041）

〒 812-8581 福岡県福岡市東区箱崎 6-19-1
九州大学大学院人間環境学府附属総合臨床心理センター内
http://dohsa-hou.jp/

50 日本理論心理学会（会員数 103）

〒 263-0021 千葉県千葉市稲毛区轟町 3-59-5
千葉経済大学短期大学部 大沼徹研究室内
http://www.pat.hi-ho.ne.jp/theo-psy/

51 日本臨床心理学会（会員数 302）

〒 603-8148 京都府京都市北区小山西花池町 1-8 （株）土倉事務所内
http://nichirinshin.info/

52 日本臨床動作学会（会員数 711）

〒 112-8606 東京都文京区白山 5-28-20
東洋大学文学部教育学科 緒方登士雄研究室内
http://www.dohsa.jp/

53 包括システムによる日本ロールシャッハ学会（会員数 591）

〒 113-0033 東京都文京区本郷 4-12-16-617
http://www.jrscweb.com/

法務省法務総合研究所（2016）．犯罪白書平成 28 年版——再犯の現状と対策のいま．日経印刷．

法務省保護局編（2006）．心神喪失者等医療観察法による地域処遇ハンドブック——精神障害者の社会復帰をすすめる新しい地域ケア体制の確立のために．法務省保護局．

石隈利紀（1999）．学校心理学——教師・スクールカウンセラー・保護者のチームによる心理教育的援助サービス．誠信書房．

石隈利紀・田村節子（2018）．石隈・田村式援助シートによるチーム援助入門——学校心理学・実践編（新版）．図書文化社．

解説教育六法編集委員会編（2017）．解説 教育六法 2017（平成 29 年版）．三省堂．

金沢吉展（1998）．カウンセラー——専門家としての条件．誠信書房．

厚生労働省（2004）．心の健康問題により休業した労働者の職場復帰支援の手引——メンタルヘルス対策における職場復帰支援．

厚生労働省（2006）．労働者の心の健康の保持増進のための指針．

厚生労働統計協会（2017）．国民衛生の動向 2017/2018．（厚生の指標 増刊）．厚生労働統計協会

リー，P．，石隈利紀監訳，中田正敏訳（2015）．教師のチームワークを成功させる 6 つの技法——あなたから始めるコミュニケーションの工夫．誠信書房．

松見淳子（2009）．アメリカの医療心理学に学ぶ．丹野義彦・利島保編．医療心理学を学ぶ人のために．世界思想社．

三隅二不二（1984）．リーダーシップ行動の科学（改訂版）．有斐閣．

文部科学省（2002）．通常の学級に在籍する特別な教育的支援を必要とする児童生徒に関する全国実態調査．

文部科学省（2003）．今後の特別支援教育の在り方について（最終報告）．

文部科学省（2004）．小・中学校における LD（学習障害），ADHD（注意欠陥／多動性障害），高機能自閉症の児童生徒への教育支援体制の整備のためのガイドライン（試案）．

文部科学省（2007）．特別支援教育の推進について（通知）．

文部科学省（2010）．生徒指導提要．

文部科学省（2012）．共生社会の形成に向けたインクルーシブ教育システム構築のための特別支援教育の推進（報告）．

文部科学省（2015）．チームとしての学校の在り方と今後の改善方策について（答申）．

文部科学省（2016）．「児童生徒の問題行動・不登校等生徒指導上の諸課題に関する調査」結果（速報値）．

文部科学省（2017）．発達障害を含む障害のある幼児児童生徒に対する教育支援体制整備ガイドライン．

日本弁護士連合会刑事法制委員会編（2014）．Q&A 心神喪失者等医療観察法解説（第 2 版）．三省堂．

日本学校心理学会編，石隈利紀ほか責任編集（2016）．学校心理学ハンドブック——「チーム」学校の充実をめざして（第 2 版）．教育出版．

日本教育心理学会（2003）．教育心理学ハンドブック．有斐閣．

Sabourin, M.（1999）．心理学における倫理規準の発展——アメリカ心理学会倫理規定の一省察．心理学研究，70, 51-64.

Schein, E. H.（1978）．*Career dynamics: Matching individual and organizational needs*. Addison-Wesley Pub.（二村敏子ほか訳（1992）．キャリア・ダイナミクス．白桃書房）

精神保健福祉研究会監修（2016）．四訂 精神保健福祉法詳解．中央法規出版．

Stogdill, R. M.（1974）．*Handbook of leadership: A survey of theory and research*. Free Press.

公認心理師法

公認心理師法　項番号は全角ゴシック体，号番号はセンチュリー体で区別した表記に修正している（ただし条文中は区別なし）。

公認心理師法（2015 年公布）

第 1 章　総則

（目的）

第 1 条　この法律は，公認心理師の資格を定めて，その業務の適正を図り，もって国民の心の健康の保持増進に寄与することを目的とする。

（定義）

第 2 条　この法律において「公認心理師」とは，第 28 条の登録を受け，公認心理師の名称を用いて，保健医療，福祉，教育その他の分野において，心理学に関する専門的知識及び技術をもって，次に掲げる行為を行うことを業とする者をいう。

1　心理に関する支援を要する者の心理状態を観察し，その結果を分析すること。

2　心理に関する支援を要する者に対し，その心理に関する相談に応じ，助言，指導その他の援助を行うこと。

3　心理に関する支援を要する者の関係者に対し，その相談に応じ，助言，指導その他の援助を行うこと。

4　心の健康に関する知識の普及を図るための教育及び情報の提供を行うこと。

（欠格事由）

第 3 条　次の各号のいずれかに該当する者は，公認心理師となることができない。

1　成年被後見人又は被保佐人

2　禁錮以上の刑に処せられ，その執行を終わり，又は執行を受けることがなくなった日から起算して 2 年を経過しない者

3　この法律の規定その他保健医療，福祉又は教育に関する法律の規定であって政令で定めるものにより，罰金の刑に処せられ，その執行を終わり，又は執行を受けることがなくなった日から起算して 2 年を経過しない者

4　第 32 条第 1 項第 2 号又は第 2 項の規定により登録を取り消され，その取消しの日から起算して 2 年を経過しない者

第 2 章　試験

（資格）

第 4 条　公認心理師試験（以下「試験」という。）に合格した者は，公認心理師となる資格を有する。

（試験）

第 5 条　試験は，公認心理師として必要な知識及び技能について行う。

（試験の実施）

第 6 条　試験は，毎年 1 回以上，文部科学大臣及び厚生労働大臣が行う。

（受験資格）

第 7 条　試験は，次の各号のいずれかに該当する者でなければ，受けることができない。

1　学校教育法（昭和 22 年法律第 26 号）に基づく大学（短期大学を除く。以下同じ。）において心理学その他の公認心理師となるために必要な科目として文部科学省令・厚生労働省令で定めるものを修めて卒業し，かつ，同法に基づく大学院において心理学その他の公認心理師となるために必要な科目として文部科学省令・厚生労働省令で定めるものを修めてその課程を修了した者その他その者に準ずるものとして文部科学省令・厚生労働省令で定める者

2　学校教育法に基づく大学において心理学その他の公認心理師となるために必要な科目として文部科学省令・厚生労働省令で定めるものを修めて卒業した者その他その者に準ずるものとして文部科学省令・厚生労働省令で定める者であって，文部科学省令・厚生労働省令で定める施設において文部科学省令・厚生労働省令で定める期間以上第 2 条第 1 号から第 3 号までに掲げる行為の業務に従事したもの

3　文部科学大臣及び厚生労働大臣が前 2

号に掲げる者と同等以上の知識及び技能
を有すると認定した者

（試験の無効等）

第8条　文部科学大臣及び厚生労働大臣は，
試験に関して不正の行為があった場合に
は，その不正行為に関係のある者に対して
は，その受験を停止させ，又はその試験を
無効とすることができる。

2　文部科学大臣及び厚生労働大臣は，前項
の規定による処分を受けた者に対し，期間
を定めて試験を受けることができないもの
とすることができる。

（受験手数料）

第9条　試験を受けようとする者は，実費を
勘案して政令で定める額の受験手数料を国
に納付しなければならない。

2　前項の受験手数料は，これを納付した者
が試験を受けない場合においても，返還し
ない。

（指定試験機関の指定）

第10条　文部科学大臣及び厚生労働大臣は，
文部科学省令・厚生労働省令で定めるとこ
ろにより，その指定する者（以下「指定試
験機関」という。）に，試験の実施に関す
る事務（以下「試験事務」という。）を行
わせることができる。

2　指定試験機関の指定は，文部科学省令・
厚生労働省令で定めるところにより，試験
事務を行おうとする者の申請により行う。

3　文部科学大臣及び厚生労働大臣は，前項
の申請が次の要件を満たしていると認める
ときでなければ，指定試験機関の指定をし
てはならない。

1　職員，設備，試験事務の実施の方法そ
の他の事項についての試験事務の実施に
関する計画が，試験事務の適正かつ確実
な実施のために適切なものであること。

2　前号の試験事務の実施に関する計画の
適正かつ確実な実施に必要な経理的及び
技術的な基礎を有するものであること。

4　文部科学大臣及び厚生労働大臣は，第2
項の申請が次のいずれかに該当するとき
は，指定試験機関の指定をしてはならない。

1　申請者が，一般社団法人又は一般財団
法人以外の者であること。

2　申請者がその行う試験事務以外の業務
により試験事務を公正に実施することが
できないおそれがあること。

3　申請者が，第22条の規定により指定を
取り消され，その取消しの日から起算し
て2年を経過しない者であること。

4　申請者の役員のうちに，次のいずれか
に該当する者があること。

イ　この法律に違反して，刑に処せられ，
その執行を終わり，又は執行を受ける
ことがなくなった日から起算して2年
を経過しない者

ロ　次条第2項の規定による命令により
解任され，その解任の日から起算して
2年を経過しない者

（指定試験機関の役員の選任及び解任）

第11条　指定試験機関の役員の選任及び解
任は，文部科学大臣及び厚生労働大臣の認
可を受けなければ，その効力を生じない。

2　文部科学大臣及び厚生労働大臣は，指定
試験機関の役員が，この法律（この法律に
基づく命令又は処分を含む。）若しくは第
13条第1項に規定する試験事務規程に違
反する行為をしたとき又は試験事務に関し
著しく不適当な行為をしたときは，指定試
験機関に対し，当該役員の解任を命ずるこ
とができる。

（事業計画の認可等）

第12条　指定試験機関は，毎事業年度，事
業計画及び収支予算を作成し，当該事業年
度の開始前に（指定を受けた日の属する事
業年度にあっては，その指定を受けた後遅
滞なく），文部科学大臣及び厚生労働大臣
の認可を受けなければならない。これを変
更しようとするときも，同様とする。

2　指定試験機関は，毎事業年度の経過後3
月以内に，その事業年度の事業報告書及び
収支決算書を作成し，文部科学大臣及び厚
生労働大臣に提出しなければならない。

（試験事務規程）

第13条　指定試験機関は，試験事務の開始
前に，試験事務の実施に関する規程（以下
この章において「試験事務規程」という。）
を定め，文部科学大臣及び厚生労働大臣の
認可を受けなければならない。これを変更
しようとするときも，同様とする。

2　試験事務規程で定めるべき事項は，文部
科学省令・厚生労働省令で定める。

3　文部科学大臣及び厚生労働大臣は，第1
項の認可をした試験事務規程が試験事務の
適正かつ確実な実施上不適当となったと認

めるときは，指定試験機関に対し，これを変更すべきことを命ずることができる。

（公認心理師試験委員）

第14条　指定試験機関は，試験事務を行う場合において，公認心理師として必要な知識及び技能を有するかどうかの判定に関する事務については，公認心理師試験委員（以下この章において「試験委員」という。）に行わせなければならない。

2　指定試験機関は，試験委員を選任しようとするときは，文部科学省令・厚生労働省令で定める要件を備える者のうちから選任しなければならない。

3　指定試験機関は，試験委員を選任したときは，文部科学省令・厚生労働省令で定めるところにより，文部科学大臣及び厚生労働大臣にその旨を届け出なければならない。試験委員に変更があったときも，同様とする。

4　第11条第2項の規定は，試験委員の解任について準用する。

（規定の適用等）

第15条　指定試験機関が試験事務を行う場合における第8条第1項及び第9条第1項の規定の適用については，第8条第1項中「文部科学大臣及び厚生労働大臣」とあり，及び第9条第1項中「国」とあるのは，「指定試験機関」とする。

2　前項の規定により読み替えて適用する第9条第1項の規定により指定試験機関に納められた受験手数料は，指定試験機関の収入とする。

（秘密保持義務等）

第16条　指定試験機関の役員若しくは職員（試験委員を含む。次項において同じ。）又はこれらの職にあった者は，試験事務に関して知り得た秘密を漏らしてはならない。

2　試験事務に従事する指定試験機関の役員又は職員は，刑法（明治40年法律第45号）その他の罰則の適用については，法令により公務に従事する職員とみなす。

（帳簿の備付け等）

第17条　指定試験機関は，文部科学省令・厚生労働省令で定めるところにより，試験事務に関する事項で文部科学省令・厚生労働省令で定めるものを記載した帳簿を備え，これを保存しなければならない。

（監督命令）

第18条　文部科学大臣及び厚生労働大臣は，この法律を施行するため必要があると認めるときは，指定試験機関に対し，試験事務に関し監督上必要な命令をすることができる。

（報告）

第19条　文部科学大臣及び厚生労働大臣は，この法律を施行するため必要があると認めるときは，その必要な限度で，文部科学省令・厚生労働省令で定めるところにより，指定試験機関に対し，報告をさせることができる。

（立入検査）

第20条　文部科学大臣及び厚生労働大臣は，この法律を施行するため必要があると認めるときは，その必要な限度で，その職員に，指定試験機関の事務所に立ち入り，指定試験機関の帳簿，書類その他必要な物件を検査させ，又は関係者に質問させることができる。

2　前項の規定により立入検査を行う職員は，その身分を示す証明書を携帯し，かつ，関係者の請求があるときは，これを提示しなければならない。

3　第1項に規定する権限は，犯罪捜査のために認められたものと解釈してはならない。

（試験事務の休廃止）

第21条　指定試験機関は，文部科学大臣及び厚生労働大臣の許可を受けなければ，試験事務の全部又は一部を休止し，又は廃止してはならない。

（指定の取消し等）

第22条　文部科学大臣及び厚生労働大臣は，指定試験機関が第10条第4項各号（第3号を除く。）のいずれかに該当するに至ったときは，その指定を取り消さなければならない。

2　文部科学大臣及び厚生労働大臣は，指定試験機関が次の各号のいずれかに該当するに至ったときは，その指定を取り消し，又は期間を定めて試験事務の全部若しくは一部の停止を命ずることができる。

1　第10条第3項各号の要件を満たさなくなったと認められるとき。

2　第11条第2項（第14条第4項において準用する場合を含む。），第13条第3項又は第18条の規定による命令に違反

したとき。

3　第12条，第14条第1項から第3項まで又は前条の規定に違反したとき。

4　第13条第1項の認可を受けた試験事務規程によらないで試験事務を行ったとき。

5　次条第1項の条件に違反したとき。

（指定等の条件）

第23条　第10条第1項，第11条第1項，第12条第1項，第13条第1項又は第21条の規定による指定，認可又は許可には，条件を付し，及びこれを変更することができる。

2　前項の条件は，当該指定，認可又は許可に係る事項の確実な実施を図るため必要な最小限度のものに限り，かつ，当該指定，認可又は許可を受ける者に不当な義務を課することとなるものであってはならない。

（指定試験機関がした処分等に係る審査請求）

第24条　指定試験機関が行う試験事務に係る処分又はその不作為について不服がある者は，文部科学大臣及び厚生労働大臣に対し，審査請求をすることができる。この場合において，文部科学大臣及び厚生労働大臣は，行政不服審査法（平成26年法律第68号）第25条第2項及び第3項，第46条第1項及び第2項，第47条並びに第49条第3項の規定の適用については，指定試験機関の上級行政庁とみなす。

（文部科学大臣及び厚生労働大臣による試験事務の実施等）

第25条　文部科学大臣及び厚生労働大臣は，指定試験機関の指定をしたときは，試験事務を行わないものとする。

2　文部科学大臣及び厚生労働大臣は，指定試験機関が第21条の規定による許可を受けて試験事務の全部若しくは一部を休止したとき，第22条第2項の規定により指定試験機関に対し試験事務の全部若しくは一部の停止を命じたとき又は指定試験機関が天災その他の事由により試験事務の全部若しくは一部を実施することが困難となった場合において必要があると認めるときは，試験事務の全部又は一部を自ら行うものとする。

（公示）

第26条　文部科学大臣及び厚生労働大臣は，

次の場合には，その旨を官報に公示しなければならない。

1　第10条第1項の規定による指定をしたとき。

2　第21条の規定による許可をしたとき。

3　第22条の規定により指定を取り消し，又は試験事務の全部若しくは一部の停止を命じたとき。

4　前条第2項の規定により試験事務の全部若しくは一部を自ら行うこととするとき又は自ら行っていた試験事務の全部若しくは一部を行わないこととするとき。

（試験の細目等）

第27条　この章に規定するもののほか，試験，指定試験機関その他この章の規定の施行に関し必要な事項は，文部科学省令・厚生労働省令で定める。

第3章　登録

（登録）

第28条　公認心理師となる資格を有する者が公認心理師となるには，公認心理師登録簿に，氏名，生年月日その他文部科学省令・厚生労働省令で定める事項の登録を受けなければならない。

（公認心理師登録簿）

第29条　公認心理師登録簿は，文部科学省及び厚生労働省に，それぞれ備える。

（公認心理師登録証）

第30条　文部科学大臣及び厚生労働大臣は，公認心理師の登録をしたときは，申請者に第28条に規定する事項を記載した公認心理師登録証（以下この章において「登録証」という。）を交付する。

（登録事項の変更の届出等）

第31条　公認心理師は，登録を受けた事項に変更があったときは，遅滞なく，その旨を文部科学大臣及び厚生労働大臣に届け出なければならない。

2　公認心理師は，前項の規定による届出をするときは，当該届出に登録証を添えて提出し，その訂正を受けなければならない。

（登録の取消し等）

第32条　文部科学大臣及び厚生労働大臣は，公認心理師が次の各号のいずれかに該当する場合には，その登録を取り消さなければならない。

1　第3条各号（第4号を除く。）のいずれかに該当するに至った場合

　　2　虚偽又は不正の事実に基づいて登録を受けた場合

2　文部科学大臣及び厚生労働大臣は，公認心理師が第40条，第41条又は第42条第2項の規定に違反したときは，その登録を取り消し，又は期間を定めて公認心理師の名称及びその名称中における心理師という文字の使用の停止を命ずることができる。

（登録の消除）

第33条　文部科学大臣及び厚生労働大臣は，公認心理師の登録がその効力を失ったときは，その登録を消除しなければならない。

（情報の提供）

第34条　文部科学大臣及び厚生労働大臣は，公認心理師の登録に関し，相互に必要な情報の提供を行うものとする。

（変更登録等の手数料）

第35条　登録証の記載事項の変更を受けようとする者及び登録証の再交付を受けようとする者は，実費を勘案して政令で定める額の手数料を国に納付しなければならない。

（指定登録機関の指定等）

第36条　文部科学大臣及び厚生労働大臣は，文部科学省令・厚生労働省令で定めるところにより，その指定する者（以下「指定登録機関」という。）に，公認心理師の登録の実施に関する事務（以下「登録事務」という。）を行わせることができる。

2　指定登録機関の指定は，文部科学省令・厚生労働省令で定めるところにより，登録事務を行おうとする者の申請により行う。

第37条　指定登録機関が登録事務を行う場合における第29条，第30条，第31条第1項，第33条及び第35条の規定の適用については，第29条中「文部科学省及び厚生労働省に，それぞれ」とあるのは「指定登録機関に」と，第30条，第31条第1項及び第33条中「文部科学大臣及び厚生労働大臣」とあり，並びに第35条中「国」とあるのは「指定登録機関」とする。

2　指定登録機関が登録を行う場合において，公認心理師の登録を受けようとする者は，実費を勘案して政令で定める額の手数料を指定登録機関に納付しなければならない。

3　第1項の規定により読み替えて適用する第35条及び前項の規定により指定登録機

関に納められた手数料は，指定登録機関の収入とする。

（準用）

第38条　第10条第3項及び第4項，第11条から第13条まで並びに第16条から第26条までの規定は，指定登録機関について準用する。この場合において，これらの規定中「試験事務」とあるのは「登録事務」と，「試験事務規程」とあるのは「登録事務規程」と，第10条第3項中「前項の申請」とあり，及び同条第4項中「第2項の申請」とあるのは「第36条第2項の申請」と，第16条第1項中「職員（試験委員を含む。次項において同じ。）」とあるのは「職員」と，第22条第2項第2号中「第11条第2項（第14条第4項において準用する場合を含む。）」とあるのは「第11条第2項」と，同項第3号中「，第14条第1項から第3項まで又は前条」とあるのは「又は前条」と，第23条第1項及び第26条第1号中「第10条第1項」とあるのは「第36条第1項」と読み替えるものとする。

（文部科学省令・厚生労働省令への委任）

第39条　この章に規定するもののほか，公認心理師の登録，指定登録機関その他この章の規定の施行に関し必要な事項は，文部科学省令・厚生労働省令で定める。

第4章　義務等

（信用失墜行為の禁止）

第40条　公認心理師は，公認心理師の信用を傷つけるような行為をしてはならない。

（秘密保持義務）

第41条　公認心理師は，正当な理由がなく，その業務に関して知り得た人の秘密を漏らしてはならない。公認心理師でなくなった後においても，同様とする。

（連携等）

第42条　公認心理師は，その業務を行うに当たっては，その担当する者に対し，保健医療，福祉，教育等が密接な連携の下で総合的かつ適切に提供されるよう，これらを提供する者その他の関係者等との連携を保たなければならない。

2　公認心理師は，その業務を行うに当たって心理に関する支援を要する者に当該支援に係る主治の医師があるときは，その指示を受けなければならない。

（資質向上の責務）

第43条　公認心理師は，国民の心の健康を取り巻く環境の変化による業務の内容の変化に適応するため，第2条各号に掲げる行為に関する知識及び技能の向上に努めなければならない。

（名称の使用制限）

第44条　公認心理師でない者は，公認心理師という名称を使用してはならない。

2　前項に規定するもののほか，公認心理師でない者は，その名称中に心理師という文字を用いてはならない。

（経過措置等）

第45条　この法律の規定に基づき命令を制定し，又は改廃する場合においては，その命令で，その制定又は改廃に伴い合理的に必要と判断される範囲内において，所要の経過措置（罰則に関する経過措置を含む。）を定めることができる。

2　この法律に規定するもののほか，この法律の施行に関し必要な事項は，文部科学省令・厚生労働省令で定める。

第5章　罰則

第46条　第41条の規定に違反した者は，1年以下の懲役又は30万円以下の罰金に処する。

2　前項の罪は，告訴がなければ公訴を提起することができない。

第47条　第16条第1項（第38条において準用する場合を含む。）の規定に違反した者は，1年以下の懲役又は30万円以下の罰金に処する。

第48条　第22条第2項（第38条において準用する場合を含む。）の規定による試験事務又は登録事務の停止の命令に違反したときは，その違反行為をした指定試験機関又は指定登録機関の役員又は職員は，1年以下の懲役又は30万円以下の罰金に処する。

第49条　次の各号のいずれかに該当する者は，30万円以下の罰金に処する。

1　第32条第2項の規定により公認心理師の名称及びその名称中における心理師という文字の使用の停止を命ぜられた者で，当該停止を命ぜられた期間中に，公認心理師の名称を使用し，又はその名称中に心理師という文字を用いたもの

2　第44条第1項又は第2項の規定に違反した者

第50条　次の各号のいずれかに該当するときは，その違反行為をした指定試験機関又は指定登録機関の役員又は職員は，20万円以下の罰金に処する。

1　第17条（第38条において準用する場合を含む。）の規定に違反して帳簿を備えず，帳簿に記載せず，若しくは帳簿に虚偽の記載をし，又は帳簿を保存しなかったとき。

2　第19条（第38条において準用する場合を含む。）の規定による報告をせず，又は虚偽の報告をしたとき。

3　第20条第1項（第38条において準用する場合を含む。）の規定による立入り若しくは検査を拒み，妨げ，若しくは忌避し，又は質問に対して陳述をせず，若しくは虚偽の陳述をしたとき。

4　第21条（第38条において準用する場合を含む。）の許可を受けないで試験事務又は登録事務の全部を廃止したとき。

附則（抄）

（施行期日）

第1条　この法律は，公布の日から起算して2年を超えない範囲内において政令で定める日から施行する。ただし，第10条から第14条まで，第16条，第18条から第23条まで及び第25条から第27条までの規定並びに第47条，第48条及び第50条（第1号を除く。）の規定（指定試験機関に係る部分に限る。）並びに附則第8条から第11条までの規定は，公布の日から起算して6月を超えない範囲内において政令で定める日から施行する。

（受験資格の特例）

第2条　次の各号のいずれかに該当する者は，第7条の規定にかかわらず，試験を受けることができる。

1　この法律の施行の日（以下この項及び附則第6条において「施行日」という。）前に学校教育法に基づく大学院の課程を修了した者であって，当該大学院において心理学その他の公認心理師となるために必要な科目として文部科学省令・厚生労働省令で定めるものを修めたもの

2　施行日前に学校教育法に基づく大学院に入学した者であって，施行日以後に心理学その他の公認心理師となるために必

要な科目として文部科学省令・厚生労働省令で定めるものを修めて当該大学院の課程を修了したもの

3　施行日前に学校教育法に基づく大学に入学し，かつ，心理学その他の公認心理師となるために必要な科目として文部科学省令・厚生労働省令で定めるものを修めて卒業した者その他その者に準ずるものとして文部科学省令・厚生労働省令で定める者であって，施行日以後に同法に基づく大学院において第7条第1号の文部科学省令・厚生労働省令で定める科目を修めてその課程を修了したもの

4　施行日前に学校教育法に基づく大学に入学し，かつ，心理学その他の公認心理師となるために必要な科目として文部科学省令・厚生労働省令で定めるものを修めて卒業した者その他その者に準ずるものとして文部科学省令・厚生労働省令で定める者であって，第7条第2号の文部科学省令・厚生労働省令で定める施設において同号の文部科学省令・厚生労働省令で定める期間以上第2条第1号から第3号までに掲げる行為の業務に従事したもの

2　この法律の施行の際現に第2条第1号から第3号までに掲げる行為を業として行っている者その他その者に準ずるものとして文部科学省令・厚生労働省令で定める者であって，次の各号のいずれにも該当するに至ったものは，この法律の施行後5年間は，第7条の規定にかかわらず，試験を受けることができる。

1　文部科学大臣及び厚生労働大臣が指定した講習会の課程を修了した者

2　文部科学省令・厚生労働省令で定める施設において，第2条第1号から第3号までに掲げる行為を5年以上業として行った者

3　前項に規定する者に対する試験は，文部科学省令・厚生労働省令で定めるところにより，その科目の一部を免除することができる。

（受験資格に関する配慮）

第3条　文部科学大臣及び厚生労働大臣は，試験の受験資格に関する第7条第2号の文部科学省令・厚生労働省令を定め，及び同条第3号の認定を行うに当たっては，同条第2号又は第3号に掲げる者が同条第1号に掲げる者と同等以上に臨床心理学を含む心理学その他の科目に関する専門的な知識及び技能を有することとなるよう，同条第2号の文部科学省令・厚生労働省令で定める期間を相当の期間とすることその他の必要な配慮をしなければならない。

（名称の使用制限に関する経過措置）

第4条　この法律の施行の際現に公認心理師という名称を使用している者又はその名称中に心理師の文字を用いている者については，第44条第1項又は第2項の規定は，この法律の施行後6月間は，適用しない。

（検討）

第5条　政府は，この法律の施行後5年を経過した場合において，この法律の規定の施行の状況について検討を加え，その結果に基づいて必要な措置を講ずるものとする。

（試験の実施に関する特例）

第6条　第6条の規定にかかわらず，施行日の属する年においては，試験を行わないことができる。

● ブループリント（公認心理師試験設計表）

到 達 目 標 （目安）	出題割合
① 公認心理師としての職責の自覚	約9%
② 問題解決能力と生涯学習	
③ 多職種連携・地域連携	
④ 心理学・臨床心理学の全体像	約3%
⑤ 心理学における研究	約2%
⑥ 心理学に関する実験	約2%
⑦ 知覚及び認知	約2%
⑧ 学習及び言語	約2%
⑨ 感情及び人格	約2%
⑩ 脳・神経の働き	約2%
⑪ 社会及び集団に関する心理学	約2%
⑫ 発　達	約5%
⑬ 障害者（児）の心理学	約3%
⑭ 心理状態の観察及び結果の分析	約8%
⑮ 心理に関する支援（相談，助言，指導その他の援助）	約6%
⑯ 健康・医療に関する心理学	約9%
⑰ 福祉に関する心理学	約9%
⑱ 教育に関する心理学	約9%
⑲ 司法・犯罪に関する心理学	約5%
⑳ 産業・組織に関する心理学	約5%
㉑ 人体の構造と機能及び疾病	約4%
㉒ 精神疾患とその治療	約5%
㉓ 公認心理師に関係する制度	約6%
㉔ その他（心の健康教育に関する事項等）	約2%

（出所）　一般財団法人　日本心理研修センター

▌人名索引▌

▌事 項 索 引▌

▌法令索引▐

（括弧内は略称）
＊はすでに廃止・改称された法令（2018 年 12 月時点）

こうにんしんりし
公認心理師エッセンシャルズ［第 2 版］
Essentials for Licensed Psychologists, 2nd edition

2018 年 2 月 28 日　初　版第 1 刷発行
2019 年 1 月 30 日　第 2 版第 1 刷発行

編　　者	こ 子 たん 丹	やす 安 の 野	ます 増 よし 義	お 生 ひこ 彦

発　行　者　　　江　草　貞　治

発　行　所　　株式
会社　有　斐　閣

郵便番号 101-0051
東京都千代田区神田神保町 2-17
電話　(03)3264-1315〔編集〕
　　　(03)3265-6811〔営業〕
http://www.yuhikaku.co.jp/

組版・有限会社ティオ／印刷・株式会社理想社／製本・牧製本印刷株式会社
©2019, Masuo Koyasu, Yoshihiko Tanno. Printed in Japan
落丁・乱丁本はお取替えいたします。
★定価はカバーに表示してあります。

ISBN 978-4-641-17445-0